東北大学法政実務叢書 3

Affirmative Action 正当化の法理論

アメリカ合衆国の判例と学説の検討を中心に

茂木 洋平 著
Yohei Mogi

商事法務

目　次

序　章 ― 1

第1節　序 ― 1
第1項　問題の所在 ― 1
第2項　構　成 ― 2

第2節　Affirmative Action とは何か ― 2
第1項　定　義 ― 2
第2項　実施手段 ― 3
第3項　実施分野 ― 3
第4項　Affirmative Action の変遷 ― 5

第3節　日本国憲法と Affirmative Action ― 6
第1項　日本の Affirmative Action の展開 ― 6
(1) 問題点 ― 6
(2) 同和対策事業 ― 6
(3) 男女共同参画分野での Affirmative Action の導入 ― 7
(4) 研究職採用における Affirmative Action ― 8
第2項　日本の Affirmative Action の研究 ― 9
第3項　アメリカ合衆国の判例と学説を参照する意義と注意点 ― 11

第4節　各章の問題意識 ― 13
第1項　アメリカ合衆国憲法の平等の意味 ― 13
第2項　司法審査基準 ― 15
第3項　差別の救済による正当化 ― 17
第4項　利益の達成による正当化 ― 19
第5項　多様性による正当化 ― 20
第6項　社会・経済的状況の考慮 ― 21
第7項　性別に基づく Affirmative Action ― 22
第8項　真に救済の必要な者が利益を得ているのか ― 22

第9項　日本国憲法における特別な取扱の許容性……………………23

第1章　アメリカ合衆国憲法の平等の意味 ——24

第1節　序………………………24

　第1項　問題の所在………………………24
　第2項　構　成………………………24

第2節　修正14条とカラー・ブラインドの理論………………………25

　第1項　分離すれども平等の理論とカラー・ブラインドの理論………25
　　(1)　分離すれども平等の理論の確立………………………25
　　(2)　分離すれども平等の理論の空洞化………………………27
　　(3)　カラー・ブラインドの理論の確立………………………30
　第2項　カラー・ブラインドの理論のAffirmative Actionへの影響……31
　第3項　カラー・ブラインドの理論の意味………………………32

第3節　修正14条の解釈原理………………………34

　第1項　反差別原理………………………34
　第2項　反従属原理………………………36
　　(1)　定　義………………………36
　　(2)　意　義………………………36
　　(3)　カースト………………………37
　　(4)　Affirmative Actionの許容性………………………39
　　(5)　批　判………………………40
　　(6)　Affirmative Actionを要請するのか………………………42

第4節　スティグマによる害悪………………………44

　第1項　心理的害悪と有形的害悪………………………44
　第2項　グループの分断………………………45

第5節　小　括………………………46

第2章　司法審査基準 ——48

第1節　序………………………48

　第1項　問題の所在………………………48
　第2項　厳格審査とは何か………………………48

第 3 項　構　成 …………………………………………………… 50
　第 2 節　典型的な厳格審査と緩やかな厳格審査の争い ……………… 50
　　　第 1 項　Bakke 判決 ……………………………………………… 50
　　　第 2 項　Fullilove 判決 …………………………………………… 52
　　　第 3 項　Wygant 判決 …………………………………………… 53
　　　第 4 項　Sheet Metal Workers 判決 …………………………… 55
　　　第 5 項　Paradise 判決 …………………………………………… 56
　第 3 節　典型的な厳格審査の確立 …………………………………… 57
　　　第 1 項　Croson 判決 …………………………………………… 57
　　　第 2 項　Metro Broadcasting 判決 …………………………… 59
　　　第 3 項　Adarand 判決 ………………………………………… 60
　第 4 節　Grutter 判決の典型的な厳格審査 ………………………… 62
　　　第 1 項　典型的な厳格審査の踏襲 ……………………………… 62
　　　第 2 項　O'Connor 裁判官による典型的な厳格審査の理解 …… 64
　　　　(1)　司法審査の厳格度 ………………………………………… 64
　　　　(2)　大学の判断への尊重 ……………………………………… 64
　第 5 節　O'Connor 裁判官の典型的な厳格審査への批判 …………… 66
　　　第 1 項　Affirmative Action への典型的な厳格審査の適用を
　　　　　　　支持する立場からの批判 ……………………………… 66
　　　　(1)　Grutter 判決 Rehnquist 首席裁判官反対意見 ………… 66
　　　　(2)　Grutter 判決 Kennedy 裁判官反対意見 ……………… 66
　　　第 2 項　Affirmative Action への典型的な厳格審査の適用を
　　　　　　　支持しない立場からの批判 …………………………… 67
　　　　(1)　Adarand 判決 Stevens 裁判官反対意見 ……………… 67
　　　　(2)　学説からの批判 …………………………………………… 68
　第 6 節　Fisher 判決の典型的な厳格審査 …………………………… 69
　　　第 1 項　事実の概要 ……………………………………………… 69
　　　第 2 項　判　旨 …………………………………………………… 71
　　　　(1)　Kennedy 裁判官法廷意見 ……………………………… 71
　　　　(2)　Scalia 裁判官同意意見 …………………………………… 73

(3)　Thomas 裁判官同意意見 ································· 73
　　　(4)　Ginsburg 裁判官反対意見 ······························ 74
　　第 3 項　Kennedy 裁判官による典型的な厳格審査の理解 ········ 74
　　第 4 項　手段審査の厳格化 ·· 77
　　　(1)　問題点 ··· 77
　　　(2)　2 審法廷意見 ·· 77
　　　(3)　差戻審法廷意見 ··· 79
　　　(4)　手段審査における大学の判断への尊重の有無がもたらす違い ······· 80
　第 7 節　疑わしい分類とは何か ·· 81
　　第 1 項　非転換性 ·· 81
　　第 2 項　差別の歴史 ··· 82
　第 8 節　**Affirmative Action と差別的な施策の区別** ············ 83
　　第 1 項　判　例 ·· 83
　　　(1)　懐疑主義への依拠 ·· 83
　　　(2)　Affirmative Action は疑わしい分類を用いているのか ····· 84
　　　(3)　Affirmative Action と差別的な施策の違い ··············· 85
　　第 2 項　学　説 ·· 86
　　　(1)　Paul Brest ··· 86
　　　(2)　Kenneth L. Karst ·· 88
　　　(3)　Ruth Colker ··· 89
　　　(4)　補　足 ··· 91
　第 9 節　小　括 ·· 92

第 3 章　差別の救済による正当化 ——————————— 94
　第 1 節　序 ·· 94
　　第 1 項　問題の所在 ··· 94
　　第 2 項　構　成 ·· 94
　第 2 節　差別の救済の必要性 ··· 95
　　第 1 項　機会の平等の保障の形骸化のおそれ ···················· 95
　　第 2 項　差別と格差 ··· 96
　　　(1)　グループ間での格差 ·· 96

(2) グループ内での格差 …………………………………………… 97
　第3項　格差の発生原因 ……………………………………………… 97
第3節　誰が直接の受益者なのか ……………………………………… 98
第4節　理論的根拠 ……………………………………………………… 100
　第1項　補償的正義論による正当化の問題点 ……………………… 100
　第2項　補償的正義論と分配的正義論の関係 ……………………… 101
　第3項　補償的正義論に伴う問題点に関する学説の動向 ………… 103
　　(1) James W. Nickel …………………………………………………… 103
　　(2) Paul W. Taylor …………………………………………………… 104
第5節　Affirmative Action の実施者は差別を行った者に
　　　　 限られるべきか ……………………………………………… 105
第6節　Affirmative Action の直接の受益者は差別の事実上の
　　　　 犠牲者に限られるべきか …………………………………… 110
第7節　差別の直接の加害者でない者に Affirmative Action に
　　　　 伴う負担を課すことは許されるのか ……………………… 115
第8節　救済の対象となる差別――社会的差別と特定された差別 …… 118
　第1項　差別の認定方法 ……………………………………………… 118
　第2項　留保数値への影響 …………………………………………… 119
第9節　差別の救済による正当化と能力主義との関係 ……………… 121
第10節　小　括 …………………………………………………………… 122

第4章　将来志向の Affirmative Action ……………………… 124

第1節　序 ………………………………………………………………… 124
　第1項　問題の所在 …………………………………………………… 124
　第2項　構　成 ………………………………………………………… 125
第2節　社会効用論 ……………………………………………………… 125
　第1項　利　点 ………………………………………………………… 125
　第2項　欠　点 ………………………………………………………… 126
　　(1) 結果予測の難しさ …………………………………………… 126
　　(2) 能力主義との関係 …………………………………………… 129
　　(3) マイノリティ排除の可能性 ………………………………… 130

第3項　Dworkinの社会効用論………………………………………131
　　　(1)　理　　論………………………………………………………131
　　　(2)　批　　判………………………………………………………133
　第3節　**分配的正義論**……………………………………………………134
　　第1項　分配的正義論によるAffirmative Actionの正当化………134
　　第2項　分配的正義論に基づくAffirmative Actionへの批判……136
　第4節　**将来志向のAffirmative Actionの判例展開**……………………137
　　第1項　将来志向のAffirmative Actionの登場……………………137
　　第2項　典型的な厳格審査と将来の利益……………………………138
　　第3項　将来の利益によるAffirmative Actionの正当化の承認…139
　第5節　**Affirmative Actionを正当化する将来の利益とは何か**………141
　　第1項　差別の認識……………………………………………………141
　　第2項　過去の差別の救済との関連…………………………………141
　　　(1)　Bakke判決Powell裁判官意見………………………………141
　　　(2)　Metro Broadcasting判決……………………………………143
　　　(3)　各裁判官の見解の違い………………………………………145
　　　(4)　Grutter判決O'Connor裁判官法廷意見……………………146
　　第3項　将来における差別の発生の防止との関連…………………147
　　第4項　将来における差別の発生の防止による正当化の問題点…150
　　　(1)　永続化の危険…………………………………………………150
　　　(2)　能力主義との関係……………………………………………150
　　　(3)　真に救済の必要な者が直接の受益者になっていないとの批判………151
　第6節　**小　　括**……………………………………………………………152

第5章　多様性に基づくAffirmative Action……………………154

　第1節　**序**……………………………………………………………………154
　　第1項　問題の所在……………………………………………………154
　　第2項　構　　成………………………………………………………154
　第2節　**正当化理由の移行──差別の救済から多様性へ**………………155
　　第1項　社会的差別の救済の否定と多様性の容認…………………155
　　第2項　差別を立証する必要がないこと……………………………156

- (1) 差別の救済による正当化の難しさ……………………………… 156
- (2) 多様性の価値と社会効用論……………………………………… 158
- (3) 多様性の価値と差別の立証……………………………………… 158

第3項　時間的制約の緩和………………………………………………… 159

第4項　能力主義の観点からの批判の回避……………………………… 161

第3節　グループ内部での多様性 …………………………………… 163

第4節　Grutter判決の射程——多様性の価値はどの分野で人種使用を正当化するのか …………………………………………… 165

第1項　問題点………………………………………………………………… 165

第2項　教育の文脈………………………………………………………… 166
- (1) 高等教育機関……………………………………………………… 166
- (2) 初・中等教育機関………………………………………………… 166

第3項　雇用の文脈………………………………………………………… 167
- (1) 雇用判断への適用可能性………………………………………… 167
- (2) 公的機関の雇用判断……………………………………………… 167
- (3) 民間企業の雇用判断……………………………………………… 169

第5節　マイノリティは特有の観点を有するのか——学説の動向 …… 170

第1項　特有の観点を有するとの想定に基づく正当化………………… 170

第2項　特有の観点は存在するのか……………………………………… 172

第3項　特有の観点を有するとの想定から生じる害悪………………… 174
- (1) マイノリティ排除の危険性……………………………………… 174
- (2) 役割の固定化……………………………………………………… 175

第4項　包含の理論による正当化………………………………………… 175
- (1) 問題点……………………………………………………………… 175
- (2) Fosterの見解……………………………………………………… 175
- (3) 欠　点……………………………………………………………… 177

第6節　マイノリティは特有の観点を有するのか——判例の動向 …… 177

第1項　Metro Broadcasting判決………………………………………… 177
- (1) Brennan裁判官法廷意見………………………………………… 177
- (2) O'Connor裁判官反対意見………………………………………… 179
- (3) Carterによる分析………………………………………………… 179

第 2 項　Grutter 判決……………………………………………………… 181
　第 7 節　多様性の価値による正当化の欠点……………………………… 183
　　第 1 項　問題点…………………………………………………………… 183
　　第 2 項　被差別者への不利益…………………………………………… 184
　　　(1)　アジア系アメリカ人とユダヤ人………………………………… 184
　　　(2)　黒　人……………………………………………………………… 185
　　第 3 項　相当数の不明確さ……………………………………………… 186
　　第 4 項　カラー・ブラインドの原則の侵害…………………………… 187
　　第 5 項　社会・経済的に不利な状況にあるマイノリティの排除…… 188
　第 8 節　小　括…………………………………………………………… 189

第 6 章　階層に基づく Affirmative Action ——————— 192

　第 1 節　序………………………………………………………………… 192
　　第 1 項　問題の所在……………………………………………………… 192
　　第 2 項　構　成…………………………………………………………… 193
　第 2 節　階層に基づく Affirmative Action の性質……………………… 193
　　第 1 項　反貧困策との区別……………………………………………… 193
　　第 2 項　どの文脈で実施されるのか…………………………………… 195
　　　(1)　高等教育機関の入学者選抜……………………………………… 195
　　　(2)　雇　用……………………………………………………………… 196
　　　(3)　公共契約…………………………………………………………… 196
　第 3 節　階層に基づく Affirmative Action が注目されるのは何故か… 197
　　第 1 項　階層に基づく Affirmative Action への支持………………… 197
　　第 2 項　人種に基づく Affirmative Action への移行………………… 199
　　第 3 項　人種に基づく AA への支持が困難になったのは何故か…… 201
　　　(1)　政治的反対………………………………………………………… 201
　　　(2)　司法審査基準の影響……………………………………………… 202
　　　(3)　理論的問題………………………………………………………… 203
　　第 4 項　階層に基づく Affirmative Action の再登場………………… 205
　　　(1)　超党派の政治的合意形成………………………………………… 205
　　　(2)　階層と疑わしい分類……………………………………………… 207

第 5 項　裁判官の認識 208
　　　　(1)　リベラル派 208
　　　　(2)　中間派 209
　　　　(3)　保守派 209
　第 4 節　階層に基づく Affirmative Action は人種的多様性を
　　　　　維持するのか 212
　　　第 1 項　支持される理由 212
　　　第 2 項　人種的多様性を維持しないとの批判 213
　　　第 3 項　階層の精巧な定義による批判の回避 215
　　　第 4 項　精巧な定義に基づく主張への批判 218
　第 5 節　能力主義との関係 219
　　　第 1 項　問題点 219
　　　第 2 項　能力主義への回答 220
　　　　(1)　階層の多様性がもたらす利益 220
　　　　(2)　潜在能力 221
　　　第 3 項　対象枠の拡大による悪影響 221
　　　第 4 項　連鎖的影響 223
　　　第 5 項　保守派の裁判官の姿勢 224
　　　　(1)　既存の基準の重視 224
　　　　(2)　既存の基準の絶対視 226
　　　第 6 項　潜在能力の特定とその不明確性 226
　第 6 節　欠　点 228
　　　第 1 項　公正さへの疑問 228
　　　第 2 項　限　界 230
　第 7 節　小　括 231

第 7 章　性別に基づく Affirmative Action の正当性
　　　　──Johnson 判決の考察を通じて ─────────── 233
　第 1 節　序 233
　　　第 1 項　問題の所在 233
　　　第 2 項　構　成 234

第 2 節　Johnson 判決の概要 ……………………………………………… 234
　　第 3 節　過去向きの Affirmative Action との関係 ……………………… 235
　　　第 1 項　Brennan 裁判官法廷意見 …………………………………… 235
　　　第 2 項　O'Connor 裁判官同意見 …………………………………… 238
　　　第 3 項　性別に基づく Affirmative Action の差別の救済による
　　　　　　　正当化 ……………………………………………………… 239
　　第 4 節　能力主義との関係 ………………………………………………… 241
　　　第 1 項　能力主義の概念の相違――Brennan 裁判官法廷意見と
　　　　　　　Scalia 裁判官反対意見 …………………………………… 241
　　　第 2 項　性別を評価対象として捉えることの問題点 ……………… 242
　　　第 3 項　差別の救済と能力主義との関係 …………………………… 244
　　第 5 節　不公正な評価体系にある者への救済 ………………………… 246
　　　第 1 項　正当化への慎重な態度 ……………………………………… 246
　　　第 2 項　Johnson 判決における正当化理論と問題点 ……………… 247
　　第 6 節　小　括 ……………………………………………………………… 249

第 8 章　真に救済を必要とする者を対象とする Affirmative Action ……………………………………………… 250

　　第 1 節　序 …………………………………………………………………… 250
　　　第 1 項　問題の所在 …………………………………………………… 250
　　　第 2 項　構　成 ………………………………………………………… 251
　　第 2 節　Affirmative Action 正当化の問題点 …………………………… 251
　　　第 1 項　差別の救済による正当化の問題点 ………………………… 251
　　　第 2 項　多様性による正当化の問題点 ……………………………… 252
　　　第 3 項　グループの地位向上と個人の救済 ………………………… 253
　　第 3 節　階層に基づく Affirmative Action ……………………………… 254
　　第 4 節　人種に基づく Affirmative Action と階層の関係 …………… 255
　　第 5 節　差別の救済による正当化と階層の関係 ……………………… 256
　　第 6 節　多様性に基づく Affirmative Action と階層の関係 ………… 257
　　第 7 節　公正な評価を受けていない者への救済 ……………………… 258

第8節　小　括 …… 260

結　章 …… 262

第1節　序 …… 262
第1項　問題の所在 …… 262
第2項　構　成 …… 262
第2節　司法審査基準 …… 263
第1項　合理性の基準の適用の否定 …… 263
第2項　2段階か3段階か …… 265
第3項　典型的な厳格審査とは何か …… 268
第3節　差別の救済による正当化 …… 270
第4節　将来志向の Affirmative Action の許容性 …… 273
第5節　多様性に基づく Affirmative Action の問題点 …… 276
第1項　差別を意識しない正当化 …… 276
第2項　差別を意識する正当化 …… 277
第3項　多様性の価値の適用可能性 …… 279
第6節　真に救済を必要とする者を対象とする Affirmative Action …… 279
第7節　結びにかえて …… 281

あとがき …… 285
事項索引 …… 287
判例索引（アメリカ） …… 291

主に関連する論稿

第 1 章
「Affirmative Action と平等保護」東北法学 31 号（2008）107 頁

第 2 章
「Affirmative Action の司法審査基準」GEMC journal 3 号（2010）158 頁
「Fisher v. University of Texas at Austin, 133 S. Ct. 1411 (2013) ── 大学入試における人種の使用は正しく理解された厳格審査の下で合憲性を審査されるべきとされた事例」アメリカ法 2014-1・187 頁
「手段審査の厳格化と Affirmative Action : Fisher v. University of Texas at Austin, 98 Empl. Prac. Dec. (CCH) P45, 109 (2014)」桐蔭法学 21 巻 2 号（2015）1 頁

第 3 章
「Affirmative Action の正当化理由(1) ── 過去向きの Affirmative Action と将来志向の Affirmative Action」東北法学 33 号（2009）49 頁

第 4 章
「Affirmative Action の正当化理由(2・完) ── 過去向きの Affirmative Action と将来志向の Affirmative Action」東北法学 34 号（2009）249 頁

第 5 章
「多様性に基づく Affirmative Action の正当性(1)～(3・完) ── 多様性の価値の意味」法学（東北大学）76 巻 1 号（2012）38 頁、4 号（2012）452 頁、77 巻 1 号（2013）35 頁
「多様性の価値と Affirmative Action」憲法理論研究会編『対話と憲法理論』憲法理論叢書 23 巻（敬文堂、2015）

第 6 章
「アメリカにおける階層に基づく（class-based）Affirmative Action の正当性(1)(2・完)」桐蔭法学 19 巻 1 号（2012）1 頁、2 号（2013）1 頁

第 7 章
「性別に基づく Affirmative Action の正当性 ── Johnson 判決の考察を通じて」桐

桐蔭法学 20 巻 1 号（2013）1 頁

第 8 章
「法の下の平等とアファーマティブ・アクション」桐蔭法学研究会編『法の基層と展開 —— 法学部教育の可能性』（信山社、2014）151 頁
「Affirmative Action 正当化のコンセンサス」法学（東北大学）77 巻 6 号（2014）192 頁

序　章

第 1 節　序

第 1 項　問題の所在

　憲法の平等の 1 つの意味は形式的平等である。形式的平等とは、国家は人を区別してある者を特別に有利にあるいは不利に取扱ってはならないことを意味する。人は生まれ持った性質によって差別されないことが保障されており、国家は人々を形式的に画一に取扱い、それによって人々には形式的に「機会の平等」が保障される。

　しかし、人々の状況はそれぞれ異なる。社会・経済的に優位な状況にある者と不利な状況にある者が競争しても、その差は拡がり、結果の不平等が生じる。人々が与えられた機会を十分に活用できる状況で競争したのであれば、その結果は不当でない。しかし、不利な状況にある者は社会的状況や資力などから、与えられた機会を十分に活用できず、機会の平等は形ばかりとなる。そのため、機会の平等を実質的に保障するために、人々を異なって取扱う必要がある。

　Affirmative Action（以下「AA」と略記する）[1]は、人々の状況が異なることを認識した上で、ある区分に属する者に積極的に機会を与える。AA は広範

---

[1]　AA をめぐる議論の全容を把握するために必読の文献として、辻村みよ子『ポジティヴ・アクション――「法による平等」の技法』（岩波書店、2011）参照。

囲に及び一義的に定義できない。AA には機会を与える際にある区分に属する者を特別有利に取扱うものがあり、この種の AA が平等に反するのかが特に問題となる。AA の対象者が不当な理由から地位の獲得に不利な状況に置かれ、機会の平等の保障が形ばかりのものになってしまっていれば、AA は憲法の平等に適合し、そうでなければ反する。

　近年、日本では優先を伴う AA が実施され、その正当性を明らかにしなければならないが、裁判で AA の正当性が問題とならなかったこと等から、その正当性をめぐる議論の蓄積が乏しい。他方、アメリカ合衆国（以下「アメリカ」と略記する）では AA が政治と裁判の場で大きな問題となり、裁判所と学説は AA の正当性に関する理論的問題を検討してきた。本書は、日本国憲法上、AA が如何なる理由から正当化されるのかを考察するために、AA の正当性に関し多くの理論的蓄積のあるアメリカの判例と学説を参照する。

第 2 項　構　成

　以上の問題意識に基づき、本章では以下の手順で考察をする。まず、AA が何かを説明する（第 2 節）。次に、日本で AA が政策として如何に展開したのかを概観し（第 3 節第 1 項）、日本の学説が AA についてどのような研究をしてきたのかを考察し（第 3 節第 2 項）、アメリカの判例と学説を日本で参照する際に注意すべき点を述べる（第 3 節第 3 項）。本書はアメリカの AA をめぐる判例と学説を中心に考察を進めるが、各章の検討がどのような問題意識に基づいているのかを説明する（第 4 節）。

第 2 節　Affirmative Action とは何か

第 1 項　定　義

　AA とは非常に広範囲にわたる施策であり、一義的に定義できない[2]。しか

---

[2] Randell Kennedy, *Persuasion and Distrust: A Comment on the Affirmative Action Debate*, 99 HARV.L.REV 1327 n.1 (1986)

し、ある特性に基づく分類を用いて、他者と比べて、対象者に機会を与えるということでは各論者の見解は一致する。

　しかし、そうした施策のすべてがAAではない。既にある領域で多数を占めるグループの構成員に積極的に機会を与える施策はAAではない。また、機会を与えられた者が劣悪な状況に押しとどめられる場合、それはAAではない[3]。例えば、合衆国最高裁は、看護学部の入学者を女性に限定する制度をAAとして捉えず、この制度を違憲とした。その際、看護職の大部分は女性が占めていること[4]、この制度が性別ごとに適切な役割があるとする固定観念を反映し、看護職からの男性の排除が結果として看護師の給与を低く抑え、女性に不利益を及ぼしていることを理由とした[5]。

第2項　実施手段

　AAは積極的に機会を与える際に優先を伴うものと伴わないものに分類できる。例えば、後者には初等学校の人種を意識する生徒の割当も含まれ、AAにより地位を獲得できない者はいない。これに対し、前者はAAにより地位の獲得を否定される者が出るため、この種のAAは憲法との抵触が特に問題となる。本書の考察対象は前者とする[6]。

　優先を伴うAAの実施手段は様々あり、手段の強弱により「強い」AAと「弱い」AAに分類される[7]。様々な分類方法があるが、1つの分け方として、既存の基準で評価の低い者に地位を与えることにならず能力主義に抵触しないものを弱いAA、既存の基準で評価の低い者に地位を与え能力主義との抵触が問題となるものを強いAAとすることが考えられる。例えば、弱いAAにはタイ・ブレーカー、強いAAには加点制などが含まれる。

第3項　実施分野[8]

　アメリカでは、AAは教育機関の入学者選抜、公的機関と民間企業の昇進や採用などの雇用判断、政府契約、選挙区割といった様々な分野で実施され

---

[3]　*See* Laurence H.Tribe, American Constitutional Law, Harvard University Press 1517-18 (1988).
[4]　Mississippi University for Women v. Hogan, 458 U.S. 718, 725-26 (1982).
[5]　*Id*. at 729-30 & n.15.

ている。本書は前3者を考察の対象とする。それは政治分野のAAが他のAAの性質と異なるからである。教育機関の入学者選抜では試験の点数と成績、雇用判断では採用・昇進試験の成績、政府契約では入札金額といった選抜のための客観的な基準があり、AAはそれらの基準で評価の劣る者に地位を与えるため、AAにより地位を得た者よりも客観的な基準で高い評価を獲得している者の権利を侵害しているのかが問題となる。他方、アメリカの政治分野のAAはマイノリティに有利な選挙区割をすることで行われる。候補者の選抜で人種が考慮されず、AAにより地位の獲得を否定される者はおらず、この点で前3者と性質が異なる。また、候補者の選定に人種や性別を考慮するという形でAAが実施される場合でも、教育機関の入学者選抜等とは異なり、候補者の選定に客観的な基準はない。客観的な選抜基準がある場合には、AAにより地位を否定された者は自身の才能や努力が否定されたと主張できるが、客観的な基準がなければそのように主張できない[9]。

---

6) 日本では、AAよりもPositive Action（以下、「PA」と略記する）という語が一般的に用いられている。本書は、アメリカの議論を参照するため、PAではなく、AAという語を用いるが、本書で言うAAは、日本の実務で用いられているPAとは用語だけでなく、その内容も異なる。正確に言うと、本書で言うAAは日本の実務で用いられるPAをより限定したものである。

　日本では、PAは主として男女共同参画で用いられており、PAとAAの概念は同義である（辻村みよ子「男女共同参画社会基本法後の動向と課題——男女共同参画とポジティヴ・アクションの理念をめぐって」ジュリスト1237号（2003）2頁、7頁）。1999年の男女共同参画社会基本法はPAではなく、「積極的改善措置」という語を用いる。2000年の男女共同参画基本計画書では、「積極的改善措置（ポジティブ・アクション）」というように括弧書きで「ポジティブ・アクション」という語が用いられており、「積極的改善措置」はPAと同義に捉えてよい。男女共同参画社会基本法2条2号は、「積極的改善措置」を、男女共同参画のための機会に「係る男女間の格差を改善するため必要な範囲内において、男女のいずれか一方に対し、当該機会を積極的に提供することをいう」と定義する。しかし、実際の実務では、「厳密な意味で一方の性に対する暫定特別措置といえないものも広範に含めて」おり、非常に広範な概念を採用している（辻村みよ子「ポジティヴ・アクションの手法と課題」同編『世界のポジティヴ・アクションと男女共同参画』（東北大学出版会、2004）5頁、12頁）。

7) 安西文雄「アメリカ合衆国の高等教育分野におけるアファーマティヴ・アクション」立教法学67号（2005）1頁、5頁。

8) AAの実施分野の類型については、辻村・前掲注1）第2章参照。

9) 政治分野のAAの検討については機会を改めて行いたい。政治分野のAAについては以下の文献を参照。糠塚康江『パリテの論理——男女共同参画の技法』（信山社、2005）；辻村みよ子『憲法とジェンダー——男女共同参画と多文化共生への展望』（有斐閣、

第 4 項　Affirmative Action の変遷

　アメリカで法文中に AA という語が用いられ、それを用いて積極的な施策がはじめて展開されたのは、Kennedy 大統領が発した命令 10925 号であり、当該命令は連邦政府との契約者が「人種、信条、肌の色あるいは出身国にかかわりなく、応募者が雇用され、また被雇用者が遇されることを保障するために AA」の実施を要求した。当該命令は、連邦政府の契約者に対して、マイノリティへの優先や一定の割合の採用を要求せず、ここで言う AA とは差別的な取扱の禁止を意味していた。その後、1964 年市民権法が制定され、マイノリティに対する文面上の差別は廃止されていく。しかし、法的な差別が廃止されただけでは、差別により生じた不利な状況は温存される（第 3 章第 2 節）。この状況を改善するために、AA はマイノリティに積極的に機会を与えるものへと変化していく[10]。例えば、1965 年に Johnson 大統領が発した命令 11246 号は、連邦政府との契約者に、マイノリティの従業員を増やすための指針を示す[11]。AA は形式的平等に反し、また非常に対立の激しい人種問題に関連していることもあり、アメリカで最も議論の多い法的な問題の 1 つであり続けている。

2009）第 6 章、第 7 章。アメリカにおける政治分野の AA については、東川浩二「選挙区割りにおけるアファーマティヴ・アクション――投票における人種指標の重要性についての一考察」六甲台論集 46 巻 1 号（1999）25 頁；同「選挙におけるアファーマティブ・アクション」アメリカ法 2009-1・67 頁参照。

10)　*See* John Arthur, *The Limit of Equality* in The Unfinished Constitution: Philosophy and Constitution, Wadsworth Pub. Co 242 (1989).

11)　大統領命令 11246 号については、西村裕三『アメリカにおけるアファーマティヴ・アクションをめぐる法的諸問題』大阪府立大学経済研究叢書 66 冊（1987）第 3 章参照。大統領命令に基づくものの他に、AA は裁判所命令、特定の法律に基づいて行われ、また法的な根拠なしに自発的に行われる場合もある（同論文、はしがき）。

第 3 節　日本国憲法と Affirmative Action

第 1 項　日本の Affirmative Action の展開

(1) 問題点

　近年、日本でも優先を伴う形で AA は実施され、平等推進の手段としてさらなる導入が検討されている。憲法の平等の 1 つの意味は形式的平等の保障であり、AA が優先的取扱を伴う場合、それに反する。しかし、AA の対象者が性別などから与えられた機会を十分に活用できていない状況にあるならば、AA により機会の平等を実質的に保障していくことは必ずしも不当でない。日本では AA の正当化理由に関する研究が少なく、これを明らかにすることは、日本の憲法学にとって喫緊の課題である。

(2) 同和対策事業

　日本の AA の例として主として挙げられるのが、同和対策事業[12]と主に雇用判断の分野で主張される性別に基づく AA である。前者は、1969 年の「同和対策事業特別措置法」を契機に、同和地区の事業者への減税、住居改善のための安価な公営住宅の提供、教育の機会の確保のための成績要件を伴わない返還不要の奨学金制度等が行われてきた。これらの施策に伴う費用は税金により広範囲にわたって負担され、特定の者に課されない。アメリカで特に問題とされた種の AA は、それに伴う負担を特定の個人が負うものであり、同和対策事業とはこの点で性質が異なる[13]。AA に伴う負担を特定の個人が

---

[12]　同和対策事業を AA に含める文献として以下参照。芦部信喜（高橋和之補訂）『憲法〔第 5 版〕』（岩波書店、2011）130 頁；長谷部恭男『憲法〔第 5 版〕』（新世社、2011）168 頁。また、雇用分野の AA と同和問題を関連づけて論じる文献として、横田耕一「就職差別の禁止と積極的雇用促進」部落解放研究所編『憲法と部落問題』（解放出版社、1986）158 頁。

[13]　もっとも、同和対策事業は公務員の採用で優先を行い、解放同盟などの団体による採用者の推薦が行われた。しかし、その対象は主に高い資格を要求しない現業公務員である。AA が社会的および法的に大きな問題とされるのは、AA が社会的評価の高い地位に関連しているときである（愛敬浩二「リベラリズムとポジティブ・アクション」田

負うことになる AA が日本で現実の問題として提起されたのは、男女共同参画の分野である。

(3) 男女共同参画分野での Affirmative Action の導入

日本の男女共同参画分野での AA の導入について、法的に示唆を与えたのは、1985 年に日本が批准した、女子差別撤廃条約 4 条 1 項であった。同条項は「締約国が男女の事実上の平等を促進することを目的とする暫定的な特別措置をとることは、この条約に定義する差別と解してはならない」と規定し、AA の実施を許容する[14]。だが、AA の問題の検討は日本では実益がないとも評され[15]、事実、日本で実施される平等政策が優先を伴わない時期が続いた。

その後、1997 年の男女雇用機会均等法の改正で AA の実施が示唆された[16]。さらに、1999 年の男女共同参画社会基本法は、2 条 2 号で積極的改善措置を「男女間の格差を改善するため必要な範囲において、男女のいずれか一方に対し、当該機会を積極的に提供すること」と定義し、8 条で、積極的改善措置を含めた「男女共同参画社会の形成の促進に関する施策……を総合的に……実施する」ことを規定する。

2000 年の男女共同参画計画では、2005 年度末までに国の審議会の女性委員を 30％にすること、日本学術会議の女性委員を今後 10 年で 10％にまで高め

村哲樹・金井篤子編『ポジティブ・アクションの可能性――男女共同参画社会の制度デザインのために』(ナカニシヤ出版、2007) 41 頁、51-52 頁)。これは高度成長期になり手のいなかった現業公務員を同和地区関係者が引き受けたものであり、日本社会が経済的に潤っていた時代には、主要メディアは特に大きな問題として取り上げなかった。しかし、90 年代後半からはじまる低成長の時代にあって、人々は自身の待遇改善を期待できず、他者を引きずり降ろすことに関心を向けた。この時代背景も 1 つの要因となり、2000 年代半ばには同和対策が利権として地上波テレビなどの主要メディアで大きく取り上げられた。

　同和対策事業に関連する公共事業契約も、同和地区の業者が優先的に受注した。これにより同和地区の雇用状況が改善される効果もあったが、同和地区と無関係の者が同和地区の業者であると名乗り、公共事業契約を受注するなどの弊害も大きかった。

14) 当該規定については、国際女性の地位協会編『注解女子差別撤廃条約』(尚学社、1994) 84 頁以下〔大脇雅子〕；国際女性の地位協会編『コンメンタール女性差別撤廃条約』(尚学社、2010) 137 頁以下〔有澤知子〕参照。
15) 戸松秀典「性における平等――男女平等の新しい展開と憲法論議」ジュリスト 884 号 (1987) 171 頁、177 頁；同「平等原則とアファーマティブ・アクション」ジュリスト 1089 号 (1996) 185 頁。
16) 浅倉むつ子「女性労働法制」法学セミナー 525 号 (1998) 56 頁等参照。

ることが示されている。また、同年、国立大学協会は、国立大学の女性教員比率が少ないことを受けて、2010 年までに国立大学の女性教員比率を 20％まで引き上げることを決議した。そして、2005 年の第 2 次男女共同参画基本計画は、指導的な地位に占める女性の割合が 30％になることを目標とする。2010 年の第 3 次男女共同参画計画は、この 30％という目標を踏襲する。

(4) 研究職採用における Affirmative Action

これらの数値目標が如何なる方法で達成されるべきなのかについて、具体的な指針はない。しかし、この数値目標の設定を受けて、各機関が AA を導入する例が見られる。例えば、名古屋大学は、2003 年 12 月に他大学に先駆けて、公募人事ホームページで、国立大学協会の決議を受けて、「業績（研究業績、教育業績、社会的貢献、人物を含む）評価において同等と認められた場合には、女性を積極的に採用します」と示していた。ただし、個人の権利を侵害する可能性に配慮する必要があるとして、「男性応募者を優位とする個別の事情がある場合には、男性応募者が採用される余地を残すものである」と留保つけていた。留保付のタイ・ブレーカーとして AA を採用し、弱い手段となっている[17]。現在、こうした指針は他の多くの国立大学で取り入れられている。

「現在の日本の『平等』政策は、公権力自身が積極的に行ったり、私人に対して法的に義務付けるというよりも、私人に対して推進を期待する穏健な形態をとって」[18]いることから、能力主義に抵触する手段は採られなかった。もっとも、「日本の『平等』実現の遅れが指摘される中、『平等』実現のために憲法や法律により強制力を持たせた政策が必要とされるのもそう遠くないのかもしれない」とも指摘される[19]。しかし、現在の日本では、AA が強力な手段により行われている例も少なからずある。例えば、アメリカで問題と

---

[17] AA への批判の程度は、人々が地位をどの程度欲しているのか、地位の獲得のためにどの程度の努力が必要なのかにより左右される。それらの程度が高ければ AA への批判は激しくなり、低ければ緩やかになる。大学教員になるためには一般的に高い資格が要求されるため、この種の AA への批判は厳しい（拙稿「法の下の平等とアファーマティブ・アクション」桐蔭法学研究会編『法の基層と展開——法学部教育の可能性』（信山社、2014））151 頁、156 頁。

[18] 平地秀哉「平等理論——『審査基準論』の行方」法律時報 81 巻 12 号（2009）80 頁。

[19] 平地・前掲注 18) 80 頁。

されたAAのように既存の基準で評価の劣る者に地位を与えるものではないが、九州大学などいくつかの大学では、教員の採用で女性限定の公募を行っている[20]。

　日本で実施されている施策は性別を理由に積極的に機会を与え、非対象者が地位を失う可能性がある。性別を限定した公募などは、非対象者の機会を限定する。これらの施策の違憲性や違法性を争った裁判例はない[21]。しかし、これらの施策に含まれる日本国憲法上の問題点を検討する必要があり、それに実益はある[22]。

第2項　日本のAffirmative Actionの研究

　日本では、AAに古くから多くの関心が向けられ、アメリカを中心とする外国の制度と判例の紹介、それらの分析について、多くの優れた業績が出されてきた[23]。また、AAの正当化の理論的根拠について原理的な分析する優れた業績も存在する[24]。日本では、当初、外国の判例や制度紹介の研究が行

---

20)　雇用機会均等法は、5条〜7条で雇用行為における性別を理由とした差別の禁止を規定するが、8条は「前3条の規定は、事業主が、雇用の分野における男女の均等な機会及び待遇の確保の支障となっている事情を改善することを目的として女性労働者に関して行う措置を講ずることを妨げるものではない」と規定する。当該施策は、8条の規定に基づいて、「女性教員の割合が相当程度に少ない現状を積極的に改善するための措置として女性に限定した公募を実施」する、とされている。

21)　研究者の採用に際しては、業績審査が1つの重要な要素となる。ただし、博士号の有無、業績数などは点数化できても、内容の評価を客観的に点数化はできない。博士号にしても、授与する大学、審査者によってその水準に相当の開きがある。筆記試験でも行わない限り、研究者採用の評価自体が客観的な基準に基づかせられない。仮に採用のプロセスが透明化されたとしても、厳しい批判を受けるのを覚悟して、評価が同等の男女の候補者がいたが、男女共同参画の指針から女性を採用した、と採用者が示すとは考えにくい。採用者は女性候補者の業績などの評価の方が優れていたと示すだろう。タイ・ブレーカーとしてAAが行われている限りでは、男性候補者は自身が性別を理由に不採用になったのかがそもそも分からないため、訴訟は提起されなかったと考える。

　しかし、女性限定の公募については、性別により機会が否定されているのは明らかであるから、訴訟が提起される可能性はあると考える。

22)　近年、日本でもAAの具体的検討が現実の課題となりつつあることが指摘されている（中林暁生「給付的作用とアファーマティヴ・アクションとの関係についての覚書」法学77巻6号（2014）149頁、153-54頁）。

われ、日本の議論に結び付けた業績は少なかった。しかし、日本で、男女共同参画の分野での AA の導入が現実の問題となると、それに関する問題につき検討した研究[25]や、かなり具体的な政策提言を行う研究も行われるようになる[26]。上記の注に示したのは一握りの業績であり、日本における AA に関連する業績はかなりの数にのぼるが、「日本国憲法に結びつけた原理的な議論が少ない」[27]状況にある[28]。

---

23) 横田耕一「平等原理の現代的展開——"Affirmative Action"の場合」小林直樹先生還暦記念『現代国家と憲法の原理』(有斐閣、1983) 643頁；西村・前掲注11)；有澤知子「合衆国におけるアファーマティブ・アクションについての議論」法学新報108巻3号 (2001) 483頁；君塚正臣「欧米各国における積極的差別是正とその示唆するもの」関西大学法学論集51巻4号 (2001) 58頁等参照。
　　各判例の分析をする文献については、本文中に各判例が登場する箇所で示す。なお、Bakke 判決から Johnson 判決までの AA に関する一連の合衆国最高裁の判例の展開を把握する文献として、横田耕一「アファーマティブ・アクションの判例動向」九州大学社会科学論集28号 (1988) 175頁参照。また、Grutter 判決までの AA の一連の判例を概観するものとして、中里見博「アメリカにおけるアファーマティヴ・アクションの展開」辻村みよ子編『世界のポジティヴ・アクションと男女共同参画』(東北大学出版会、2004) 289頁参照。
24) 阪本昌成「優先処遇と平等権」公法研究45号 (1983) 98頁；足立幸男「正義・効用から見たアメリカにおける優遇措置」京都大学教養部政法論集5号 (1985) 1頁；石山文彦「『逆差別論争』と平等の概念」森際康友・桂木隆夫編著『人間的秩序——法における個と普遍』(木鐸社、1987) 292頁。
25) 君塚正臣「改正男女雇用機会均等法の憲法学的検討」関西大学法学論集49巻4号 (1999) 30頁。アメリカの性別に基づく AA の議論については以下の文献等を参照。武田万里子「アメリカ合衆国における男女平等とアファーマティヴ・アクション」法研論集47巻8号 (1988) 163頁；吉田仁美「アメリカにおける女性に対するアファーマティブ・アクションの動向」同志社アメリカ研究38号 (2002) 87頁。
26) 稲葉馨「男女共同参画政策と公務分野におけるポジティヴ・アクション」辻村みよ子・稲葉馨編『日本の男女共同参画政策——国と地方公共団体の現状と課題』(東北大学出版会、2005) 33頁。
27) 辻村みよ子『ジェンダーと法』(不磨書房、2005) 88頁。日本で AA に関する原理的な議論が少ないのは、日本で実施されている AA が弱い手段で実施されていることにあると考えられる。また、裁判で AA が問題とされることがなかったため、日本の学説は AA の日本国憲法上の問題を検討する必要性をあまり認識していなかったのだと考えられる。しかし、現在では、女性限定公募など性別による機会の限定を行う施策が実施されており、AA の正当性を明らかにすることは喫緊の課題である。
28) 近年、AA の正当性について原理的な検討を行う業績も出されてきており、徐々に研究が深められてきている。巻美矢紀「ポジティブ・アクションの目的と多様性(1)」千葉大学法学論集27巻3号 (2013) 1頁；高橋正明「アファーマティブ・アクションの正当化根拠に関する憲法学的考察(1)～(3・完)——『多様性の確保』と『差別の是正』と

AAに関する問題を考察することが日本の憲法学にとって喫緊の課題であり、日本のAAに関する業績が日本国憲法に結びつけた原理的な議論が少ないという状況にあることから、本書は、外国の判例や制度の紹介にとどまらず、日本国憲法に結び付けた原理的な考察を行う。

第3項　アメリカ合衆国の判例と学説を参照する意義と注意点

以上の考察を進めるために、本書はアメリカの判例と学説を検討する。AAはアメリカにとどまらず、世界各国で実施されており、日本のAA研究もアメリカにとどまらない[29]。ただし、日本のAA研究の多くはアメリカの議論を参照している。その理由は、古くからAAが実施されてきたのがアメリカであり、アメリカのAAに関する議論の蓄積が多いところにある。そこで、本書でも、日本の他の多くの研究と同じく、アメリカの議論を参照する[30]。

本書では、アメリカの議論については、特に言及がない限り、人種に関するAAを考察対象とする。その理由は、第1に、アメリカのAAが主として人種を対象としていることにある。第2に、優先を伴うAAが合衆国最高裁で問題とされたのは1974年から現在までに17件[31]あるが、その意味でのAAが人種以外に問題とされたのがJohnson判決[32]だけであることにある。他方、日本の議論については、日本国憲法14条1項後段列挙事由（以下、列

いう対立軸」法学論叢173巻1号（2013）96頁、173巻4号（2013）129頁、174巻2号（2013）126頁参照。

さらに、近年、アメリカのAAに関する判例の網羅的な検討を基に日本国憲法の平等権解釈を検討する業績が出された（吉田仁美『平等権のパラドクス』（ナカニシヤ出版、2015））。この業績を読むことで、AAに関する合衆国最高裁の判例の展開と基本的問題を理解できる。また、この業績は、平等権をすべての者に対する保護として捉えることが構造的格差を残すことになる危険を指摘し、政治力のないマイノリティに対する保護としてとらえ直す必要があることを指摘する。この業績はグループの地位向上に焦点が当てられており、個人の救済に焦点を当てる本書とは立場が異なっている。AAの正当性を考える際に、読者は本書と比較してもらいたい。

29) 辻村みよ子編『世界のポジティヴ・アクションと男女共同参画』（東北大学出版会、2004）所収の各論文；孝忠延夫『インド憲法とマイノリティ』（法律文化社、2005）160頁以下；糠塚・前掲注9）；井上亜紀「割当制（Quote）と平等原則――ボン基本法下の議論を中心として」九大法学67号（1994）43頁等参照。

30) 日本のAAの正当化理由に関する問題を明らかにするには、アメリカにとどまらず、世界各国の議論を参照する必要があるが、それは今後の課題としたい。

挙事由）に挙げられている分類およびそれに類する分類を用いる AA を考察対象とする。その理由は、それらの分類を用いる AA が日本国憲法上特に問題を生じさせるところにある[33]。というのも、「人種、信条、性別、社会的身分または門地による差別の廃絶が、個人の尊厳に立脚する民主的な社会を確立するために、もっとも緊要であることは否定でき」ず、基本的には、これらの事由により「優遇措置をしたり、あるいは不利益な取扱いをすることは許されない」と解されるからである[34]。もっとも、「積極的な差別是正措置それ自体も、人種や性別など、審査基準を厳しくする事由による取扱いの区別を伴わざるをえない」と指摘されるように[35]、アメリカの人種に関する議論が日本の議論に示唆を与えるのかは疑問が残る。しかし、例えば司法審査基準について、日本の学説は、列挙事由に基づく異なる取扱に対して厳格度の高い司法審査基準を適用する。その理由は、アメリカの「疑わしい分類」の理論を参照し、列挙事由が差別の典型的な事由であることに求められている[36]。列挙事由は事由ごとに性質が異なるが、同じ性質を共有する部分もある。故に、アメリカの人種の AA に関する議論から日本の議論にいくらかでも示唆が得られると考える。

---

31) 合衆国最高裁で AA がはじめて問題とされたのは DeFunis v. Odegaard, 416 U.S. 312 (1974) である。白人の志願者である DeFunis は、マイノリティであることを考慮する Washington 大学ロー・スクールの入学者選抜施策によって自身よりもテストの点数の低いマイノリティが入学を許可されたことから、当該入学者選抜施策の違憲性と自らのロー・スクールへの入学を求めて裁判所に提訴した。しかし、係争中に大学側が DeFunis の入学を認めたことから、合衆国最高裁は訴えの利益なしと判断し、実体的な判断を下さなかった。合衆国最高裁で AA に関して実体的な判断がはじめて下されたのは Regents of the University of California v. Bakke, 438 U.S. 265 (1978) である。本文中に示した 17 件という数字には DeFunis 判決を含めている。
32) Johnson v. Transportation Agency of Santa Clara County, 480 U.S. 616 (1987). 当該判決については、第 7 章で詳細に論じる。
33) 松井茂記『日本国憲法〔第 3 版〕』（有斐閣、2007）396 頁。
34) 阿部照哉・野中俊彦『平等の権利』（法律文化社、1984）44 頁。
35) 長谷部・前掲注 12）169 頁。
36) 戸松秀典『平等原則と司法審査』（有斐閣、1990）325 頁以下；安西文雄「平等」樋口陽一編『講座・憲法学 3 権利の保障(1)』（日本評論社、1994）75 頁、86-87 頁。

第 4 節　各章の問題意識

第 1 項　アメリカ合衆国憲法の平等の意味

　本書の目的は、日本国憲法上、如何なる理由から AA が正当化されるのかを考察することにあり、その目的を達成するために、アメリカの議論を参照する。ここでは、如何なる手順によりアメリカの議論の考察を進めるのか、そして各章で考察する論点が日本の議論に如何に結びつくのかを説明する。

　第 1 章では、アメリカで AA が憲法上全面的に禁止されないのは何故かを考察する。アメリカ合衆国憲法修正 14 条 1 節は「州は、その権限に服する者から、法の平等な保護（equal protection of the law）を奪ってはならない」と規定する。ここで言う、法の平等な保護とは、州が同一の状況にある者を同一に取扱うことである。故に、一定の区分により人を別扱いする州の行為は、常に、法の平等な保護に反していないかどうかが問われる[37]。AA は、人種などの区分を用いて人々を別扱いする。故に、修正 14 条が AA を許容しているのかが問題となる。

　合衆国憲法の平等の意味を明らかにするには、カラー・ブラインドの理論を理解することが重要である。カラー・ブラインドの理論とは、人種が重要な要素でなくなり、人の生き方が人種によって左右されることがない社会を目指すものである。AA を肯定的に捉える論者も否定的に捉える論者も、カラー・ブラインドな社会の達成という目的には一部の論者を除いて同意する[38]。AA は人種を意識し、一見するとこの理論に反する。しかし、AA の支持者は、人種が社会の様々な場面でマイノリティに不利に働いているため、

---

[37]　アメリカの平等保護に関する基本的な議論を理解するために、以下の文献を参照した。T・I・エスマン・木下毅『現代アメリカ憲法』（東京大学出版会、1978）252 頁以下；鈴木康彦『註釈　アメリカ合衆国憲法』（国際書院、2000）237 頁以下；田島裕『アメリカ憲法──合衆国憲法の構造と公法原理』（信山社、2004）287 頁以下；松井茂記『アメリカ憲法入門〔第 7 版〕』（有斐閣、2012）386 頁以下。

[38]　Richard D. Kahlenberg, *Getting Beyond Racial Preferences: The Class-Based Compromise*, 45 Am. U.L. Rev. 721, 723 (1996).

カラー・ブラインドな社会を達成するまでの過渡的な措置としてAAを許容する。他方、反対者は、カラー・ブラインドの理論は人種を一切考慮できず、AAを全面的に禁止すると理解する。アメリカでは、AAが憲法上全面的に禁止されるか否かという極端な2項対立が生じた。

　他方、日本では、この2項対立は生じないとされる。その主張に依れば、「日本国憲法は、平等保護条項を定め、一方で近代憲法の核である自由主義・個人主義・能力主義に対して制約を課すことを社会権条項を通じて許容している」と説明される[39]。そして、アメリカ合衆国憲法とは異なり、日本国憲法が「明示的に社会的弱者の存在を認識している点」が強調されねばならないとされる[40]。故に、第1章の論点はアメリカ特有の問題であり、日本のAAの議論には参考にならない[41]。しかし、アメリカでAAが如何なる理由

---

[39] 松田聡子「男女平等とアファーマティヴ・アクション」佐藤功先生喜寿記念『現代憲法の理論と現実』（青林書院、1993）33頁、74頁。

[40] 松田・前掲注39）73頁；同旨、横坂耕一「女性差別と憲法」ジュリスト819号（1984）68頁、72-73頁。解釈の努力がなされているが、判例がプログラム規定説をとっていることから、社会権規定にAAの正当化の根拠を安易に求めてはならないとの指摘がなされている（吉田・前掲注28）33頁）。

[41] 日本国憲法の社会権は、いずれの自由競争の結果から発生した著しい所得、社会的地位などの不均衡を是正するために登場してきたと説明される（戸松秀典「平等原則」法学教室18号（1982）6頁、10頁；大須賀明「社会福祉と平等」公法研究45号（1983）74頁、75頁；金城清子『女性法学──その構築と課題〔第2版〕』（日本評論社、1996）103頁；浦部法穂・大久保史郎・森英樹『現代憲法講義1〔第3版〕』（法律文化社、2002）127頁〔森英樹〕；長谷部・前掲注12）263頁）。つまり、社会権で認識される「社会的弱者」とは、従来、いずれの自由競争の結果から生じた経済的な弱者や強い立場にある者から地位を侵害されやすい社会的に弱い立場にある者であった。
　日本のAAの1つの例として男女共同参画分野でのAAが挙げられ、この分野でのAAはキャリア官僚など、指導的な地位で実施されている。この種のAAの直接の受益者となる女性は、教育・経済的に不利な状況にはなく、従来、社会権が保護することを想定していた「社会的弱者」とは言い難い。にもかかわらず、日本国憲法上AAが許容される理由として社会権が挙げられるのは、社会権の想定する「社会的弱者」の意味が変化したからだと考えられる。
　「規範としての憲法は、各個人が自らを尊しとし、相互尊重の枠組のなかにあって、自己の能力に信頼して自己実現をしてゆくという個人像・社会像を描いたはずである」とされる（安西文雄「法の下の平等について(4・完)」国家学会雑誌112巻3・4号（1999）69頁、138頁）。とすれば、社会権の1つの意味は自己の能力によって自己実現をするための機会を各人に保障することである。従来、自己実現を妨げ、「機会の平等」を形ばかりのものにしたのは主として経済・教育的要因である。しかし、現存する格差の要因はそれだけでは説明できず、その要因として差別や偏見が挙げられる。現在では

から正当化されるのかを考察する前に、アメリカ合衆国憲法がそもそもAA自体を許容するのかを考察する必要があり、第1章ではこの点を考察する。

第2項　司法審査基準

第2章では、アメリカではAAに如何なる司法審査基準が適用されるのか、そしてそれは如何なる理由により判断されるのかを考察する。第1章の考察結果を先に述べると、合衆国憲法はAAを全面的に禁止しない。問題は、具体的に、如何なるAAが憲法上許容されるのかにある。その点を考察するには、AAに如何なる司法審査基準が適用されるのかを明らかにする必要がある。どの司法審査基準を適用するかにより裁判でAAが認められるか否かの結論が大きく左右されるため、この論点はアメリカの判例と学説で非常に重要なものとして取扱われた[42]。

日本では、裁判所は司法審査基準を明確に意識していない。他方、学説は、平等違反が問題とされたとき、憲法上許容される合理的区別が如何に判断されるのかの基準が不明確であったことから、その基準を客観化するために、アメリカの司法審査基準論を受容していった。厳格度の高い司法審査基準が適用されるという意味で、列挙事由が特別な意味を有するとする学説の流れが、1980年代には有力になっていたと指摘されており[43]、現在ではおおむね支持されていると指摘される[44]。日本の学説は、アメリカの司法審査基準

　「憲法は、それが示唆する社会連帯性の観点から、各人の自律権の実現を相互的に助けるという趣旨で社会権を保障している」（樋口陽一・佐藤幸治・中村睦男・浦部法穂『注釈日本国憲法（上）』（青林書院、1984）266頁〔佐藤幸治〕）と解されるのも、この考えに依拠していると思われる。この理解に従えば、従来、社会国家とは「国家が国民の福祉の増進をはかることを使命として、社会保障制度を整備し、完全雇用政策をはじめとする各種経済政策を推進する国家」（芦部・前掲注12）16頁）であり、社会権とはいずれの自由競争の結果から発生した著しい所得、社会的地位などの不均衡の是正を目的としているが、社会国家が「人間の尊厳にふさわしい最低限度の生活の保障から一定のグループに対して存在している平等な機会のルートの障害を除去する」（金城・前掲注41）106頁）という役割を担うというところにまで発展し、社会権もそうした発展の流れの中で捉えられている。この理解に依れば、指導的な地位を対象とするAAの直接の受益者となる女性は社会権の想定する社会的弱者だと言える。

42) 吉田・前掲注28) 44頁。
43) 藤井俊夫『憲法訴訟と違憲審査基準』（成文堂、1985）213頁。
44) 渋谷秀樹『憲法〔第2版〕』（有斐閣、2013）208頁。

を裁判に導入しようと試み、そしてAAの日本への導入に関心を寄せていたため、アメリカの司法審査基準に関する議論を積極的に紹介してきたのであり[45]、この傾向は近年でも続いている[46]。これは、日本で裁判所が司法審査基準を意識した場合には、AAに如何なる司法審査基準を適用するのかによって、その合憲性が大きく左右されると考えてきたためである。現在では、有力な論者の体系書でも、AAに如何なる司法審査基準が適用されるべきかについて論じられている[47]。

しかし、日本の学説は、AAに適用される司法審査基準が具体的にどのような内容のものなのか、そしてAAに適用される司法審査基準が如何なる理由により判断されるのかには、あまり注意を払わなかった。勿論、司法審査基準の具体的内容を明らかにしようと試みる業績は存在し[48]、AAに適用される司法審査基準が如何なる理由により判断されるのかについても、意欲的に検討した業績は存在するが[49]、これらの点を検討する学説は少ない。AAの司法審査基準に関する日本の議論状況については、「多くの憲法学者は平等についても立法の違憲審査基準の問題に熱中して」おり、「一体何を、そして何故それを平等にするのかという原理的問題を棚上げにしたまま所与の立法目的と立法手段との整合性という形式的レベルの議論に関心を集中しているようにも見える」と指摘される[50]。この指摘のように、司法審査基準を論

---

45) AAに適用する司法審査基準に関するアメリカの議論について特に詳細に論じるものとして以下の文献を参照。山内久史「アメリカにおける平等権の史的展開と司法審査」帝京法学24巻1号（2005）81頁；宮原均「不平等に対する積極的是正策と司法審査⑴⑵・完——高等教育の入試制度に関する合衆国最高裁判例を中心に」法学新報112巻11・12号（2006）597頁、113巻1・2号（2006）315頁；吉田・前掲注28）第5章・第6章。

46) 2008年9月に日米法学会で開催された「平等を求めて——アファーマティブ・アクションの行方」と題されたシンポジウムのいくつかの報告で、AAに適用する司法審査基準についてのアメリカの議論が重要な論点として取扱われている（松井茂記「平等保護理論の展開とアファーマティブ・アクション」アメリカ法2009-1・27頁；吉田仁美「公共工事におけるアファーマティブ・アクションと平等保護の合憲性審査基準」アメリカ法2009-1・44頁）。

47) 渋谷・前掲注44）209頁；長谷部・前掲注12）169頁；松井・前掲注33）376頁参照。

48) 植木淳「平等原則における厳格審査基準の再検討——厳格審査における『真意探求』と『費用便益分析』」六甲台論集46巻3号（2000）1頁。

49) 安西・前掲注36）；安西・前掲注41）。

50) 長谷部恭男「平等」星野英一・田中成明編著『法哲学と実定法学の対話』（有斐閣、1989）98頁、100-01頁。

じる際には、形式的レベルの議論にとどまらず、原理的な議論をする必要がある。日本ではAAが裁判で問題とされておらず、さらに裁判所が司法審査基準を明確には意識していない状況にあり、日本でAAの司法審査基準を論じることに実益があるのかとも考えられる。しかし、ある司法審査基準がAAに適用されると判断するとき、何故その基準を適用するのかを考察することは、AAが憲法上如何に評価されるのかといった原理的な議論に必然的に結びつき、日本でも重要である。故に、第2章では、AAに如何なる司法審査基準が適用されるのかという形式的な議論にとどまらず、AAに適用される司法審査基準が如何なる理由から判断されるのか、そしてその司法審査基準は具体的に如何なる内容であるのかに着目して、アメリカの議論を考察する。

第3項　差別の救済による正当化

第3章以降では、アメリカで、具体的にAAが如何なる理由により憲法上正当化されるのかを考察する。第3章では、差別の救済を理由にAAを正当化することの問題を明らかにする。

合衆国最高裁では、公的機関の実施する人種に基づくAAには典型的な厳格審査（strict scrutiny）を適用することがAdarand判決[51]で確立した（第2章第3節）。かつて、典型的な厳格審査はそれが適用されるとほぼ違憲となる「理論上厳格だが、事実上致命的なもの」[52]と理解されたが、Adarand判決O'Connor裁判官法廷意見（Scalia, Rehnquist, Thomas, Kennedy裁判官同調）はその理解を否定し[53]、その際にParadise判決[54]を参照する。Paradise判決Brennan裁判官相対多数意見（Marshall, Blackmun, Powell裁判官同調）は、過去と現在の差別の救済がAAを正当化するやむにやまれぬ利益となる、と判示する[55]。

---

51) Adarand Constructor, Inc. v. Pena, 515 U.S. 200 (1995). 当該判決については、第2章第3節第3項参照。
52) Gerald Gunther, *The Supreme Court 1971 Term*, 86 HARV.L.REV 1, 8 (1972).
53) 515 U.S. at 237.
54) United States v. Paradise, 480 U.S. 149 (1987). 当該判決については、第2章第2節第5項参照。
55) *Id.* at 167.「差別と奴隷制の痕跡に対処するために、政府と企業が選択した1つの方法」（Arthur, *supra* note 10, at 242）と示されるように、学説上もAAを一文で説明する際に、AAを過去の差別の是正策として認識している場合が多い。

このように、アメリカでは、AA は「社会に蓄積した差別の害を矯正する施策」として正当化される。日本でアメリカの AA が紹介される際、差別の救済を目的とする施策だとしているものが多くみられる[56]。「人種差別・民族差別・性差別など、いかなる形態の差別であれ、従来からの差別が蓄積している社会であれば、その採用を考えることができるはず」であり「日本も内部に差別の害を蓄積している以上、AA は採用可能な施策であるはず」である[57]。

　日本でも、AA を正当化する理由として差別の救済が挙げられている。例えば、同和対策事業[58]や国公立女子大学[59]などは差別の補償として正当化された[60]。しかし、差別の救済により AA を正当化することは、差別の影響を受けていない者が AA の直接の受益者となり、他方で差別の実施とはあまり関係のない者が AA に伴う負担を負わされてしまう、といった批判を受ける[61]。地位の獲得に高い評価を要求される分野ではこうした批判が特に強く、アメリカでは AA が「逆差別」だと批判され、大きな論争が生じた。

　差別の救済を理由に AA を正当化すれば、これらの批判は日本でも当然に提起される。例えば、日本では男女共同参画の分野で、いくつかの大学では、大学教員の採用に AA が導入されており、仮にこうした施策を過去の差別の

---

[56] 西村・前掲注 11) はしがき；伊藤正己「アファーマティブ・アクション」日本学士院紀要 48 巻 2 号（1994）83 頁；植野妙実子「アファーマティヴ・アクションと平等原則」法学セミナー 546 号（2000）82 頁、83 頁；辻村みよ子「ポジティヴ・アクションの手法と課題——諸国の法改革とクォータ制の合憲性」法学 67 巻 5 号（2004）176 頁、177 頁；辻村・前掲注 9) 156 頁。

[57] 安西・前掲注 36) 96-97 頁。

[58] 横田・前掲注 12) 159-60 頁；佐藤幸治編著『憲法 II』（成文堂、1988）129 頁〔釜田泰介〕。

[59] 伊藤正己『憲法〔第 3 版〕』（弘文堂、1995）251 頁；青柳幸一『個人の尊重と人間の尊厳』（尚学社、1996）390 頁。

[60] 辻村みよ子は、女子国公立大学については、「女性の大学進学率が上昇し男女格差が小さくなった今日では、一種のポジティヴ・アクションや実質的平等保障としての意味づけがほとんど失われてお」り、「性別による入学機会や教育内容の別異取扱いを容認する根拠は乏しい」とする。しかし、辻村は「学術分野における男女共同参画を実現する目的のもとで、理系分野の女子学生・女性研究者が少ないなどの不均衡を是正するためのポジティヴ・アクションの意義を認めることは可能だろう」と述べる（辻村みよ子『憲法〔第 4 版〕』（日本評論社、2012）179 頁）。

[61] See Sullivan, *Sins of Discrimination: Last Term's Affirmative Action Cases*, 100 HARV.L.REV 78 (1986).

救済を前面に出して正当化すれば、上記の批判に強くさらされる[62]。女性は差別の影響から当該分野での数が著しく少なく、その職種に就こうとする動機づけの点で不利益を受けているが、AAの直接の受益者はその職種に志願しており、その点では差別の影響を克服しているからである。差別の救済は、「機会の平等」が形骸化している状況を是正し、実質的平等の保障に寄与するため、日本国憲法14条が保障する平等権の趣旨に沿うのは間違いない。他方、差別の救済により正当化されたAAは、差別の影響をほぼ克服した者に利益を与え、差別の実施とあまり係わりのない者にAAに伴う負担を課すことにもなり、平等権の趣旨に反するようにも見える。日本では、裁判の場でAAが問題とならなかったこともあり、差別の救済による正当化が提起する問題につき、詳細な検討がなされてこなかった。アメリカでは、この問題が多くの論稿により考察され、裁判所もその理論的問題に取組んできた。この問題について、アメリカの判例・学説を考察することは、AAの正当化理由を考えるにあたり、日本にも大きな示唆を与えると考える。

第4項　利益の達成による正当化

　第3章の考察結果を先に述べると、差別の救済による正当化に含まれる多くの理論的問題から、アメリカでは裁判所で差別の救済による正当化は難しくなった。アメリカでは、この流れを受けて、将来の利益の達成によるAAの正当化が主張されるようになった。後述のように、差別の救済による正当化が認められる場合は、日本国憲法上もかなり限定される（結章第3節）。故に、差別の救済から将来の利益の達成へのAAの正当化理由に関するアメリカの判例・学説の展開を考察することは、日本のAAの正当化理由を考えるにあたり、重要な視点を提供する。故に、第4章では将来志向のAAに関するアメリカの議論を考察する。

---

[62] 学術分野のAAについては、辻村みよ子「学術分野における男女共同参画政策の課題」辻村みよ子・稲葉馨編『日本の男女共同参画政策——国と地方公共団体の現状と課題』（東北大学出版会、2005）97頁。

第5項　多様性による正当化

　第5章では、多様性の価値により AA を正当化することの問題を考察する。アメリカでは、差別の救済に代わって将来の利益の達成による正当化が主張されるようになったが、将来の利益の達成という理由に主として用いられたのは多様性の価値であった。合衆国最高裁は、高等教育機関の入学者選抜での AA の合憲性が問題とされた Grutter 判決[63]で、多様性の価値による AA の正当化を認めた。合衆国最高裁で AA への典型的な厳格審査の適用が法廷意見により確立して以降（第2章第3節）、AA に対して裁判と政治の場で否定的な傾向が続いたため、合衆国最高裁が多様性の価値による AA の正当化を認めたことに、アメリカでは注目が集まった。

　日本でも、この判決について論じた業績が数多く出された[64]。当該判決から得られる教訓として、例えば、この判決は「『多様性』が新しい公正な社会を実現するために重要な要素であることを認識し、そのための跳躍台として人種・ジェンダー・民族などを積極的に配慮・活用すること」と「実現しようとする未来の社会像を設定したうえで、多様性重視の共同体・多様な選抜基準・多様な個人的業績などの観点を採用すること」が必要であることを示している、との指摘がなされている[65]。そして、日本でも、「多様な声に配慮し、多様性がもたらしてくれる可能性を新たな社会の理念として受け入れるのかどうかを議論すべき」であり、「ポジティブ・アクション理念の背後にある多様性理念の意義について、さらに議論が深められねばならない」のであり、「我が国は、本当に多様性を重視する社会をめざすのか、そこから議論をはじめるべきである」との指摘がなされる[66]。

　現在、日本では、AA を含む平等政策の推進の理由として、多様性の価値という理由がしばしば用いられている[67]。しかし、日本では、AA を含む平

---

63) Grutter v. Bollinger, 539 U.S. 306 (2003).
64) 第2章注47) に挙げられている文献等参照。
65) 早川操「アメリカの大学入学政策とアファーマティブ・アクション——マイノリティ優遇政策がポジティブ・アクションに示唆するもの」田村哲樹・金井篤子編『ポジティブ・アクションの可能性——男女共同参画社会の制度デザインのために』（ナカニシヤ出版、2007）213 頁、229 頁。
66) 早川・前掲注65) 231 頁。

等政策の推進のために用いられている多様性の価値が具体的に何を意味するのかは明らかでなく、その解明を試みる学説も少ない[68]。故に、第5章では、日本で平等政策推進の理由として用いられている多様性の価値が何を意味するかに関する議論を深めるために、アメリカでAAを正当化できるとされる多様性の価値が何を意味しているのかについて、判例と学説の分析を通じて明らかにする。

第6項　社会・経済的状況の考慮

　第6章では、階層に基づく（class-based）AAの問題を考察する。階層に基づくAAとは、社会・経済的に不利な状況にある者をAAの対象とする施策である。アメリカで差別の救済による正当化が難しくなったのは、直接の受益者の多くが社会・経済的に優位な状況にあることから、差別の影響をほとんど受けていない者が直接の受益者となっているとの批判が提起されたことにある。そのため、アメリカでは、差別の救済に代わって、多様性の価値といった将来の利益の達成によるAAの正当化が主張された。第4章と第5章の考察結果を先に述べると、将来志向のAAは、差別を意識しないこともできるため、差別の救済による正当化に向けられた批判を回避できる。しかし、将来志向のAAも、その直接の受益者が社会・経済的に優位な状況にあることに変わりない。そのため、将来志向のAAに対しては、不当な理由から地位の獲得に不利な状況にある、真に救済の必要な者が直接の受益者となっていないとの批判が提起される（第4章第5節第4項(3)、第5章第7節第5項）。この批判に答えようとする試みが階層に基づくAAである。

　日本でも、差別の救済による正当化は難しいことから、将来志向のAAが主張される。しかし、AAの直接の受益者が社会・経済的に優位な状況にある限り、アメリカと同じように、真に救済の必要な者が直接の受益者となっていないと批判されるだろう。故に、アメリカの層に基づくAAに関する議

---

67)　篠原収『男女共同参画社会を超えて――男女平等・ダイバーシティ（多様性）が受容、尊重される社会の確立に向けて』（新水社、2008）；森戸英幸・水町勇一郎編著『差別禁止法の新展開――ダイヴァーシティの実現を目指して』（日本評論社、2008）等参照。

68)　この点について考察した文献として以下参照。植木淳「平等保護原理とAffirmative-Action」六甲台論集46巻2号（1999）17頁、65頁；巻・前掲注28）；高橋・前掲注28）。

論を考察することは日本でも意義があると考えるため、第6章ではアメリカの階層に基づく AA に関する問題を考察する。

第 7 項　性別に基づく Affirmative Action

　第7章では、性別に基づく AA について、Johnson 判決を素材に検討する。本書では、アメリカの議論を参照するにあたり、特に言及のない限り、人種に基づく AA に関する議論を考察している。その理由は、合衆国最高裁で性別に基づく AA が問題とされたのが Johnson 判決だけであり、それを除くすべての判決では人種に基づく AA が問題とされており、人種に基づく AA に関する議論の蓄積が圧倒的に多いことにある。本書の目的は、AA が日本国憲法上如何なる理由から正当化されるのかについて、アメリカの議論から示唆を得ることにある。現在、日本で主として問題とされているのは性別に基づく AA であり、人種やエスニックに基づく AA は問題とされていない。アメリカの人種に基づく AA の議論が日本の議論に示唆を与える部分もあると考えるが（本章第3節第3項）、事由ごとに性質が異なる。異なる事由から得られる示唆は限定的であり、また、どの部分が参照可能なのかを明らかにせねばならない。

　アメリカでは、性別に基づく AA が問題とされたのが Johnson 判決だけであり、性別に基づく AA の先例がないことから、合衆国最高裁での議論は人種に基づく AA が先例として用いられ、人種に基づく AA のどの部分が性別に基づく AA に適用することができるのかについて議論が展開されている。故に、Johnson 判決を検討することで、人種に基づく AA のどの議論が性別に基づく AA に適用することができるのかについて、ある程度、知ることができる。ただし、人種に基づく AA と性別に基づく AA の関係を知ることができると言っても、検討対象が Johnson 判決だけであり、明らかにできるのは限られた範囲である。しかし、アメリカの人種に基づく AA の議論が日本の議論と如何に関連するのかについて考える際に、Johnson 判決の検討が有益であるのは明らかである。

第 8 項　真に救済の必要な者が利益を得ているのか

　第8章では、差別の救済と多様性による正当化が階層と如何なる関係にあ

るのかを考察する。第3章〜第6章では、各々の問題を個別に検討したが、それらの相互関係は明らかにされなかった。この章では、各々の関係を考察することで、差別の救済と多様性によりAAを正当化しても、AAの直接の受益者が真に救済の必要な者であるとすることができるのかを考察する。

　日本でも、差別の救済と多様性、どちらの理由によってAAを正当化したとしても、AAの直接の受益者の多くが社会・経済的に不利な状況になければ、真に救済の必要な者が直接の受益者になっていないとの批判が提起される。日本でこの批判を如何に避けるのかを考えるためにアメリカの議論は有用だと考える。

第9項　日本国憲法における特別な取扱の許容性

　最後に、第1章〜第8章までのアメリカの議論を参照し、結章では、AAが日本国憲法上どのような理由から正当化されるのかについて若干の検討を試みる。

　結章で考察する日本のAAは、日本の実務で用いられている文面上中立的な規定を含む広範なものではなく、性別をはじめとする列挙事由に基づいて対象者に積極的に機会を与えるものである。AAの対象となる区分は様々だが、前述のように、日本で特に問題を生じさせるのは列挙事由に基づくAAである（本章第3節第3項）。事由ごとに社会的背景などが異なるため、アメリカの判例と学説をそのまま参照はできない。その点に注意しながら、日本のAAの正当性を考察する。

第1章 アメリカ合衆国憲法の平等の意味

第1節　序

第1項　問題の所在

　アメリカ合衆国憲法修正14条は、法の平等保護を規定する。修正14条を解釈する際には、カラー・ブラインドの理論の意味を理解することが重要となる。カラー・ブラインドの理論とは、人種が重要な要素でなくなり、人の生き方が人種によって左右されることがない社会を目指すものである。AAに肯定的な論者も否定的な論者も、一部の論者を除いて、カラー・ブラインドな社会の達成には同意する。AAに肯定的な論者は、カラー・ブラインドな社会を達成するまでの過渡的な措置としてAAを許容する。他方、否定的な論者は、カラー・ブラインドの理論は一切の人種の考慮を禁止し、修正14条はAAを全面的に禁止すると解した（序章第4節第1項）。日本国憲法とは異なり、合衆国憲法では、AAが全面的に禁止されるのか否かが問題となった。

第2項　構　成

　本章は、合衆国憲法がAAを全面的に禁止するか否かの問題を以下の手順で考察する。まず、カラー・ブラインドの理論が初めて登場したPlessy判決からそれが法廷意見により確立したBrown判決までの判例の展開を概観する（第2節第1項）。そして、カラー・ブラインドの理論がAAの正当化にも

たらした影響を考察し（第 2 節第 2 項）、カラー・ブラインドの理論がどのように解されるのかを明らかにする（第 2 節第 3 項）。結果として、判例と学説は、カラー・ブラインドの理論が AA を全面的に禁止しないと解釈する。修正 14 条には反差別原理と反従属原理という 2 つの解釈原理が存在し、カラー・ブラインドの理論が AA を全面的に禁止しないと解釈する際に、双方の原理が修正 14 条を如何に解釈するのかを考察する（第 3 節）。双方の原理は修正 14 条をスティグマによる害悪を禁止するものとして解釈するが、この害悪は具体的に何かを明らかにする（第 4 節）。最後に、第 1 節〜第 4 節の議論をまとめる（第 5 節）。

第 2 節　修正 14 条とカラー・ブラインドの理論

第 1 項　分離すれども平等の理論とカラー・ブラインドの理論

(1) 分離すれども平等の理論の確立

　カラー・ブラインドの理論がアメリカ合衆国最高裁判所にはじめて登場したのは Plessy 判決[1]である。この判決では、鉄道の客車での、白人と有色人種の分離を規定する Louisiana 州法の合憲性が問題となった。Brown 裁判官法廷意見は、たとえ客車を白人と有色人種とに分離しても、双方の施設が同等であれば違憲でないとする「分離すれども平等（separate but equal）」の理論を支持した。

　他方、Harlan 裁判官反対意見は次のように判示し、鉄道の客車での人種分離を違憲とした。「この国では、白人は自らを支配的な人種だと考えている……しかし、憲法の観点から、また法の観点から、この国の市民の中に、優越的であり、支配的であり、有力なクラスなどいない。我々の憲法はカラー・ブラインドであり、市民間でのクラスを知らず、また許さない。」[2]

　法廷意見は「分離すれども平等」の理論を採用するが、実際に双方の人種

---

1) Plessy v. Ferguson, 163 U.S. 537 (1896). 当該判決については、樋口範雄・柿嶋美子・浅香吉幹・岩田太編『アメリカ法判例百選』（有斐閣、2012）76 頁〔紙谷雅子〕等参照。
2) Id. at 559.

に提供された客車が同等であるのかを審査していない。法廷意見は、原告の主張は2つの人種の強制的な分離が有色人種に劣等性の烙印を押しつけるという誤った想定から成り立っていることを理由に、当該州法の合憲性を支持した[3]。Plessy 判決は、「分離すれども平等」の理論を確立したというよりも、「『人種を基準とする強制的な隔離』が法による人種的優劣の表明となるという上訴人の主張を否定しているに過ぎない」[4]との見方もできる。

「分離すれども平等」の理論が実質的に確立したのは、McCabe 判決[5]である。Oklahoma 州の人種分離客車法の第1条は、州内で事業を展開する全ての鉄道会社は、白人と黒人に人種分離された普通客車と仕切り客車を提供し、それは快適さと利便性のすべての面で同じであるべき、との内容を規定していた。だが、当該州法の第7条は「寝台車、食堂車、特等車を、白人または黒人のどちらかだけが使用できるようにすること」を鉄道会社がしないように解釈すべきことは含意されていない、という内容を規定する。そのため、鉄道会社が各人種に同じ施設を提供しない可能性があり、黒人である5人の原告は、人種を理由にしたサーヴィスの区別をさせないために、各社に対して訴訟を提起した。

この事例では、どのような施設が同等であるのかが裁判所の意見の中で述べられている。第8巡回区合衆国控訴裁判所は、以下のように判示する[6]。寝台車、食堂車、特等車は普通客車と比べて豪華である。それらに関して第1条のように強制的に同じ施設を提供すべきと規定されていないのは適切である。一般的なルールとして、鉄道会社はすべての人種に同じサーヴィスを提供すべきだが、同等なサーヴィスは、同一のサーヴィスを必ずしも意味しない。豪華客車への需要は人種ごとに異なり、需要の少ない人種にそれらの客車の定期的な運行をしても空席ばかりになり、会社に負担となる。平等なサーヴィスの原則は、実質的に同等なものが要求される条件と状況の下でのみ、平等なサーヴィスを提供すると結論づけられる。

これに対し、合衆国最高裁は以下のように判示する[7]。憲法上の権利の本

---

3) *Id.* at 551.
4) 藤倉皓一郎・木下毅・高橋一修・樋口範雄編『英米判例百選〔第3版〕』（有斐閣、1996）57頁〔紙谷雅子〕。
5) McCabe v. Atchison, T & S. F. R. Co., 235 U.S. 151 (1914).
6) McCabe v. Atchison, T & S. F. R. Co., 186 Fed Rep 966, 970-71 (1911).
7) 235 U.S. at 151, 161-62.

質は、それが個人的な権利であることだが、需要によりサーヴィス内容が決定されるとの議論は、憲法上の結論を被差別者の人数に左右されるものにしている。特別な施設が与えられるかどうかは、施設を必要だとする合理的な要求が存在するのかに依拠するのは疑いないが、類似する状況の下で移動する者の実質的に平等な取扱は否定されない。法の平等保護を受ける資格があるのは個人であり、ある者が同じ状況下で他者に与えられる旅路での施設や設備を否定された場合、その者は自身の憲法上の特権が侵害された、と適切に主張できる。

しかし、合衆国最高裁は、上訴人らが被上訴人である鉄道会社を実際に利用し、その権利が否定された事実はなく、救済を受ける資格はない、とする[8]。

McCabe 判決により、「分離すれども平等」の理論が実質的に確立した。この理論は、以後、人種分離を正当化する理論として用いられていく。

(2) 分離すれども平等の理論の空洞化

1930 年代後半以降、「分離すれども平等」の理論を支持しながらも人種分離が違憲だとする合衆国最高裁判決がいくつか下されていく。

この例として、まず、Missouri 判決が挙げられる[9]。Missouri 州は、人種別学制を採用する。白人の在籍する州立大学には法学の課程がある。黒人の在籍する Lincoln 大学には未だにそれがないが、理事の意見では、それが必要かつ設立可能であるときには、いつでもそれを設立することが理事の義務である。理事は、黒人の入学が認められ、そこでの教育が Missouri 州立大学で得られる教育と同等である、近隣の州のロー・スクールで Missouri 州の黒人に法学教育を提供し、その授業料を支払う権限を与えられている。教育機関における州の人種分離政策に従って、州立大学の理事は、人種を理由に、黒人である Gaines のロー・スクールへの入学を拒否したため、選択的令状と最終的職務執行令状を求めて提訴した。

Hughes 首席裁判官法廷意見は、人種分離された学校への同等の施設の供給は合衆国最高裁により支持されてきたと示し、「分離すれども平等」の理論を支持する[10]。そして、大学の理事の意見において、提供可能とされたとき

---

8) *Id.* at 162-64.
9) Missouri exrel. Gaines v. Canada, 305 U.S. 337 (1938).

にはいつでも黒人用のロー・スクールを設立することでは、違憲な差別は避けられず、平等保護条項の要求は、Missouri 州の黒人市民に、州によって他州の法学教育を与える機会によっては充足されないと判示する[11]。

　この判決に続き、Sipuel 判決が下される[12]。Oklahoma 州には州立の法学教育機関は Oklahoma 大学ロー・スクールしかない。黒人である Sipuel はロー・スクールに志願したが、肌の色を理由に入学を拒否された。Sipuel は自身をロー・スクールに入学させる職務執行令状を求めて訴訟を提起した。

　合衆国最高裁は、州は他の人種に法学教育を与えるならば、修正 14 条に従って、Sipuel に法学教育を提供しなければならないとした[13]。

　以上の 2 つの判決では、人種に関係なく同等の教育が与えられるべきと判示された。しかし、州内に黒人用の教育施設がないことが問題となっており、双方の人種に与えられた施設が「分離すれども平等」であるのかは審査されていない。この後、Sweatt 判決で、実際にこの点が審査された。

　黒人である Sweatt は、Texas 大学ロー・スクールへ志願した。州法はロー・スクールへの黒人の入学を禁止しており、志願は拒否された。Sweatt は新設の黒人用のロー・スクールへの入学を許可されたが拒否し、人種別学制が修正 14 条に違反するとして訴訟を提起した。

　Vinson 裁判官法廷意見は、以下の旨を示し、人種別学制は修正 14 条違反だと判断した[14]。教員数やカリキュラム等を比較すると、黒人用のロー・スクールよりも Texas 大学の方が勝っている。Texas 大学は、卒業生の影響力、教授陣の評判、共同体での学校の位置づけと伝統など、客観的に測れない重要な要素でも勝る。黒人用ロー・スクールの提供する法学教育は Texas 大学と同等でない。

　Sweatt 判決の同日に、合衆国最高裁は McLaurin 判決[15] を下した。Oklahoma 州市民の黒人である McLaurin は修士の学位を有し、Oklahoma 大学博士課程に志願したが、人種別学を規定する州法により、学校は McLaurin の排除を求められた。McLaurin は、学校の行為と当該州法が違憲だとして、差

---

10)　*Id.* at 344.
11)　*Id.* at 346, 348.
12)　Sipuel v. University of Oklahoma, 332 U.S. 631 (1948).
13)　*Id.* at 632, 633.
14)　Sweatt v. Painter, 339 U.S. 629, 633-36 (1950).
15)　McLaurin v. Oklahoma States Regents for Higher Education, 339 U.S. 637 (1950).

止命令による救済を求めて訴訟を提起した。Oklahoma 州西地区合衆国地方裁判所は、Missouri 判決と Sipuel 判決を引用し、州には、いずれの他の志願者に McLaurin の求める教育を与えると、即座に McLaurin にそれを与える憲法上の義務がある、と判示した。当該裁判所は、州法が上訴人の入学を否定する範囲で、それらは違憲であり空虚だとするが、州が憲法上の命令に従うと想定して、差止命令の付与を拒否した。

この判決に従い、Oklahoma 州議会は、白人学生の在籍する高等教育機関が黒人学校で受講できないコースを提供する場合に、黒人の入学を認めるように州法を改正した。これにより、McLaurin は Oklahoma 大学への入学を認められたが、当該改正は、この場合には、高等教育機関の教育プログラムは「人種分離に基づいて、与えられねばならない」と規定した。これにより McLaurin は図書館の閲覧室や食堂の机等で白人学生と分離され、この条件を改善するために、訴訟を提起した。

Vison 主席裁判官法廷意見は、この人種分離がもたらす影響を以下のように示す[16]。我々の社会は益々複雑となり、それに応じるために、我々は訓練された指導者を必要とする。本件は、この必要性を典型的に示している。というのも、McLaurin は高い学歴の取得を試みており、指導者になるからである。その指導を受ける者は、指導者が受けた教育により直接的に影響を受ける。指導を受ける者達の教育は、McLaurin が同級生と比べて不平等である範囲でなされる。州はそのような不平等を作り出す制限をできない。

以上の判決は「分離すれども平等」の理論を覆さずに踏襲し、各人種に与えられた機関が「平等」であるのかを審査した。だが、審査に際して、Sweatt 判決 Vision 裁判官法廷意見は、設備などの目に見える要素だけでなく、社会に対する卒業生の影響力や学校の社会的評価など客観的には測れない要素を重視し、比較検討した[17]。この要素を「平等」の意味に含ませると、人種分離が平等だと証明するのは難しい[18]。さらに、Sweatt 判決と McLaurin 判決は、高等教育機関では人種間での交流が重要であり、交流の否定は不平等を作り出すとする。これにより、高等教育機関での人種分離は事実上否定され

---

16) *Id.* at 641.
17) 日本の文脈だが、名門校の卒業生のネットワークから得られる利益について研究した文献として、島田裕巳『慶應三田会──組織とその全貌』(三修社、2007) 参照。
18) 和田英夫「ブラウン判決とその意義──アメリカ憲法と最高裁判所」法律論叢 39 巻 4・5・6 号 (1966) 1 頁、34-36 頁参照。

た。「分離すれども平等」は理論としては維持されたが、実際には認められず、事実上「急速に空洞化」した[19]。

(3) カラー・ブラインドの理論の確立

この流れを受けて Brown 判決が下される[20]。人種別学を採用する州（Kansas, South Carolina, Virginia, Delaware）の黒人生徒が、各学区の白人校への入学を求めた。Delaware 以外の事例で、3つの合衆国地方裁判所は「分離すれども平等」の理論を支持し、黒人校と白人校が平等な施設だと認定し、原告の訴えを棄却した。原告らは、人種別学の公立学校は「平等」でなく「平等」にはなりえないので、法の平等な保護を奪われていることを理由に、合衆国最高裁に直接上訴した。

Delaware の事例では、Delaware 州最高裁は分離すれども平等の理論を支持しながらも、白人校が黒人校に優るとの理由から、原告に白人校への入学を許可するエクイティ裁判所の命令を支持した。ただ、この命令は、白人校と黒人校が同等になった後、被告はこの命令を無効にできる、と示す。被告は、白人校への黒人の原告の即座の入学を認める際に、Delaware 州は誤っていたと主張し、裁量上訴を求めた。

合衆国最高裁は、これら4件の訴訟が共通の法律問題を提示しているとして併合審理をした。この判決で、合衆国最高裁は「分離すれども平等」の理論を覆して「カラー・ブラインド」の理論を認め、当該判決で問題となった公立学校の人種別学を否定した。

Sweatt 判決では、学校の社会的評価や卒業生の影響力といった客観的でない要素についても、平等であるか否かを判断する際に考慮されており、高等教育機関における人種別学の維持は事実上難しくなっていた。しかし、Brown 判決は、初等・中等教育の公立学校に関する事例であり、これらの公

---

19) 久保田きぬ子「アメリカにおける『差別』判決の動向——バッキー判決を契機に(2)」ジュリスト677号（1978）70頁。また、山口房司「ブラウン判決——人種統合学校を求めて」アメリカス研究7号（2002）1頁、7-9頁参照。

20) Brown v. Board of Education, 347 U.S. 483 (1954). 当該判決については、以下の文献を参照。藤倉ほか編・前掲注4）62頁〔藤倉皓一郎〕；山口・前掲注19）；山口房司「ブラウン判決再検」アメリカス研究9号（2005）19頁；早瀬勝明「ブラウン判決は本当にアメリカ社会を変えたのか(1)(2・完)」山形大学法政論叢35号（2006）128頁、36号（2006）1頁；勝田卓也「ブラウン判決再考」法学雑誌53巻3号（2007）183頁；和田・前掲注18）；樋口ほか編・前掲注1）80頁〔安部圭介〕。

立学校、特に小学校では無形の要素はあまり重要性を持たず、施設自体も同等であると証明するのも容易である。事実、Brown 判決までの初等・中等教育の公立学校に関する人種別学に関する判決では、施設が同等であることが容易に認定されており、原告側も施設の優劣ではなく最も近い学校に通えないことや居住地域の近隣に学校がないことなどを訴えの理由としていた[21]。

これに対し、Brown 判決では、原告は人種別学の公立学校は「平等」ではなく、「平等」にはなりえないと主張する。合衆国最高裁は、公立学校の人種別学の与える黒人生徒への悪影響を問題としている[22]。この理由から公立学校の人種別学制を違憲とすれば、公立学校での人種別学制はもはや実施できない。無形の要素が重要性を持たず、施設が平等であると容易に示すことのできる公立の初等・中等学校の人種別学制が違憲とされたことから、「社会生活のほぼすべての領域で、人種分離政策はその正当性を失うことにな」[23]り、ここに Brown 判決の意義がある。Brown 判決後、他の公共施設での人種分離が次々と違憲と判断された[24]。

第2項　カラー・ブラインドの理論の Affirmative Action への影響

カラー・ブラインドの理論は、黒人を排除する人種分離や他の慣行を止めさせるのに非常に有効であり、合衆国最高裁は、「〔人種〕分離は決して真の平等を達成しない」として、カラー・ブラインドの理論を支持できた[25]。

しかし、人種の使用の禁止によって形式的な平等は達成されても、グループ間の事実上の格差を是正できないことが次第に明らかとなり、AA が採ら

---

21) *See* Cumming v. Richmond County Bd. of Edu. 175 U.S. 528 (1899); Cong Lum v. Rice, 275 U.S. 78 (1927).
22) Brown, 347 U.S. at 494.
23) 愛敬浩二『改憲問題』（筑摩書房、2006）40 頁。もっとも、Brown 判決後も南部ではすぐに人種別学制は撤廃されず、それの撤廃は市民権運動の高まった後である。Brown 判決は人種別学制の撤廃に直接的に大きな影響を及ぼさなかったが、市民権運動の高揚に寄与し、結果としてそれが人種別学制の撤廃に繋がったと評価されている（勝田・前掲注 20）201-06 頁）。
24) Mayor of Baltimore v. Dawson, 350 U.S. 877 (1955); Homes v. Atlanta, 350 U.S. 879 (1955); Gayle v. Browder, 352 U.S. 903 (1956); New Orleans City Park Improvement Association v. Detiege, 358 U.S. 54 (1958).
25) *See* Ruth Colker, *Anti-Subordination Above All: Sex, Race, and Equal Protection*, 61 N.Y.U.Rev 1003, 1013-14 (1986).

れるようになった。AAはマイノリティに利益を与えるが、人種を意識する。AAに否定的な立場を採るScalia裁判官は、カラー・ブラインドの理論に依拠し、マイノリティに利益を与えるものであっても、人種の使用は新たな人種主義を生じさせるため、AAは一切許されないとした[26]。この背景には、人種を考慮しないことで人種主義を乗り越えられる、との考えがある[27]。

これに対し他の裁判官は、カラー・ブラインドの理論とはAAを全面的に禁止しないと解する。例えば、ロー・スクールの人種を意識する入学者選抜の合憲性が問題となったGrutter判決で、O'Connor裁判官法廷意見（Stevens, Souter, Ginsburg, Breyer裁判官同調）は、カラー・ブラインドの理論に依拠しながらも、合憲判断を下している[28]。各人種グループ間に格差がある社会では、人種が個人の評価に重要な意味を持つ。そのため、カラー・ブラインドは達成されていないとの認識から、その状況が改善されるまで人種を意識するという考えが背景にある。

第3項　カラー・ブラインドの理論の意味

カラー・ブラインドの理論が、人種の使用をすべて禁止しているのか疑問が残る。今一度、Plessy判決とBrown判決に目を向ける。

Plessy判決Brown裁判官法廷意見は、次の理由から、人種の使用を認めてカラー・ブラインドの理論を否定する。「我々は、原告の議論が誤っていると考える。〔というのも、その議論は〕2つの人種の強制的な分離が有色人種に劣等性の烙印を押し付ける、との想定から成り立つからである」[29]。つまり、問

---

26) *See* City of Richmond v. J. A. Croson, Co., 488 U.S. 469, 521 (Scalia J., concurring) (1989); Adarand Constructor, Inc. v. Pena, 515 U.S. 200, 239 (Scalia J., concurring) (1995). Scalia裁判官は、直接に差別の弊害を被った被害者を救済するにあたっては、例外的に、人種の使用を認めている（Croson, 488 U.S. at 526）。

27) Kenneth L. Karst, Belonging to America, Yale University Press 170 (1989). Scalia裁判官は、直接に差別の弊害を被った被害者を救済する際には、例外的に、人種区分の使用を認めている（Croson, 488 U.S. at 526）。

28) Grutter v. Bollinger, 539 U.S. 306, 327 (2003). 当該判決については第2章第4節第1項等参照。当該判決で問題とされた入学者選抜は、合格者を決める際に、LSATと学部評定平均などの学力以外にいくつかの要素を考慮した。その要素には、推薦者の熱意、志願者の小論の質、卒業学部とともに、学生構成の人種的多様性への考慮が含まれていた。Grutter判決でO'Connor裁判官法廷意見が如何なる理由から当該判決で問題とされたAAを正当化したのかについての詳細は、第4章第5節第2項参照。

題となった人種分離が害悪をもたらさないとみなしている[30]。

　他方、Plessy判決Harlan裁判官反対意見は、人種分離が排除された黒人を劣等視し、害悪をもたらすと認識し、カラー・ブラインドの理論を示した[31]。

　Brown判決Warren裁判官法廷意見は、人種分離がもたらす害悪を理由に、公立学校での人種の使用を禁止する。単純に、その者の人種を理由として、同世代であり、同じ資格を持つ他の人種の児童から黒人児童を分離することは、共同体でのその者の地位について劣等性の感情を生じさせる。そして、劣等性の感情は、彼らの心情や精神に悪影響を及ぼす[32]。

　以上の判例の展開を踏まえ、Laurence H.Tribeは、Plessy判決Harlan裁判官反対意見のカラー・ブラインドの理論とは、すべての人種使用を禁止せず、白人による支配が続くことを禁止するものだと分析した[33]。

　さらに、Tribeは、Brown判決のカラー・ブラインドの理論を次のように分析する。Brown判決のカラー・ブラインドの理論とは、人種を考慮する法律により不利益を決して受けないという一般的な権利の創設を認めた、と考えられる。Brown判決は、Plessy判決とは異なり、公立学校と公的機関での人種分離が黒人に不利益をもたらす、と判断している。故に、Brown判決は、人種の使用がすべて禁止されることではなく、人種分離に関する見解や立場の変化を示している[34]。

　以上から、カラー・ブラインドの理論は害悪を生じさせる人種の使用を禁止し、一切禁止しない。勿論、AAを含めてすべての人種の使用は害悪を生じさせるとも想定できる。この想定は白人であることと黒人であることを同一視するが、双方が経験してきた歴史に着目すると同一視はできない[35]。Plessy判決Harlan裁判官反対意見のカラー・ブラインドの理論は、人種の使用がマイノリティを差別するために用いられてきたことを考慮したのであり、Harlan裁判官の「カラー・ブラインドという言葉を歴史的な背景を抜きに引用することは基本的に疑問が残る」とされる[36]。

---

29)　163 U.S. at 551.
30)　Neil Gotanda, *A Critique of "Our Constitution is Color-Blind"*, 44 STAN L.REV 1, 3 (1991).
31)　163 U.S. at 556-57.
32)　347 U.S. at 494.
33)　Laurence H.Tribe, American Constitutional Law, Foundation Press 1524-25 (1988).
34)　*Id.* at 1526.
35)　Gotanda, *supra* note 30, at 40.

AAが一切禁止される、との考えは判例と学説で採られていない。判例や学説は「人種的に中立である基準を通じて、真の平等を達成することの難しさを歴史は証明しており、人種を具体的基準とする救済を行うことができる」[37]と考えている。

第3節　修正14条の解釈原理

第1項　反差別原理

　修正14条はAAを全面的に禁止せず、AAがある一定の害悪を生じさせない限り、それを許容する（本章第2節）。修正14条をそのように解釈するための「反差別原理」と「反従属原理」という2つの解釈原理がある[38]。まず、反差別原理を考察する。

　反差別原理は、Paul Brestに依れば、「影響を受ける者の人種（またはエスニック的出自）に依拠する分類、決定、慣行などに反対する一般原則」だと定義される[39]。この定義に従うと、反差別原理は、修正14条は人種の使用を一切禁止していると解釈しているように考えられるため、次の批判を受ける。即ち、反差別原理は黒人であることと白人であることを区別せず、同一視する。反差別原理は人種の使用を推定的に許容できないとしており、AAは人種を使用するため、差別の一形態をなしており許容されない[40]。

---

36)　横田耕一「平等原理の現代的展開——"Affirmative Action"の場合」小林直樹先生還暦記念『現代国家と憲法の原理』（有斐閣、1983）643頁、671頁注17。

37)　Colker, *supra* note 25, at 1012-13. AAが憲法上許容されると主張する際に、Bakke判決Blackmun裁判官意見の次の部分がしばしば引用される。「人種主義を越えるために、我々はまず人種を考慮せねばならない。その他の方法はない。そして、ある人々を平等に取扱うために、我々は、平等保護条項が人種的優越性を永続させることを許すことはできず、あえて、〔人種を考慮しない〕ということはない」（438 U.S. at 407）。

38)　「反差別原理」と「反従属原理」については、以下の文献を参照。安西文雄「法の下の平等について(3)」国家学会雑誌110巻7・8号（1997）1頁、35頁以下；安西文雄「平等」樋口陽一編『講座・憲法学3　権利の保障(1)』75頁（日本評論社、1994）；植木淳「平等保護原理とAffirmative Action」六甲台論集46巻2号（1999）17頁。

39)　Paul Brest, *The Supreme Court 1975 Term, Foreward: in Defense of the Antidiscrimination Principle*, 90 HARV L. REV 1 (1976).

この批判に対し Brest は、次のように論じて、反差別原理とは人種の使用をすべて禁止せず、すべての人種の使用が不合理でないならば、反差別原理は必要ないとする[41]。人種の使用は統計による一般化に基づく。統計による一般化に基づく制限や判断はあらゆる発展した社会の共通事項であり、社会運営の本質である。ときとして、政策決定者にとって、根拠不十分であり、かつ疑わしささえある統計上の一般化に依拠することは合理的である。

この理解に従うと、例えば、ある使用者が従業員の採用に際してマイノリティに不利な選抜をしても、マイノリティと比べてマジョリティのほうが遅刻をせず勤勉であることを示す客観的統計があれば、そのような選抜は認められる。反差別原理は、すべての人種に基づく判断に反対しない。

反差別原理は、どのような人種の使用に反対するのか。Brest に依れば、反差別原理はスティグマによる害悪を生じさせる人種の使用に反対する[42]。Brest によれば、スティグマによる害悪は、人種の使用から生じる有形的害悪が蓄積することで生じる[43]。この理解に従えば、有形的害悪が客観的統計に基づく人種の使用から生じても、それの蓄積がマイノリティにスティグマによる害悪をもたらせば、反差別原理は人種の使用を許容しない[44]。

反差別原理の意図は、人種に基づく判断によって生じるスティグマに反対することにある。AA はマイノリティが優越しているとの想定に基づいている、とは考えにくい。AA はマジョリティから利益を奪うが、それはスティグマを生じさせる規模ではない[45]。

反差別原理では、AA がマジョリティに有形的な不利益を課したとしても、それがスティグマによる害悪を生じさせなければ問題ない。要するに、反差

---

40) See Owen M. Fiss, *Group and the Equal Protection*, 5 PHIL & PUB. AFF 107, 129-30 (1976); Colker, *supra* note 25, at 1006.
41) Brest, *supra* note 39, at 7. ここで Brest が言う人種の使用とは、文面上、人種を用いる施策だけではなく、次の施策も含まれる。文面上人種中立的だが、人種に基づくスティグマによって動機づけられた施策。文面上人種中立的であり、人種に基づくスティグマに動機づけられてはいないが、マジョリティが自らのグループのメンバーに対して無意識のうちに同情的になり、利する一方で、マイノリティに対して無意識のうちに無関心となり、不利な影響を及ぼす施策（*Id.* at 12-22）。
42) *Id.* at 7-8.
43) *Id.* at 8-12.
44) *Id.* at 11.
45) *Id.* at 16-17.

別原理の核心とは「〔人種的〕マイノリティ・グループのメンバーに不利益を課す、人種の使用の禁止」にあり、AA を絶対的に禁止しない[46]。

第 2 項　反従属原理

(1) 定　義

　反差別原理とは異なる平等保護条項の解釈原理が存在する。その解釈原理は、論者により様々な言い方が用いられ、その内容も異なる。だが、人種に基づく分類の使用自体を禁止せず、あるグループの地位を従属的なものへ貶める行為を禁止するものとして、修正 14 条を解釈する原理である、ということでは各論者の意見は一致する。

　Tribe は、その解釈原理は「ある人々を 2 級市民として取扱うことになる、法的に作り出され、強化された従属システムの打破を意図するもの」であり、その中核的な意味が「すべての人々が同等の価値を持つこと」だとする[47]。そのことから、Tribe は、この解釈原理を「反従属原理（anti-subjugation principle）」とする。論者により、その名称も内容も異なるが、本書では、上記の共通の見解を有する立場を、Tribe の名称を用いて、「反従属原理」と呼ぶ。

(2) 意　義

　この「反従属原理」を主張する有力な論者に Kenneth L Karst がいる。Karst は、本書に言う「反従属原理」を「平等な Citizenship の原理」として理解する[48]。この原理の本質は、各人に対する「社会の十全たるメンバーとしての尊重」にある。これは社会で「劣等もしくは従属的なメンバーとして、あるいは〔社会に〕参加していない者として、各人を取扱うことを禁止する」ことを意図する[49]。

　平等な Citizenship の原理は、すべての格差と抵触するわけではない[50]。こ

---

46)　*Id.* at 2.
47)　Tribe, *supra* note 33, at 1515.
48)　Citizenship の意味については、平地秀哉「市民的地位・平等保護・Affirmative Action (1)(2・完)——合衆国憲法の『市民』像に関する予備的考察として」早稲田大学大学院法研論集 95 号（2000）135 頁、97 号（2001）127 頁参照。
49)　Kenneth L. Karst, *Forward: Equal Citizenship Under the Fourteenth Amendment*, 91 HARV. L. REV 1, 5 (1977).

の原理が禁止するのは、各人を従属的地位へ貶める行為である。この行為について、Karst は次のように述べる。「平等な Citizenship の原理が提案するのは、階層（hierarchy）の終了ではなく、階層内および階層間での諸個人の流動性である。この原理の主たる対象は、カースト（caste）による区別であり、階級による区別でない」[51]。ここで言う階層の意味とは、おそらく、収入や資産といった経済的な要素、あるいは職業や社会的地位に伴う権威や名声といった要素を指す。というのも、Karst は、貧困者が社会から排除されるといった極端な例を除き、貧困者に経済的な不利益をもたらす施策を認めており、この原理の目的が経済的な水平化でないことを述べているからである[52]。

(3) カースト

このように Karst は、階層ではなくカーストによる区別が、特に、各人を従属的地位へ貶める可能性が高いとする。そこで、各人を従属的地位へと貶める行為がどのようなものなのかを考察するにあたり、論じるべき点が2つある。第1に、Karst が言うところのカーストとはどのような特性に基づく分類であるのか。つまり、そのような行為を生じさせる可能性の高い分類とは何かが問題となる。第2に、具体的にどのような害悪を生じさせる行為が、各人を従属的地位へと貶めるものとなるのか、という点である。第2の点につき、「反従属原理」を主張する論者達は、それはスティグマを生じさせる行為だと主張する。スティグマとそれによって生じる害悪が具体的にどのようなものなのかについては改めて論じる（本章第4節）。ここでは第1の点だけを論じる。

ある一定の特性に基づく分類が各人を従属的立場へ貶める行為を生じさせる可能性が高いとの主張は、Karst に限らず、反従属原理を主張する論者に共通する。そして、その分類の範囲は論者により様々である。以下、Karst、Cass R. Sunstein、Jack M. Balkin の主張を見ていく。

Karst は、侵害行為を特に生じさせそうな分類を「疑わしい分類」とし、それを明らかにすることで、カーストとは何かを論じる。Karst は「分類の疑わしさの程度は、尊重され、責任があり、〔社会に〕参加しているメンバーと

---

50) *Id.* at 10.
51) *Id.* at 11.
52) *Ibid.*

して、取扱われる利益を、その分類が侵害する程度で判断される」とする[53]。そして、Karst は、その侵害する程度が特に深刻な分類として、「不変的であり高度に可視的である特性に基づく分類」を挙げる[54]。Karst は、その理由として、そのように分類された者への劣等性を含む固定観念によって、個人として判断せずに、その分類に基づいて判断することになる、との旨を述べる[55]。そして、人種に基づく分類をそれに含める[56]。

　Sunstein は、「社会にとって、それを行うのに十分に良性の理由がなければ、高度に可視的であり、道徳的に関連しない差異を、体系的である社会的な不利益へと変えることを、社会的ならびに法的行為に禁止する」とする反カースト原理（anti-caste principle）を提唱し、「反従属原理」の見解に立つ[57]。Sunstein は、この反カースト原理を、「すべての者に対して可視的であり、道徳的観点から不適切である、グループの基礎となる特性を理由に、グループのメンバーが不利益を被ったときに生じる」特別な不平等の問題を取扱うものだと理解する[58]。Sunstein は、従属を生じさせる分類を、人種、性別、障害に基づく分類に限定する[59]。

　Balkin は、民主社会における差別構造を「地位階層」という概念で説明し、憲法による社会的平等の実現可能性を論じる。Balkin は、平等の規範的審査を、ある分類が疑わしいか否かではなく、憲法が廃止せねばならない一定の不公正な地位階層があるかどうかを問うべきだと考える。即ち、Balkin に依れば、平等保護条項とは、不公正な地位階層を廃止するためのものなのである。地位階層とはある一定の特性に基づく分類を指すが、Balkin が廃止すべきだと考える不公正な地位階層とは何か。

　不公正な地位階層の「不公正」とは、人々を従属的地位へ貶めることである。では、「地位階層」とは何か。Balkin はすべてのグループを地位階層としているわけではなく、「地位によるアイデンティティがその者の社会的存在の中核であり、各人の人生の多くの局面で影響を与える」ものが地位階層だ

---

53) *Id.* at 26.
54) *Id.* at 23.
55) *Ibid.*
56) *Id.* at 22.
57) Cass R. Sunstein, *The Anticaste Principle*, 92 MICH. L. REV. 2410, 2411 (1994).
58) *Id.* at 2411-12.
59) *Id.* at 2438.

とする[60]。つまり、不公正な地位階層とは、その者の社会的存在の中核となる特性に基づく分類が用いられることで、それに属する者が従属的な地位へ貶められている状態である。そして、Balkin は人種や性別といった特性は、地位階層に含まれるとする[61]。

以上の立場から、Balkin は、不変的な特性や高度に可視的な特性に基づく分類に原理の適用を限定している、Sunstein の立場を次の理由から批判する。第 1 に、地位階級の再生産のパターンは事例ごとに異なる、という理由。第 2 に、可視的な特徴にカーストの定義を限定することは、事実上のカースト制を見誤っている、という理由。というのも、例えば、所属する宗教は、常に可視的ではないが、社会的地位のしるしとして機能することがしばしばあるからである[62]。

以上のように、論者により、その「カースト」の範囲は異なるが、本書で対象とする人種という特性に基づく分類は、いずれの論者によっても、それに含まれる。

(4) Affirmative Action の許容性

「反従属原理」は、ある特性に基づく分類に属する者を、スティグマとそれに起因する害悪によって、従属的地位へ貶める行為を禁止する。「反従属原理」を主張する論者は、特に、人種の使用がそうした侵害行為を生じさせやすいと理解する。AA は人種を文面上意識しているため、「反従属原理」を媒介させると、修正 14 条は AA を許容していると解釈されるのか。つまり、AA は常に人々を従属的地位へ貶める害悪を生じさせてしまうのかが問題となる。

AA は、その対象とならなかった非マイノリティに害悪をもたらす。しかし、「反従属原理」を主張する論者達は、その害悪は彼らを従属的地位へ貶めないとする。その理由は、非マイノリティを利するためにマイノリティに不利益を課す施策と AA は異なるところにある。例えば、前者は、非マイノリティがマイノリティに優越しているとの前提に基づいて行われていたが故に、マイノリティを従属的地位へ貶めるとされる[63]。他方、後者は、非マイノリティがマイノリティに劣っているとの前提に基づいておらず、AA がなされ

---

60) Jack M. Balkin, *The Constitution of States*, 106 YALE. L. J 2313, 2360 (1997).
61) *Ibid.*
62) *Id.* at 2356.
63) Karst, *supra* note 27, at 158-59.

たのは、双方のグループの社会的状況が違うからである[64]。

この区別に従えば、AAによって生じる害悪はスティグマを生じさせず、AAにより不利益を受ける者は従属的地位に貶められない[65]。つまり、「反従属原理」を媒介して修正14条を解釈すると、AAは一般的に許容される。

(5) 批　判

以上の見解に対して、AAがそれによって排除された非マイノリティの地位を貶めると反論する者はいない[66]。AAは対象者であるマイノリティが自らの力で成功できないとの固定観念を強化する、と反論される[67]。つまり、AAは受益者の地位を従属的なものへ貶めると主張される。

この反論はDeFunis判決[68]でなされた。白人であるDeFunisはWashington大学ロー・スクールに志願したが、入学を拒否された。ロー・スクールがマイノリティを優遇する入学者選抜を採用していたため、DeFunisよりも成績の低いマイノリティが入学を許可された。DeFunisは、ロー・スクールが採用する入学者選抜手続が修正14条に違反すると主張し、ロー・スクールへの入学を求めて提訴した[69]。Douglass裁判官反対意見は、AAは黒人や有色人種は自らの力では成功できないとの想定をもたらし、人種差別的な施策と同じように、対象者にスティグマを課すと述べる[70]。

この見解は、特にマイノリティのエリートによって論じられる。それは、彼らが、自らの成功が能力や努力でなく、AAのおかげだとみなされてしまう、との懸念を抱くからである。黒人であるThomas合衆国最高裁裁判官のGrutter判決での反対意見はまさにそれを反映する。当該判決では、学力とともに学生構成の人種的多様性を考慮することで、人種を一要素として考慮す

---

64) Michel J. Perry, *A Conceptualization and Appraisal*, 79 COLUM. L. REV. 1023, 1043 (1979).
65) Karst, *supra* note 49, at 52-53; Balkin, *supra* note 60, at 2351-52.
66) Jed Rubenfeld, *Affirmative Action*, 107 YALE L.J 427, 461 (1997).
67) Robert K. Fullinwinder, THE REVERSE DISCRIMINATION CONTROVERSY, Rowman & Littlefield Pub Inc 248 (1982).
68) DeFunis v. Odegaard, 416 U.S. 312 (1974).
69) DeFunisは、その後大学側によって、Washington大学ロー・スクールへの入学が認められた。裁判の係争中、彼は既に卒業を迎える学年となっており、大学側も裁判の結果がどのようなものであったとしても彼の卒業を認めるとしていたので、合衆国最高裁は訴えの利益なしと判断した。
70) *Id.* at 350.

るMichigan大学ロー・スクールの入学者選抜手続の合憲性が問題となった。Thomas裁判官は、その意見の冒頭で、黒人に何ら特別な取扱をしないことこそが平等を達成することになる旨を述べるFrederick Douglassの文章を引用する。そして、その引用の後で、AAがなくても、黒人は自身の力で成功できる旨を述べる71)。

これに対し、Jed Rubenfeldは、AAは望ましい機会の分配に関してマイノリティに優先的取扱をするが、マイノリティは優先的取扱を受けるかどうかを選択でき、AAはマイノリティを侵害しないとする72)。さらに、Rubenfeldは、この見解が「人々が自身にとって最良の利益に沿って行動するということが信じられない、という推定的な理由」に基づくとする73)。

Rubenfeldの主張は妥当でない。第1の点については、個々のマイノリティがAAを享受するのかを選択できるとしても、それにより個々のマイノリティの自尊を傷つけないが、マイノリティは自力で地位を得たのではないという懸念を他者に抱かせる可能性がある74)。AAがマイノリティを害するとの主張は、マイノリティが抱く自尊ではなく、他者からの懸念を問題とする。第2の点については、Thomas裁判官はAAが自身にとって利益とならないと考えており、こうした考えも否定できない。しかし、高等教育機関への入学や雇用判断の要素が人種中立的な要素だけに依拠すれば、結果的に、マイノリティの志願者を排除する。この結果は、反従属原理を主張する論者に依れば、「不利益の蓄積」の例であり、マイノリティにスティグマを課す75)。AAは何も優先をしなかったときよりも、マイノリティの比率を高める。故に、彼らは、AAとスティグマを課す差別的な行為との違いを強調し、AAの必要性を主張する76)。

---

71) 539 U.S. at 350.
72) Rubenfeld, *supra* note 66, at 448.
73) *Ibid.*
74) この点、Grutter判決Thomas裁判官反対意見(Scalia裁判官同調部分)は、人種差別(Thomas裁判官はAAに否定的な見解を採っているので、AAを人種差別と表現している)がなくとも、ロー・スクールが少数のマイノリティの学生を入学させることに争いはないとした上で、次のように述べる。「スティグマの問題は、スティグマを受ける者が人種差別の事実上の『受益者』であるのかどうかについて確証がないことである。黒人が、政府、産業界、学界で高い地位を得たとき、今日では、彼らの肌の色が彼らの達成に作用したのかどうかが明らかに問題となる」(539 U.S. at 373)。
75) Karst, *supra* note 49, at 53 n.290.

(6) Affirmative Action を要請するのか

　各論者は、「反従属原理」はAAを許容するにとどまらないとの主張を展開する。以下、Tribe, Karst, Ruth Colker の主張を見てみる。

　Tribe は、反従属原理を「ある人々を2級市民として取扱う、法的に作り出され、強化された従属システムの打破を意図する」[77]と定義する。Tribe は、反従属原理を、従属状態の解消を要求するものとして定義しているように見える。当然ながら、従属状態の解消には、文言上マイノリティを不利に取扱う差別をなくすことが含まれる。そして、Tribe は、「我が国では、過去に人種が決定的な役割を果たしてきたように、〔人種は〕現在でも、人種差別根絶のために役割を果たすべき」[78]と述べる。つまり、Tribe は、人種差別を解消するために、人種を使用すべきだと述べている。そして、Tribe は、合衆国最高裁がAAを一般的に禁止せず許容してきた理由について、合衆国最高裁が、AAとは差別を根絶し、人種・性的従属から自由な状態を作り出すものだと考えたからだと分析する[79]。即ち、Tribe はAAが従属状態を解消すると考え、反従属原理を「従属システムの打破を意図する」と定義していることから、反従属原理がAAを憲法上要請するという可能性を含んでいると解釈しているように思われる。

　Karst は、先述のように、平等な Citizenship の原理の本質が各人に対する「社会の十全たるメンバーの尊重」にあるとし、それは社会に参加していない者として取扱われないことだとする。それに加え、Karst は「平等な Citizenship の原理は、国家といった共同体に参加する機会を全員に与える」[80]と述べる。当然ながら、文面上マイノリティを排除する施策をなくすことは、形式的平等を達成することで、全員に共同体に参加する機会を与える。しかし、Karst は「体系的な人種的従属は、法に記されているシステムをなくしても、根絶できない」[81]ことを認める。その上で、Karst は、AAがマイノリティの

---

76) Randell Kennedy は、AAがその受益者にスティグマを課すことを認める。しかし、AAのもたらす肯定的な効果が、そのもたらす害悪を上回ると主張する（Randell Kennedy, *Persuasion and Distrust: A Comment on the Affirmative Action Debate*, 99 HARV. L. REV. 1327, 1330-31 (1986))。

77) Tribe, *supra* note 33, at 1515.
78) *Id.* at 1521.
79) *Id.* at 1544.
80) Karst, *supra* note 49, at 9.
81) Karst, *supra* note 27, at 170.

従属的な地位を改善すると理解する[82]。それに加え、Karst は、AA が様々な領域で人種を統合し、共同体に参加していない者を社会に参加させていくと理解する[83]。平等な Citizenship の原理は「国家といった共同体に参加する機会を全員に与える」ものであることから、Karst は、平等な Citizenship の原理が AA を憲法上一般的に許容するだけでなく要請する可能性を含む、と理解していると思われる。

Colker は、平等保護を理解するには、反別異と反従属の2つの視点があるとする。Colker に依れば、反別異の視点では、別扱いをすること自体が禁止される。即ち、白人男性を黒人女性と比べて優位に取扱うことと、黒人女性を白人男性と比べて優位に取扱うことは同一視される。AA はマイノリティを優位に取扱うため、この視点では有害だと批判される[84]。

Colker は、平等保護は反従属の視点で理解されるべきと主張する。Colker に依れば、反従属の視点はグループに基づいており、従属を作り出す社会の機能に焦点を当てる。Colker は、この視点に基づくと、女性や黒人はグループとして様々な従属の歴史があるため、黒人女性が白人男性よりも不利に取扱われることは、白人男性が黒人女性よりも不利に取扱われることよりも不公正である。反従属の視点に立つと、AA が女性やマイノリティの従属を減じるとき、AA は支持される[85]。

Colker の見解では、従属を是正する場合には異なる取扱をできるが、従属を永続化してしまう場合には異なる取扱はできない。Colker は AA は従属を是正する強力な手段であると評価し、AA を許容する。さらに、Colker は AA が従属の是正に最良の方法である場合には、「裁判所と民間の当事者はそれを実施すべき」と示し、反従属原理は AA を許容するにとどまらず、要請すると示す[86]。

以上のように、「反従属原理」を主張する論者達は、修正14条が AA を許容するにとどまらず、要請する可能性を含むと主張する。しかし、AA の要請と許容に具体的にどのような違いがあるのかは、論者達の主張をみても明らかでない。修正14条が AA を要請するといっても、単に言葉の違いかもし

---

[82] *Id.* at 171.
[83] Karst, *supra* note 49, at 53.
[84] Colker, *supra* note 25, at 1005-06.
[85] *Id.* at 1007-10.
[86] *Id.* at 1014-1015.

れない。

第4節　スティグマによる害悪

第1項　心理的害悪と有形的害悪

　反差別原理と反従属原理は、スティグマによる害悪を禁止するものとして、修正14条を解釈する。合衆国最高裁では、AAを肯定する裁判官はAAがスティグマによる害悪を打破すると主張し、AAを否定する裁判官はAAがスティグマによる害悪を生じさせると主張する。スティグマとは、AAが憲法上許容されるのか否かを論じるにあたり、重要である[87]。スティグマによる害悪とは「人種による分類が人々に劣等者としてのしるしを押し付け、それらの者の自尊心を傷つけ、社会から彼らを排除する」[88]ことだとされるが、その概念は曖昧である。しかし、AAの正当性を論じるにあたりスティグマが重要であるため、ここでは、それがどのような害悪を生じさせるのか、抽象的だが整理を試みる。

　スティグマによる害悪には、それを押し付けられた者の自尊心を傷つける心理的害悪と、それらの者を社会から排除する有形的害悪がある。

　前者は、スティグマによって自尊心を傷つけられた者はやる気を失うことである[89]。例えば、公立の初等教育の人種別学制によって生じさせられた、マイノリティの劣等性の感情は、その者の学習意欲を妨げる[90]。また、成功を収めたマイノリティは、その成功がAAによるものだとみなされることで、自尊心を傷つけられ、やる気を失うと主張される[91]。

　次に後者につき論じる。スティグマは、それを課された者が劣等的な地位にあることをそれ以外の者に伝える[92]。それらの者は、自らがスティグマを

---

87)　安西文雄は「アメリカにおける差別論を読み解くキーワードはスティグマ(stigma = 劣等性の烙印の押し付け）である」と述べる（安西・前掲注38）「平等」86頁）。
88)　David A. Strauss, *The Myth of Colorblindness*, 1986 SUP. CT. REV. 99, 126.
89)　Karst, *supra* note 49, at 7.
90)　Brown, 347 U.S. 483, 494 (1954).
91)　Grutter, 539 U.S. 306, 350 (2003).

課された者に対して優越的な地位にあると想定する。この想定に立って人々は行動するため、スティグマは「〔スティグマを課された者の〕排斥を他者に促す」ことになる93)。例えば、立法者がスティグマを課されたグループの陥っている苦境を無視することは、その例である94)。そして、スティグマによる心理的害悪から免れている者でさえも、その害悪から免れるのは難しい95)。つまり、高い教育を受け、経済的に成功している者でも、スティグマを課されたグループに属していることから劣等視され、その害悪から免れられない96)。

第2項　グループの分断

　スティグマの害悪が及ぶのはそれを課された者にとどまらない。前述のように、スティグマを課されていない者は、自らがそれを課された者に優越すると想定する。例えば、低い社会・経済的地位にある白人は、自らを黒人よりも優越した地位にあると想定する。彼らは、AA が自身と黒人の伝統的な地位関係を脅かすことを懸念する97)。しかし、多くの黒人と低い社会・経済的地位にある白人は、主として経済的な点などで同じ問題を抱え、多くの共通の利益を有する98)。だが、黒人へのスティグマから、自らを利する施策にまで反対してしまうのである。

　John Hart Ely は「我々は、多数のマイノリティ・グループから成る国家であるため、我々の政治システムがうまく機能するかどうかは、ある特定の問題について連携して多数派を形成するための共通の利益を見出す能力と意思を様々なグループが有しているかどうかにかかっている」99)と述べる。スティグマによって分断されたグループは、自らと共通の利益を持つグループとの連携に失敗し、多数派を形成できない。故に、スティグマによって分断

---

92)　Daniel Farber & Suzanna Sherry, *The Pariah Principle*, 13 CONST. COMMENTARY 257, 271 (1996).
93)　*Id.* at 267.
94)　Karst, *supra* note 49, at 48.
95)　*Id.* at 8.
96)　Sunstein, *supra* note 57, at 2431.
97)　Derrick Bell, *Bakke, Minority Admission, and the Usual Price of Racial Remedies*, 67 CAL. L. REV. 3, 13 (1979).
98)　*Id.* at 13-14.

されたグループは、形式的に機会の平等を保障されても、競争に敗れ続ける [100]。

マイノリティは政治的な救済を利用しづらいと評されるが [101]、スティグマはそれを課された者以外に対しても政治的な救済を求めづらくする。故に、スティグマによって分断されたグループは、政治的には自らを守る手段を持てない。修正14条の機能の1つの側面として、ある一定のグループが権限を掌握することを防ぐことが挙げられる [102]。スティグマは、グループ間の分断を生じさせ、ある一定のグループが政治的な権限を掌握し、他者を排斥する状況を作り出すのであり、この面からも平等保護に反する。

第5節 小 括

カラー・ブラインドの理論は、人種の使用を全面的に禁止せず、ある一定の害悪をもたらす人種の使用を禁止する(本章第2節第3項)。反差別原理と反従属原理はそれをスティグマによる害悪と解し、修正14条はスティグマを禁止する規定だと解釈する(本章第3節)。スティグマによる害悪とは、劣等性の烙印の押付けにより自尊感情を傷つける心理的害悪と、スティグマを課された者に対する他者からの排斥を促す有形的害悪である(本章第4節)。AAの支持者は、マイノリティに不利益を課す差別的な施策はマイノリティにスティグマをもたらすが、AAはスティグマをもたらさないと主張する。しかし、AAはマイノリティにスティグマをもたらす危険がある。ただし、AAはマイノリティに対するスティグマを是正する可能性もあり、この点でマイノリティに不利益をもたらす施策と異なり、AAは憲法上全面的に禁止されない(本章第3節)。

---

99) John Hart Ely, Democracy and Distrust: A Theory of Judicial Review, HARVARD UNIVERSITY PRESS 153 (1980). 邦訳として、佐藤幸治・松井茂記訳『民主主義と司法審査』(成文堂、1990)参照。
100) Id. at 161.
101) Cass R Sunstein, Naked Preferences and The Constitution, 84 COLUM. L. REV. 1689, 1711 (1984).
102) Cass R Sunstein, Public Value, Private Interests, and the Equal Protection Clauses, 1982 SUP. CT. REV. 127, 136.

カラー・ブラインドの理論は人種を理由に差別や偏見を受けないことを意味しており、合衆国憲法上、AA は全面的に禁止されない。問題は、具体的にどのような内容の AA が正当化されるのかにある。

第2章
司法審査基準

第1節 序

第1項 問題の所在

　アメリカでは、AA が憲法上全面的に禁止されるか否かについて極端な2項対立が生じた。判例や学説は、カラー・ブラインドの理論が人種を理由とした差別や偏見のもたらす害悪を禁止するものだと解釈し、AA は憲法上全面的に禁止されないとした（第1章）。問題は、具体的にどのような AA が憲法上許されるのかにある。この点を考察するにあたっては、AA に如何なる司法審査基準が適用されるのかが重要となる。それは、どの司法審査基準を適用するのかにより、裁判で AA が許容されるか否かの結論が大きく左右されるからである。当然ながら、AA にどの司法審査基準を適用するのかは、AA の正当化理由にも関連する。本章では、アメリカ合衆国最高裁で AA に如何なる司法審査基準が適用されるのか、そしてそれが如何なる理由から判断されるのかを考察する。

第2項 厳格審査とは何か

　アメリカでは人種に基づく AA が主として問題とされる。合衆国最高裁の裁判官達は人種に基づく分類は本来的に差別的に用いられているとする「懐疑主義」に依拠し、AA の合憲性審査に厳しい態度で臨む。「懐疑主義」に依

拠する以上、合衆国最高裁では、AAへの合理性の基準の適用は主張されていない。合衆国最高裁の裁判官は、例外的な場合を除いて[1]、AAに違憲の推定を働かせ、AAを実施する側にAAが合憲であると証明する責任があることではほぼ意見が一致している。特に争いがあるのは、立証責任の厳格度である。即ち、「立法目的がやむにやまれぬ利益を促進するものであり、選択された手段がこの目的の達成に向けて密接に仕立てられていること」を立証する責任（立証責任①）があるのか、「立法目的が重要であり、その目的と規制手段との間に実質的関連性があること」を立証する責任（立証責任②）があるのかである。立証責任①を課す審査は、立証責任②を課す審査のAAへの適用を主張する裁判官から、「理論上厳格だが、事実上致命的」だと分析されている[2]。即ち、マイノリティに不利益を課す差別的な施策を違憲としてきた、典型的な意味での厳格審査である。立証責任②を課す審査は、AAへのそれの適用を主張する裁判官から、「理論上厳格だが、事実上致命的」ではないが、厳密かつ厳格な審査だと分析されている[3]。この審査は懐疑主義に依拠し、違憲だと推定しており、厳格な審査である。そこで、本書では、AAを策定・実施する側に立証責任を課す審査を「厳格審査」、その中でも立証責任①を課す審査を「典型的な厳格審査」（strict scrutiny）、立証責任②を課す審査を「緩やかな厳格審査」と呼ぶ。

AAにどちらの審査基準を適用するのかの争いは、Adarand判決で法廷意見により典型的な厳格審査を適用するとの結論が下され、終結した[4]。しかし、AAに典型的な厳格審査を適用する裁判官の間でも、AAに対しては厳格度を緩めて理解する見解と、AAに対しても差別的な施策と同じ厳格度で適

---

1) Wygant v. Jackson Board of Education, 476 U.S. 267, 292 (O'Connor J concurring in part and concurring in the judgment) (1986); Grutter v. Bollinger, 539 U.S. 306, 330 (O'Connor J jointed by Stevens, Souter, Ginsburg & Breyer JJ., majority) (2003).
2) Regents of the University of California v. Bakke, 438 U.S. 265, 362 (Brennan J jointed by White, Marshall & Blackmun JJ., opinion) (1978); Fullilove v. Klutznick, 448 U.S. 448, 491-92 (Burger C.J., jointed by White, Powell JJ., plurality) (1980).
3) 438 U.S. at 362-63.
4) Adarand Constructor, Inc. v. Pena, 515 U.S. 200 (1995). AAに適用する司法審査基準に関する合衆国最高裁の判例動向については以下の文献等を参照。山内久史「アメリカにおける平等権の史的展開と司法審査」帝京法学24巻1号（2005）81頁参照；宮原均「不平等に対する積極的是正策と司法審査(1)(2・完)——高等教育の入試制度に関する合衆国最高裁判例を中心に」法学新報112巻11・12号597頁、113巻1・2号（2006）315頁；吉田仁美『平等権のパラドクス』（ナカニシヤ出版、2015）第5章・第6章。

用する見解に分かれる。どちらの審査基準を AA に適用するのか、そして審査基準を如何に理解するのかを判断する際には、AA が「疑わしい分類」を用いているか、どのような権利に関連するのか、AA を策定・実施する機関が尊重に値する権限を有するのか、といった点が考慮される。

第 3 項 構 成

　本章では、以下の手順により考察を進める。まず、AA の司法審査基準に関する合衆国最高裁の判例の展開を概観する（第 2 節～第 6 節）。その過程で、O'Connor 裁判官による典型的な厳格審査の柔軟な理解を考察し（第 4 節）、これに対して、AA への典型的な厳格審査を支持する立場（第 5 節第 1 項）と支持しない立場（第 5 節第 2 項）が如何なる指摘をしているのかを考察する。そして、この理解が合衆国最高裁で明確に否定されたことを明らかにし、そこで示された典型的な厳格審査がどのような内実を有するのかを考察する（第 6 節）。次に、疑わしい分類とは何かを考察し（第 7 節）、AA が疑わしい分類を用いているのかに関し、判例（第 8 節第 1 項）と学説（第 8 節第 2 項）が如何に判断しているのかを考察する。最後に、第 1 節～第 8 節の議論をまとめる（第 9 節）。

第 2 節　典型的な厳格審査と緩やかな厳格審査の争い

第 1 項　Bakke 判決

　以下では、AA に如何なる司法審査基準を適用するのかについて、合衆国最高裁でどのような議論が展開されたのかを概観する。各判例には様々な論点があるが、ここでは、司法審査基準の議論に絞って見ていく。
　合衆国最高裁で、AA に適用する司法審査基準がはじめて問題とされたのは Bakke 判決である。California 大学 Davis 校メディカル・スクールは入学定員枠 100 のうち 16 をマイノリティに別枠として留保していた。そのため、別枠で合格したマイノリティよりも試験の成績のよい白人が不合格となり、この白人は修正 14 条および市民権法違反を理由に提訴した。

Bakke 判決では、合衆国最高裁は、メディカル・スクールの入学者選抜で人種を考慮でき、問題とされたクォータ制が合憲だとする Brennan 裁判官のグループ (White, Marshall, Blackmun 裁判官同調) と、入学者選抜での人種の考慮は許されず、問題とされたクォータ制は市民権法違反だとする Stevens 裁判官のグループ (Burger 首席裁判官, Stewart, Rehnquist 裁判官同調) で意見が分かれ、どちらのグループにも属さない Powell 裁判官が、クォータ制は違憲だが、入学者選抜で人種を一要素として考慮できるとの判決を下した。これら3つの意見のうち、Stevens 裁判官意見はこの事件を市民権法の問題として処理して憲法問題には触れず、司法審査基準に言及しない。他の2つの意見が司法審査基準の問題に言及している。

　Powell 裁判官意見は、白人はマジョリティの政治的措置から保護を受けるべき「切り離され、孤立した」マイノリティではないため、疑わしくなく、審査のレベルを下げるべきとの主張を否定する [5]。同意見は「平等保護の保障は、ある者に適用されるときにはある事柄を、他の肌の色の者に適用されるときには他の事柄を意味しない。双方が同等に保護されない場合には、平等でない」と示す [6]。そして、「切り離され、孤立した」マイノリティであるのかは考慮されず、「人種及びエスニックに基づくいずれの種の区別も本来的に疑わしく、故に、最も厳格な審査を要求する」と述べ、AAへの典型的な厳格審査の適用を支持する [7]。

　Brennan 裁判官意見は、単純に補償といった良い目的を挙げても、法律が実際に如何なる目的を持つのかを審査する、とする [8]。そして、「『性別に基づく分類が許されない〔方法で〕固定観念を頻繁に利用し、社会の政治力のない者達にスティグマを課してきた』のと、人種も同様」だとする [9]。そして、「過去の差別の救済のために慎重につくられた制定法は、それらの弊害を回避できる」とするが、合衆国最高裁が「過去の差別の影響の誠実かつ思慮深い承認とパターナリスティクな固定観念との線引きは明確でない」ことを認めてきたと判示する [10]。

　「懐疑主義」に依拠し、Brennan 裁判官は「疑わしい分類」に基づく政府の

---

[5] 438 U.S. at 287-90.
[6] Id. at 289-90.
[7] Id. at 290-91.
[8] Id. at 358.
[9] Id. at 360 (quoting Kahn v. Shevin, 416 U.S. 351, 357 (1974)).

行為が厳格審査に服するべきとの立場を明確にする[11]。しかし、Brennan 裁判官に依れば、AA による負担を負う白人には政治力があり、白人に不利益を及ぼす人種の使用は「疑わしい分類」ではなく、AA には緩やかな厳格審査が適用されるべきと主張する[12]。

第 2 項　Fullilove 判決

　Fullilove 判決では、公共事業に対する連邦補助金の少なくとも 10％をマイノリティ所有の企業に使用することを義務づける連邦公共事業法の合憲性が問題となった。
　Burger 首席裁判官相対多数意見（White, Powell 裁判官同調）は、「人種あるいはエスニックに基づく優先のいずれもが、憲法上の保障と抵触しないことを確実にするために、最も厳密な審査を必ず受けるべき」とする[13]。問題とされた連邦法は、「Bakke 判決のいくつかの意見で示されたどちらの〔典型的なおよび緩やかな厳格〕『審査』の下でも通過する」として、合憲だと判示する[14]。
　Powell 裁判官補足意見は、「個人のメリットや必要性と関係のない不変的な特性は、ほぼすべての政府による判断と無関係であるため、人種に基づく分類は最も厳格なレベルの下で評価されるべき」として典型的な厳格審査の

---

10)　*Ibid*. Bakke 判決の前年に合衆国最高裁で下された、UJO v. Carey, 430 U.S. 144 (1977) では、人種を意識する選挙区割の合憲性が問題とされ、合憲判決が下された。当該判決で、Brennan 裁判官同意見は「救済を目的としても、人種による明確な割当は個人の価値や必要性と理論上関係のない要素に基づいて判断することの有益性と妥当性を示すことで、我々の社会に潜伏している人種意識を刺激することになりうる」のであり、「さらに言えば、構造上あるいは制度上の不平等の是正を意図していても、優先的取扱は受益者のグループにスティグマを課し、受益者が劣っていて特別に保護する必要があることをいくらか含意している可能性がある」と述べる（*Id*. at 173-74 (citation ommitted)）。そして、「これらの事柄は、良性の人種に基づく分類の選択の賢明さや許容性に対して必然的に異議を差し挟むことにはならない」とするが、「それらは、諸個人を分類する手法として憲法上『疑わしい』ものとして人種を取扱うように我々を歴史上導いてきたということへの考慮は、優先的取扱が問題とされた文脈でも完全に弱められないことを証明している」とする（*Id*. at 174）。

11)　438 U.S. at 357.
12)　*Id*. at 357-58.
13)　Fullilove v. Klutzunick, 448 U.S. 448, 491 (1980).
14)　*Id*. at 492.

適用を支持する15)。そして、Powell 裁判官は、問題とされた連邦法はやむにやまれぬ政府の利益に努める救済として正当化される、とする。

Marshall 裁判官同意意見（Brennan, Blackmun 裁判官同調）は、疑わしい分類を用いる施策には典型的な厳格審査が適用されるが、クラスとしての白人は疑わしさの伝統的な指標を欠いており、AA には緩やかな厳格審査が適用されるとする、Bakke 判決 Brennan 裁判官意見の立場を確認する16)。

第 3 項　Wygant 判決

Wygant 判決では、教員のレイオフの判断に際して、マイノリティであることを考慮する労働協約の合憲性と市民権法第 7 編との抵触が問題となった。Jackson 市教育委員会と教員組合は労働協約を締結した。労働協約には、「教育委員会がレイオフにより教員数を削減しなければならなくなったときには、学区で最もシニオリティの高い教員は在職する。ただし、いかなるときも、レイオフの時点で雇用されているマイノリティ教員の比率よりも高い比率でマイノリティ教員がレイオフされてはならない」との規定があった。この規定のため、在職を許可されたマイノリティの教員よりも、シニオリティの高い教員がレイオフされる事態が生じた。この規定によって在職を否定された者が、労働協約の違憲性と市民権法第 7 編との抵触を主張し、提訴した。

Powell 裁判官相対多数意見（Burger, Rehnquist 裁判官同調、O'Connor 裁判官一部同調）は AA に適用する司法審査基準について「人種・エスニックに基づくいずれの種の区別も本質的に疑わしく、それ故、最も厳密な司法審査を要求する」とする17)。そして、合衆国最高裁は差別の歴史の有無に関係なく、すべての人種の使用に同じ水準の審査をしてきたとする18)。その上で、問題とされた施策が合憲であるためには、「第 1 に、人種に基づく分類のいずれもが『やむにやまれぬ政府の利益により正当化されるべき』」であり、「第 2 に、その目的達成のために州により採られた手段は『その目的の達成に向けて密

---

15)　Id. at 496.
16)　Id. at 518-19.
17)　Wygant v. Jackson Board of Education, 476 U.S. 267, 273 (internal citation omitted).　当該判決については、西村裕三『アメリカにおけるアファーマティヴ・アクションをめぐる法的諸問題』大阪府立大学経済研究叢書 66 冊（1987）100 頁以下参照。
18)　Ibid.

接に仕立てられて』いなければならない」として、典型的な厳格審査の適用を支持する[19]。

同相対多数意見は、典型的な厳格審査を適用し、AA の正当化理由として社会的差別の救済を否定し、特定された差別の救済だけを認めた。その上で、問題とされた差別は特定された差別の救済を目的としていないとして、違憲と判断した。

Marshall 裁判官反対意見（Brennan, Blackmun 裁判官同調）は、Bakke 判決で、自らが AA への合理性の基準の適用と典型的な厳格審査の適用を否定し、救済目的での人種の使用は「それが『重要な政府の目的』に努め、『その目的の達成と実質的に関連』する場合には許容できる」とする基準の適用を支持した、と示す[20]。そして、その基準は「真に『厳格かつ厳密な』司法審査だが、『理論上厳格だが事実上致命的』ではない」とする[21]。同反対意見は AA への緩やかな厳格審査の適用を支持しているが、Bakke 判決と Fullilove 判決を通じて、AA に適用する司法審査基準につき、合衆国最高裁には統一の見解がないが、州の機関はその判断の 1 つの要素として人種を考慮できるという点、過去の差別の現在の影響の根絶が AA を正当化できるとの点については、双方の判決を通じて合衆国最高裁が合意に達しているとする[22]。そして、本件では、裁判所が適用する審査基準が何であるのかは重要ではなく、適用すべき審査基準が何であっても当該条項は合憲である旨を示す[23]。

O'Connor 裁判官同意意見は、Brennan 裁判官が自身の支持する審査基準を「厳格かつ厳密」だとするが、「いずれの種の人種に基づく分類は『典型的な厳格審査』に従わせられるべき、という本法廷のすべてのメンバーにより明らかにされた考えを反映する」のは Powell 裁判官の支持する審査基準である、として AA への典型的な厳格審査の適用を支持する[24]。

---

19) *Ibid* (internal citation omitted).
20) *Id*. at 301-02 (internal citation omitted).
21) *Id*. at 302 (internal citation omitted).
22) *Ibid*.
23) *Id*. at 303.
24) *Id*. at 284-85.

第 4 項　Sheet Metal Workers 判決

　1975 年、New York 州南地区合衆国地方裁判所は、上告人である板金工組合と見習工委員会が市民権法に違反して、組合への採用・加入の際に一貫して白人以外の者を差別していると認定した。そして、裁判所は差別慣行の差止命令を命じるとともに、当該地域に占める白人以外の者の比率に基づき、板金工組合の構成員に占める白人以外の者の割合が 29％になることを目標とした AA を命じた。しかし、上告人は裁判所の命令を無視して差別的慣行を続けた。そのため、地方裁判所は民事的裁判所侮辱罪の成立を認め、白人以外の組合員を増やすために用いる特別基金の設立とそれにあてる罰金を上告人に課し、白人以外の者のある一定の割合（29.3％）が達成されるまで、白人以外の者を優先して組合に加入させる AA を命じた。

　Brennan 裁判官相対多数意見（Marshall, Blackmun, Stevens 裁判官同調）は、合衆国最高裁が差別による救済を認めてきたが、AA に如何なる審査基準を適用するのかについては合意がないとする。そして、問題とされた施策は典型的な厳格審査さえも通過するため、AA に如何なる審査基準が適用されるのかを議論する必要はないとする[25]。

　この判決で、AA に適用する司法審査基準に言及しているのは、Powell 裁判官同意意見である。同同意意見は、Fullilove 判決 Burger 首席裁判官相対多数意見の「人種あるいはエスニックに基づくいずれの優先も、それが憲法上の保障と抵触しないことを確実にするために、最も厳密な審査を必ず受けるべき」[26] とする部分を引用する[27]。そして、「第 1 に、人種に基づく分類のいずれもが『やむにやまれぬ政府の利益により正当化されるべき』」であり、「第 2 に、その目的を成し遂げるのに州により採られた手段は『この目的の達成に向けて密接に仕立てられている』べき」だとして、問題とされた裁判所命令が典型的な厳格審査の枠組で合憲性を審査されるべきと示す[28]。

---

25) Sheet Metal Workers v. EEOC, 478 U.S. 421, 480 (1986). 当該判決について、西村・前掲注 17) 107 頁以下参照。
26) 448 U.S. at 491.
27) 478 U.S. at 484.
28) Id. at 484-85 (internal citation omitted).

第 5 項　Paradise 判決

　Alabama 州公共安全局が修正 14 条に違反して黒人を州警察官から常習的に排除している事実が Alabama 州中部地区合衆国地方裁判所により確認され、その是正が求められた。しかし、昇進手続が黒人に不利に作用していたことから、合衆国地方裁判所は公共安全局に対して、「しばらくの間、⑴昇進する資格を有する黒人がいることを条件に、巡査部長補昇進者の少なくとも 50％は黒人でなければならないこと、⑵昇進する資格を有する黒人がおり、黒人がその職の 25％以下であり、黒人に不利益をもたらさない当該上級職への昇進計画を公共安全局が定立するまでの間とするとの条件で、その他の上級職についても 50％の昇進枠を設けること」を命令し、この命令の合憲性が問題となった。

　Brennan 裁判官相対多数意見（Marshall, Blackmun, Powell 裁判官同調）は「差別されてきた人種・エスニックグループに対する違法な取扱を救済するのに必要な人種による区分を、裁判所を含む政府組織が使用しても合憲であることは、いまや十分に確立している」と判示する[29]。そして、「救済目的で人種・エスニックに基づく区別が行われたときには、一定程度厳格な審査が要請されることも本法廷は一貫して認めてきたが、妥当な司法審査基準についてはいまだに合意に達していない」とする[30]。しかし、問題とされた命令は典型的な厳格審査を通過するため、如何なる審査基準が適用されるべきかを議論する必要はないとした[31]。

　Powell 裁判官同意意見は、「修正 14 条の平等保護の目的とまさにその明文に照らせば、裁判所が命令した、あるいは政府が採用した AA 計画は最も厳密に審査されなければならない」としている[32]。「最も厳密な審査」と述べていることから、Powell 裁判官は AA への典型的な厳格審査の適用を支持すると思われる。ただし、Powell 裁判官は、AA に「最も厳密な審査」を適用すべきとしながらも、当該判決で問題とされた施策を合憲とする Brennan 裁判官相対多数意見の結論に同調する。

29）　United States v. Paradise, 480 U.S. 149, 166 (1987).
30）　Id. at 166 (citation omitted).
31）　Id. at 166-67.
32）　Id. at 189.

O'Connor 裁判官反対意見（Rehnquist, Scalia 裁判官同調）は、合衆国最高裁は、人種の使用が歴史的に差別されてこなかったグループに不利な影響を及ぼす場合でも、典型的な厳格審査が適用される旨を示す[33]。そして、同反対意見は、同相対多数意見は当該命令が典型的な厳格審査を通過するとしているが、同相対多数意見の行う審査の厳格度は典型的な厳格審査の要求する「密接に仕立てられている」概念の厳格度をはるかに下回るものだと批判し、典型的な厳格審査の下で命令は違憲である旨を示す[34]。

第 3 節　典型的な厳格審査の確立

第 1 項　Croson 判決

　合衆国最高裁は、AA に適用する司法審査基準に関して、法廷意見を確立しなかった（本章第 2 節）。Croson 判決[35] で、この点が法廷意見によりはじめて明確にされた。Croson 判決では、市との公共事業の 1 次契約締結者が、契約総額のうち少なくとも 30％をマイノリティ系企業に下請けさせねばならないとする Richmond 市条例の合憲性が問題となった。
　市議会の定数 9 のうちマイノリティの議員が 5 人を占めており、条例はマイノリティが多数派の市議会で採択された。この条例に規定される 30％の留保の対象となるマイノリティは、Richmond 市に限らず、全米のマイノリティ業者を対象としている。そして、この条例は、市との 1 次契約締結者が、マイノリティの下請業者に 30％を留保できないことを十分に証明できた場合には、個別の状況に照らして留保要件の放棄を契約業者に認めるとしてい

---

33)　*Id*. at 196.
34)　*Id*. at 196-201.
35)　City of Richmond v. J. A. Croson, Co., 488 U.S. 469 (1989). 当該判決については以下の文献を参照。中川徹「マイノリティの建設請負業者に一定割合の契約額を保留する市条例にもとづくアファーマティブ・アクションが平等保護条項に違反するとされた事例」アメリカ法 1990-2・341 頁；大沢秀介「最近のアファーマティヴ・アクションをめぐる憲法問題――クロソン判決を素材に」法学研究 63 巻 12 号（1990）223 頁；松田聡子「人種差別解消のためのアファーマティブ・アクションと逆差別―― Croson 判決をめぐって」帝塚山学院大学研究論集 25 号（1990）8 頁。

た。1983 年、Richmond 市は、市の刑務所の配管機器設備の据え付け工事の入札を行う旨を公示した。この工事計画には、製造元の指定された機器の据え付け工事が含まれ、それらの機器の総額は契約金額全体の 75％ に達していた。したがって、条例の規定するマイノリティへの留保の要件を満たすためには、指定された機器を供給できるマイノリティ業者を利用する必要があった。Croson 社は機器を供給できるマイノリティ業者と接触したが回答を得られなかったため、非マイノリティ業者からの見積もりを得て入札に臨み、工事を落札した。しかし、そのままでは条例の要件を満たせないため、Croson 社は、マイノリティ業者からは工事への参加の回答が得られなかったこと、また、見積書を提出してきた唯一のマイノリティ業者の価格は非マイノリティ業者と比べて高額であり、契約金額が増額されない限り条例の要件を満たせないことを理由に、マイノリティへの留保要件の放棄を市に求めた。これに対し、市は Croson 社による放棄の請求と契約金額の増額の要求のいずれも認めず、工事の再入札の実施を Croson 社に通知し、Croson 社に再入札に参加するように求めた。Croson 社は Richmond 市条例が違憲だとして、差止命令、宣言的救済、損害賠償を求める訴えを提起した。

O'Connor 裁判官法廷意見（Rehnquist, White, Stevens, Kennedy 裁判官同調）は、AA に適用する審査基準について、人種に基づく分類は、それが「良性」あるいは救済目的で行われても、典型的な厳格審査に服さねばならないと判示した[36]。それは次の理由による[37]。第 1 に、修正 14 条 1 節によって作り出された権利は、個人に保障されたものである。市民がどの人種に属するとしても、平等な尊厳と敬意をもって取扱われることは個人の権利である。第 2 に、人種による分類はスティグマによる害悪をもたらし、人種による分類は救済を目的とするものに厳密に限定されていなければならない。第 3 に、平等保護条項の下では、どの司法審査基準を適用するのかの判断は、その分類によって負担を課されたり、利益を享受する人々の人種によって左右されない。

同法廷意見は、典型的な厳格審査の下で、特定された差別の救済だけが AA を正当化でき、問題とされた施策は特定された差別を救済するものでないとして違憲とした。

---

36) *Id.* at 493-94.
37) *Ibid.*

第 2 項　Metro Broadcasting 判決

　Croson 判決の翌年、Metro Broadcasting 判決[38]が下された。この判決では、放送事業所有者の人種的多様性を確保するために、競合する新規免許申請者の選抜で、マイノリティが所有し経営に参加している点を選抜の 1 つの要素として考慮することでマイノリティ系企業を優遇し、免許の維持が難しくなった放送事業社がマイノリティ所有の企業に免許を売り渡す場合には、通常要求される審査を経ずに譲渡できるといった連邦放送委員会（FCC）のマイノリティに対する優遇策の合憲性が問題となった。Metro 放送は Florida 州 Orlando における UHF テレビ局の新設許可を申請したが、同じく新設許可を申請していた Rainbow 社の株式が Metro 放送よりも高い割合でマイノリティに所有されていた。それが 1 つの要因となり、新設許可が Rainbow 社に付与されたため、Metro 放送が提訴した。

　AA に適用する審査基準について、Brennan 裁判官法廷意見（White, Marshall, Blackmun, Stevens 裁判官同調）は次のように結論づけた[39]。FCC の実施するマイノリティを優遇する施策は、Croson 判決とは異なり州・自治体ではなく連邦議会の立法である。故に、修正 14 条 5 節の下で連邦議会の有する広範な立法権限から、連邦が実施する AA には典型的な厳格審査ではなく、緩やかな厳格審査の適用が妥当する。

　他方、O'Connor 裁判官反対意見（Rehnquist, Scalia, Kennedy 裁判官同調）は、憲法による平等保護の保障は州と同じように連邦政府を縛り、連邦政府による人種の使用に厳格度の低い審査は適用されないとして、AA に典型的な厳格審査を適用した[40]。

　Metro Broadcasting 判決では、Brennan 裁判官法廷意見は、放送の多様性

---

[38]　Metro Broadcasting Inc. v. FCC, 497 U.S. 547 (1990). 当該判決については以下の文献を参照。西村裕三「FCC の放送免許に関する 2 種類のマイノリティ優遇措置は、合衆国憲法第 5 修正に含まれる平等保護の要請に違反しないとされた事例」アメリカ法 1992-1・109 頁；上野恵司「アメリカの放送行政とマイノリティ――メトロ判決を契機として」早稲田法研論集 63 号（1992）53 頁；有澤知子「合衆国最高裁判所の積極的平等施策に対する二つのアプローチ――メトロ対連邦通信委員会判決を中心にして」大阪学院大学法学研究 19 巻 1・2 号（1993）1 頁。

[39]　Id. at 565.

[40]　Id. at 603-10.

の促進がAAを正当化し、当該判決で問題とされたAAを合憲と判示した。他方、O'Connor裁判官反対意見は、放送の多様性の促進はAAを正当化できず、差別の救済だけがAAを正当化し、当該判決で問題とされたAAを違憲とした[41]。

第3項　Adarand判決

合衆国最高裁は、州・自治体が実施するAAには典型的な厳格審査を適用し、連邦が実施するAAには緩やかな厳格審査を適用するとの先例を確立した。しかし、後者はAdarand判決[42]で覆される。

Adarand判決では、連邦政府と公共事業の1次契約を締結した企業が、「社会・経済的に不利な立場にある者によって管理されていると証明された小企業」と下請契約をした場合に、下請金の10％が追加的報奨金として支払われるとする「小企業法」の合憲性が問題となった。「社会・経済的に不利な立場にある者」の認定に際しては、「社会的に不利な立場にある」こと、それに加えて「経済的に不利な立場にある」ことを証明する。Adarand判決では、前者の証明方法が問題となった。というのも、小企業法の「社会的に不利な立場にある者」とは、アフリカ系アメリカ人、ヒスパニック、ネイティヴ・アメリカン、アジア系アメリカ人、その他のマイノリティを含み、人種による推定がなされていたからである。

O'Connor裁判官法廷意見(Scalia, Rehnquist, Thomas, Kennedy裁判官同調)は、連邦が実施するAAにも典型的な厳格審査が適用されるとした。そして、Metro Broadcasting判決がCroson判決で確立した先例を侵害するとして、次の理由からそれを覆す[43]。

---

[41]　ただし後述するように、O'Connor裁判官は、高等教育機関の入学者選抜の文脈では、多様性の価値によりAAを正当化できるとしている。当該判決の法廷意見でAAの正当化理由として認められた放送の多様性の促進が具体的にどのような内容であるのかは、第4章第5節第1項参照。

[42]　Adarand Constructor, Inc. v. Pena, 515 U.S. 200 (1995). 当該判決については以下の文献を参照。君塚正臣「人種のアファーマティヴ・アクションと審査基準」東海大学文明研究所紀要17号（1997）27頁；横田耕一「アファーマティヴ・アクション」憲法訴訟研究会・芦部信喜編『アメリカ憲法判例』（有斐閣、1998年）240頁；吉田・前掲注4）第6章・第7章。

[43]　*Id.* at 226-27.

典型的な厳格審査は、人種による異なった不当な取扱を2段階の審査であぶりだす（smoke out）。故に、政府による人種区分は、良性以上の動機が要求される。それが良性であることを理由として緩やかな厳格審査を適用することは、Croson 判決で確立された「懐疑主義」を侵害する。Metro Broadcasting 判決は、連邦が実施する AA と州・自治体が実施する AA に異なる審査基準を適用する。Metro Broadcasting 判決では、連邦と州・自治体の AA に適用する審査基準が調和していない。これは、AA にどの司法審査基準を適用するのかの判断は、どの人種が AA に伴う負担を負ったのかあるいは利益を受けたのかに関係しない、という Croson 判決で確立された「一貫性」を傷つける。

　以上のように Metro Broadcasting 判決を批判することで、Adarand 判決 O'Connor 裁判官法廷意見は、Croson 判決で確立された「懐疑性」、「一貫性」に加えて、AA に対しては、それを実施するのが連邦であっても、州・自治体であっても同一の基準が適用されるとする審査基準の「調和性」を確立した。

　同法廷意見の立場は、次の見解に依拠する[44]。Metro Broadcasting 判決で侵害された3つの前提は、修正5条および修正14条がグループでなく個人を保護するとの基本的原理からきている。この原理から、人種に基づく政府による行為のすべては、「ほとんどの状況で無関係であり、それゆえに禁止される」と長く認識されてきたグループによる区別であり、法の平等保護に対する各人の権利が侵害されないことを確実にするために、詳細な司法審査に服せしめられるべきである。この考えは合衆国最高裁の平等保護の理解の核をなし、州や連邦による良性の区別に異なった基準を適用するとの考えはこの考えにそぐわない。

　同法廷意見は、典型的な厳格審査の下で、特定された差別の救済だけが AA を正当化できるとした。そして、当該判決で問題とされた AA は特定された差別の救済を目的としておらず、違憲だと判断した。

---

44)　*Id.* at 227.

第4節　Grutter 判決の典型的な厳格審査

第1項　典型的な厳格審査の踏襲

　Grutter 判決は、AA に典型的な厳格審査を適用した。Michigan 大学ロー・スクールでは、学生構成の多様性を達成するために、入学者選抜で学力以外に人種も考慮した。このため、白人女性である Grutter は合格したマイノリティの何人かよりも学力の評価が高いが不合格とされた。Grutter は、ロー・スクールが合否を決定づける「支配的な要素」として人種を使用し、人種差別をしたとして訴訟を提起した。O'Connor 裁判官法廷意見（Stevens, Souter, Ginsburg, Breyer 裁判官同調）は、Adarand 判決を踏襲し、AA に典型的な厳格審査を適用し、多様性のもたらす利益が人種の使用を正当化するとして、合憲判決を下した[45]。

　同法廷意見に同調する Ginsburg 裁判官の同意意見（Breyer 裁判官同調）は、同法廷意見が典型的な厳格審査の下でロー・スクールの施策を支持しているため、「当該事例は、人種に基づく分類のすべてが不利益を被ってきたグループを利するまたは負担を課すことを意図しているかどうかにかかわらず、同じ審査基準に従わされるべきかについて、合衆国最高裁に再考を要求しなかった」と述べる[46]。

　さらに、Michigan 大学文芸科学部の人種を意識する入学者選抜の合憲性が問題となった、Grutter 判決と同日に下された Gratz 判決で、Ginsburg 裁判官反対意見は、同じく Grutter 判決で法廷意見に同調した Souter 裁判官と Breyer 裁判官の加わる部分で、「賢明に考えれば、十分な citizenship の資格を長い間否定されてきたグループへの負担を意図する行為が確固とした差別とその影響が根絶される日を早める施策に位置づけられない」として、良性の施策と悪意ある施策とを区別できると判示する[47]。そして、Grutter 判決

---

[45]　Grutter v. Bollinger, 539 U.S. 306 (2003).
[46]　*Id*. at 346.
[47]　Gratz v. Bollinger, 539 U.S. 244, 301 (2003).　Michigan 大学文芸科学部は、150 点満点で入学者選抜を行った。このうち、110 点が SAT と評定平均により判断され、40 点が

第4節　Grutter 判決の典型的な厳格審査　63

の後、合衆国最高裁で人種に基づく分類の合憲性がはじめて問題とされた、Johnson 判決で、Ginsburg 裁判官同意意見 (Souter, Breyer 裁判官同調) は、問題とされた刑務所での人種分離には典型的な厳格審査が適用されるとするが、救済を目的とする分類には典型的な厳格審査よりも厳格度の低い基準を適用すべきとする 48)。

また、Stevens 裁判官も、マイノリティに不利益を及ぼす人種の使用と AA を区別できる旨を示す 49)。

以上から、「Grutter 判決の多数意見を構成する5人の裁判官のうち4人 —— Stevens, Souter, Ginsburg, Breyer ——は、人種に基づく AA は人種に基づく政策判断の他の形式よりも厳格でない基準に従って審査されるべき」との立場にある 50)。Grutter 判決 O'Connor 裁判官法廷意見に同調した裁判官達は、法廷意見の結論に同調したのであり、AA に典型的な厳格審査を適用すべきとの立場は採らない。しかし、Grutter 判決で反対意見述べた裁判官達は同法廷意見の典型的な厳格審査が厳格度の低い合憲性判断基準を用いていることを批判し、さらに厳格度の高い審査をすべきと主張しており、AA への典型的な厳格審査の適用は支持している（本章第5節第1項）。故に、その

学力以外の要素により判断された。学力以外の要素にはマイノリティであることが含まれ、マイノリティの志願者には20点が自動的に付与された。当該学部に確実に合格するには100点が必要であり、マイノリティの志願者は自らの人種を理由にそれに必要な5分の1の点数を受け取った（当該判決で問題とされた施策について詳しくは、第5章第3節参照）。Grutter 判決と Gratz 判決については以下の文献を参照。勝田卓也「ミシガン大学ロー・スクールにおけるアファーマティヴ・アクションをめぐる連邦控訴裁判決」ジュリスト1229号 (2002) 180頁；植木淳「アファーマティブアクションの再検討──『厳格審査』と『多様性』」北九州市立大学法政論集32巻1号 (2004)；紙谷雅子「大学とアファーマティヴ・アクション」アメリカ法2004-1・153頁；安西文雄「ミシガン大学におけるアファーマティヴ・アクション」ジュリスト1260号 (2004) 227頁；山内久史「高等教育における人種的アファーマティヴ・アクション──ミシガン州立大学二事件判決 (2003年) を契機として」帝京国際文化18号 (2005) 111頁；宮原・前掲注4) 113巻1・2号344頁；樋口範雄・柿嶋美子・浅香吉幹・岩田太編『アメリカ法判例百選』(有斐閣、2012) 84頁〔吉田仁美〕；吉田・前掲注4) 第8章。

48) Johnson v. California, 543 U.S. 499, 516 (2005).
49) Wygant, 476 U.S. at 316；Adarand, 515 U.S. at 246.
50) Richard H. Fallons Jr, *Strict Judicial Scrutiny*, 54 UCLA L Rev. 1267, 1323 (2007). Gratz 判決では、Rehnquist 首席裁判官法廷意見 (O'Connor, Scalia, Kennedy, Thomas 裁判官同調) は AA に典型的な厳格審査が適用すべきとし、当該判決で問題とされた施策は、合否を決定づける要素として人種を使用していることを理由に違憲だと判示している。

内容はともかく、典型的な厳格審査と称される司法審査基準を AA に適用するという意味では Adarand 判決の立場は踏襲されている[51]。

第 2 項　O'Connor 裁判官による典型的な厳格審査の理解

(1)　司法審査の厳格度

AA への典型的な厳格審査の適用を主張する裁判官の中でも、O'Connor 裁判官は AA と差別的な施策を区別し、典型的な厳格審査の厳格度を緩やかに理解する。

Adarand 判決 O'Connor 裁判官法廷意見は、典型的な厳格審査を適用しなければ AA と差別的な施策は区別できないとして、典型的な厳格審査の適用を主張する。同判決 Ginsburg 裁判官反対意見（Breyer 裁判官同調）は、同法廷意見は「厳格な基準〔典型的な厳格審査〕と称されるものは、我々の社会で差別を被ってきたグループに負担を課す分類にとって、確実に『致命的である』ことを強調する」が、他方で、人種統合を促進する分類に対しては、「『典型的な厳格審査』が『事実上致命的』であるとの概念を壊している」と示した、とする[52]。同判決 Stevens 裁判官反対意見（Ginsburg 裁判官同調）は、Ginsburg 裁判官反対意見は、典型的な厳格審査の法廷意見の柔軟な理解が善意と悪意ある施策との違いを考慮していると考えている、と指摘する[53]。Stevens 裁判官反対意見は、法廷意見は人種の使用の目的を考慮し、良性の人種区分に適用されたときには、典型的な厳格審査の厳格度をいくらか低くしていると指摘する[54]。

Grutter 判決 O'Connor 裁判官法廷意見に対しては、同判決で反対意見を述べた裁判官達は、同法廷意見の採用する典型的な厳格審査が典型的な厳格審査の従来の意味を歪めており、厳格度が低いことを批判する（本章第 5 節第 1 項）。

(2)　大学の判断への尊重

Grutter 判決 O'Connor 裁判官法廷意見が典型的な厳格審査の厳格度を緩や

---

51)　吉田・前掲注 4) 91 頁。
52)　515 U.S. at 275.
53)　*Id.* at 243 n.1.
54)　*Ibid.*

かに理解した理由の1つは、大学の権限を尊重していることにある[55]。

同法廷意見は次のように示す[56]。修正1条から、大学には憲法上の特別な権限がある。大学の任務には、学問の発展、優秀な人材の社会への供給等がある。それらの任務の達成には、教室での活発な意見交換が必要であり、大学側は任務の達成に貢献する学生を選抜する権利がある。学生構成の多様性の達成がロー・スクールの任務の核心にあり、大学側が誠実に行為したことは、反証がない限り推定される。

どの学生が任務の達成に貢献するのかは裁判所には判断できず、その判断には大学の専門知識が重要である。そのため、同法廷意見はロー・スクールの判断を尊重した。

大学の任務は、学問の発展や優秀な人材の社会への供給だけではない。例えば、大学病院の診療スタッフの多様性の達成を意図するAAはサーヴィスを向上させる場合もあるが、病院のスタッフにより果たされる役割の核心は学術的な役割ではない。そのため、大学の入学者選抜の判断と同程度の尊重を得られない、とされる。また、大学の施設整備などの諸々の契約について、大学が差別の救済を意図して行うAAは、多くの契約が大学の任務にとって特有でないため、大学の判断は尊重されない、とされる[57]。

AAを策定・実施する機関が裁判所から尊重されるべき権限を有しているとしても、その機関が実施するすべての行為が尊重されるわけではない。AAに適用する司法審査基準を判断する際に機関の権限が考慮されるのは、問題とされたAAが機関の任務の核心に関連する場合に限られる。

O'Connor裁判官による典型的な厳格審査の理解は、AAへの典型的な厳格審査の適用を支持する立場だけではなく、緩やかな厳格審査の適用を主張する立場からも批判されている。次節では、各々の立場からの批判を考察する。

---

55) 宮原均は、Grutter判決O'Connor裁判官法廷意見が修正1条の学問の自由を尊重したことは、やむにやまれぬ利益の達成という目的と手段がその目的の達成のために密接に仕立てられている、という典型的な厳格審査の枠組に入りにくい、と指摘する（宮原・前掲注4）113巻1・2号353頁）。そして、宮原は、合衆国最高裁が大学の自治を尊重してきたことを指摘して、大学の自治に関わる問題への審査方法として典型的な厳格審査を用いることには問題がある、と指摘する（同論文、355頁）。

56) 539 U.S. at 329-30.

57) Aneglo N. Ancheta, *Contextual Strict Scrutiny and Race-Conscious Policy Making*, 36 Loy. U. Chi. L. J. 21, 47 (2004).

第5節　O'Connor 裁判官の典型的な厳格審査への批判

第1項　Affirmative Action への典型的な厳格審査の適用を支持する立場からの批判

(1)　Grutter 判決 Rehnquist 首席裁判官反対意見

　Grutter 判決 Rehnquist 首席裁判官反対意見（Scalia, Kennedy, Thomas 裁判官同調）は、次の旨を示す[58]。O'Connor 裁判官法廷意見はロー・スクールの主張する目的によって典型的な厳格審査の厳格度を緩めている。しかし、人種の使用が良い動機づけに基づいてなされたと主張されても、審査の厳格度は緩めることはできない。高等教育機関の入学者選抜の文脈でも、それは同じである。

　次に、同反対意見は、ロー・スクールの多様性の促進に必要だとされるマイノリティ学生の「相当数」(critical mass) と、AA の時間的制約を審査する[59]。そして、同反対意見は「相当数」の曖昧さと時間的制約の不明確さを指摘し、同法廷意見がロー・スクールの判断を過度に尊重している旨を示す。その上で、同反対意見は「本法廷は、我々の典型的な厳格審査の下では、先例にない尊重を示しており、当該ロー・スクールの施策に明白な欠点があるのにもかかわらず、それを支持した」と結論づける[60]。同反対意見にとって、同法廷意見による典型的な厳格審査の理解は、典型的な厳格審査という文言を用いているが、先例にない尊重をしている[61]。

(2)　Grutter 判決 Kennedy 裁判官反対意見

　Grutter 判決 Kennedy 裁判官反対意見は、O'Connor 裁判官法廷意見の典型的な厳格審査の理解は先例を逸脱しているとして、以下のように示す[62]。O'Connor 裁判官法廷意見は Bakke 判決 Powell 裁判官意見の示す2つのルー

---

58)　539 U.S. at 379-80.
59)　Id. at 380-87.
60)　Id. at 387.
61)　Id. at 380.

ルを無視する。第1に、大学の教育的任務を考慮し、経験上の証拠により支持されるときに、学生間での人種的多様性が教育的任務を促進するという大学の考えを認めるというルール。第2に、いずれの種の人種・エスニックに基づく区別も疑わしく、最も厳密な司法審査が要求されるというルールである。法廷意見は第2のルールを無視している。第1のルールに関しても、人種の使用はあらゆる取扱の中で最も問題を引き起こす危険があるため、目的審査で大学の判断への尊重が認められても、手段審査では認められない。

次に、同反対意見は人種的多様性の達成に必要だとされる「相当数」を審査し、以下の旨を示す[63]。典型的な厳格審査を通過するためには、手段が密接に仕立てられていることが要求される。「相当数」は各志願者を個別に審査せず、この要求を満たしていない。同法廷意見は多様性の達成にマイノリティ学生の「相当数」が必要だとするロー・スクールの判断を尊重し、ほとんど上辺だけの審査によってロー・スクールの施策を合憲と判断している。大学の教育目的に関する判断への尊重と目的達成のために如何なる手段を採るのかについての判断への尊重を混同している。法廷意見による手段審査での尊重は、典型的な厳格審査と理論的に相いれない。

第2項　Affirmative Action への典型的な厳格審査の適用を支持しない立場からの批判

(1)　Adarand 判決 Stevens 裁判官反対意見

Adarand 判決 Stevens 裁判官反対意見は、同判決 O'Connor 裁判官法廷意見が典型的な厳格審査の厳格度を緩やかに理解していることを認める（本章第4節第2項(2)）。しかし、Stevens 裁判官は、以下の理由から、典型的な厳格審査が事実上致命的な審査であるとの懸念が払拭されても、AA への典型的な厳格審査の適用を否定する[64]。

「たとえ〔典型的な厳格審査が厳格度の低い合憲性判断基準を用いる〕としても、私は『典型的な厳格審査』（strict scrutiny）とラベルづけされたものを、良性の人種に基づく施策に適用するのは不幸だと考える。このラベルは、裁判所

---

62)　*Id.* at 387-88.
63)　*Id.* at 389-94.
64)　515 U.S. at 243 n.1.

がそれを適用する政府の行為のいずれにも死をもたらす、と常に理解されてきた。今日、本法廷は、『典型的な厳格審査』は良性の人種に基づく分類に適用されたときには、いくらか違うもの——いくらか厳格度の低いもの——を意味すると示した。私は、良性の施策が悪意ある施策と異なって取扱われるに値することに同調するが、『典型的な厳格審査』という致命的な文言が分析を歪め、十分につくられた良性の施策を不要な危険にさらす恐れがある。」

Stevens 裁判官は、「典型的な厳格審査」というラベルづけ自体が AA を不要な危険にさらすことを懸念する。

(2) 学説からの批判

Libby Huskey は、良性の人種の使用は偏見や敵意を反映せず、疑わしい分類ではなく、典型的な厳格審査は必要ないとする 65)。AA と悪意ある差別は区別できるとした上で、Huskey は「尊重を示す審査を『厳格』(strict) と称するのではなく、Grutter 判決で合衆国最高裁は厳格度の低い基準を支持する議論を再検討し、Adarand 判決の先例を覆し、厳格度の低い基準の下で当該ロー・スクールの施策を支持すべきであった」として、緩やかな厳格審査の適用を支持する 66)。Huskey に依れば、緩やかな厳格審査は伝統的にある程度の尊重をもって適用されてきたのであり、合衆国最高裁はその基準の下で入学者選抜の合憲性の判断に関してはロー・スクールを正当に尊重し、典型的な厳格審査を妥協させなかったとされる 67)。

Huskey に依れば、Grutter 判決 O'Connor 裁判官法廷意見は手段審査を緩やかにしており、その点で典型的な厳格審査を妥協させている 68)。Huskey は、手段審査を歪めることは典型的な厳格審査を壊すことになり、「合衆国最高裁が状況に応じて典型的な厳格審査を緩める扉を開いたため、Grutter 判決後、典型的な厳格審査の意味は不明確になった」のである 69)。

以上の主張は、Huskey が、裁判所が被差別者を抑圧から常に保護する厳

---

65) Libby Huskey, *Constitutional Law-Affirmative Action-Strict in Theory, Intermediate in Fact? Grutter v. Bollinger 123 S.Ct. 2325 (2003)*, 4 Wyo. L. Rev 439, 475 (2004).
66) *Id.* at 474-75.
67) *Id.* at 476.
68) *Id.* at 465. もっとも、Grutter 判決 O'Connor 裁判官法廷意見はロー・スクールの主張する目的の誠実性が反証のない限り推定されるとしており (539 U.S. at 329)、目的審査に関しても先例にない緩やかな審査を行っている。
69) Huskey, *supra* note 65, at 471-72.

しい審査をなすものとして典型的な厳格審査を理解しているからであるが、O'Connor 裁判官法廷意見により示された、裁判所がその裁量により典型的な厳格審査を厳格にも緩やかにも適用できるとの考えは、典型的な厳格審査の単一的な理解を壊す[70]。

Huskey は、マイノリティの権利保護のために用いられてきた典型的な厳格審査の意味を不明確にするのは危険だと以下の旨を述べる[71]。典型的な厳格審査の厳格度を弱めることは、典型的な厳格審査がなかった時代に逆戻りする。その時代とは、平等保護条項があるにもかかわらず、合衆国がいくつかの悪意ある差別を支持していた時代である。裁判所が状況に応じて様々な尊重をもって裁量により典型的な厳格審査を適用すれば、そのとき、典型的な厳格審査は悪意ある差別からマイノリティを効果的に保護できなくなる。真に悪意ある施策は緩やかな手段審査を通過するため、合衆国最高裁はそれを無効にできない。

第 6 節　Fisher 判決の典型的な厳格審査

第 1 項　事実の概要

Grutter 判決で O'Connor 裁判官は法廷意見を形成したが、他の裁判官は O'Connor 裁判官による典型的な厳格審査の理解には同調しなかった。Grutter 判決から 10 年後、合衆国最高裁で Fisher 判決[72]が下され、この点が確認された。この事例の事実の概要は以下の通りである。

Texas 大学 Austin 校はアメリカで上位の高等教育機関であり、入学するた

---

[70]　*Id.* at 472.
[71]　*Id.* at 472-73.
[72]　Fisher v. University of Texas at Austin, 133 S. Ct. 2411 (2013). 当該判決については、以下の文献等参照。大沢秀介「高等教育機関におけるアファーマティヴ・アクション」大沢秀介・大林啓吾編『アメリカ憲法判例の物語』（成文堂、2014）3 頁、34-37 頁；拙稿「大学の入学者選抜手続における人種の使用は正しく理解された厳格審査の下で審査されるべきとされた事例」アメリカ法 2014-1・192 頁；吉田・前掲注 4）第 10 章；有澤知子「大学入学とアファーマティブ・アクション── Fisher v. University of Texas at Austin」大阪学院大学法学研究 41 巻 2 号（2015）64 頁。

めの競争は厳しい。上訴人である Fisher は 2008 年にこの大学に志願し、不合格となった。

　1997 年より前の数年間、大学は、志願者を評価する際に、試験の点数と高校での成績を反映した数値（Academic Index（AI））とともに人種を考慮した。1996 年、この入学者選抜は第 5 巡回区合衆国控訴裁判所により違憲だと判断された（Hopwood v. Texas, 78 F. 3d 932 (1996)）。Hopwood 判決の後、大学は入学者選抜での人種考慮をやめ、AI とともに、大学への志願者の貢献の可能性に関する全体的な評価を用いた。この Personal Achievement Index（PAI）は、学生の指導者となる資質と職業経験、賞罰、課外活動、奉仕活動、学生の背景を見抜く他の特別な状況を含む。この他、大学はマイノリティの学生への配分を増やすことを目的とした奨学金に関する施策などを行ったが、入学者選抜での人種考慮をやめる前と比べて、新入生に占めるマイノリティの割合は減少した。

　1997 年、Texas 州議会は、Top10％法を採択した。これは、Texas 州内の高校で上位 10％にある学生全員に対して、すべての州立大学に自動的に入学を許可する。Hopwood 判決の後、新入生に占めるマイノリティの割合は低下したが、これによりこの判決の前の水準を回復した。

　しかし、大学に依れば、学部ごとにマイノリティの学生が占める割合には差があり、少ない学部もある。また、活発な意見交換は少人数講義でなされるが、その多くでマイノリティの学生が不足しており、多様な学生構成から生じる教育的利益を獲得できない。Grutter 判決で合衆国最高裁が入学者選抜でのプラス要素としての人種の考慮を合憲とした後、この問題を解決するために、大学は入学者選抜で人種を明確に考慮するようになった。大学は Texas 州市民に定員の 90％ を割り当てる。2008 年には、定員の 81％ が Top10％ プランにより合格した。各高校の上位 10％ にない志願者は AI と PAI により評価され、人種は PAI の一要素として考慮される。

　Texas 州市民である上訴人は、在籍した高校の成績上位 10％ にはなく、AI と PAI により評価され、不合格となった。上訴人は入学者選抜での人種考慮が平等保護条項に違反すると主張して、Texas 州西地区合衆国地方裁判所に提訴した。当該地方裁判所は、大学に対して正式な事実審理を経ない判決を認め、第 5 巡回区合衆国控訴裁判所はこれを支持した。Grutter 判決は、多様性というやむにやまれぬ利益の定義と具体的な計画が主張した目的の達成に向けて密接に仕立てられているのかについて、大学への尊重を裁判所に要求

した。この基準を適用し、控訴裁判所は大学の人種を考慮する入学者選抜を支持した。

控訴裁判所は全員法廷での再審理を求める申立を退け、上訴人は合衆国最高裁に裁量上訴の申立をなし、受理された。

第 2 項　判　旨

(1) Kennedy 裁判官法廷意見

Kennedy 裁判官法廷意見（Roberts 首席裁判官, Scalia, Thomas, Breyer, Alito, Sotomayor 裁判官同調）は、入学者選抜での人種による優先が良性だと考えられないため、いずれの人種区分も典型的な厳格審査を充足すべき、とした[73]。

同法廷意見は、Bakke 判決 Powell 裁判官意見は学生構成から生じる教育的利益をやむにやまれぬ利益としており、それは教室での議論を活発にし、人種的孤立と固定観念を緩めるとする[74]。そして、大学の学問的な任務は「修正1条の特別な関心事」であり、「誰に入学を許可する」のかを含んでおり、多様な学生構成とは単に人種やエスニックの構成が多様であることではなく、広範囲にわたる特性と資格を含んでおり、人種やエスニックは重要だが1つの要素にすぎない、とする[75]。

同法廷意見は、典型的な厳格審査を通過するためにはクォータ制は使用できず、人種やエスニックが志願を決定づけてはならず、各志願者が個人として評価されなければならない、とする[76]。同法廷意見に依れば、政府による人種区分は本来的に疑わしく、典型的な厳格審査とは厳密な審査であり、いずれの人種区分が正当だと証明する責任は政府にある[77]。

同法廷意見は、多様な学生構成が大学の教育的判断にとって本質的であるとの判断は「我々が尊重する判断の1つ」であり、Texas 州西地区合衆国地方裁判所と第5巡回区合衆国控訴裁判所が、「経験と専門知識に基づく」大学の判断を尊重し、学生構成の多様性が教育目的に資することを認めたのは正しい、とする。

---

73) *Id.* at 2417.
74) *Id.* at 2418.
75) *Ibid.*
76) *Ibid.*
77) *Id.* at 2419.

同法廷意見は、大学は多様な学生構成の達成という目的が典型的な厳格審査に一致することを証明したが、入学者選抜の方法が典型的な厳格審査に適合するのかについては裁判所によるさらなる判断がいる、とする[78]。同法廷意見に依れば、手段について大学の判断は尊重されず、大学は多様性の達成のために採られた手段がこの目的に向けて密接に仕立てられていると証明すべきである。そして、同法廷意見は、裁判所が一定の入学者選抜を否定あるいは認める際に、大学の経験と専門知識を考慮できるのも確かだが、Grutter判決で本法廷が述べたように、入学者選抜で人種やエスニシティが合否を決定づける要素ではなく、個人として評価されることが確実であると証明する義務が大学にあり、そうであるのかを判断する義務が裁判所にある、とする[79]。

同法廷意見は、密接に仕立てられていることは、裁判所による審査が、多様性から生じる教育的利益を達成するための人種の使用が大学に「必要」であることを確実にすることを要求する、とする[80]。そして、「密接に仕立てられていることは、想像しうるすべての人種中立的な代替策を出し尽くすことを要求しない」が、典型的な厳格審査は、裁判所に対して、大学が「使用できる人種中立的な代替策を真剣に誠実に考慮した」とすることを尊重せず、慎重に審査することを要求した、とする[81]。同法廷意見に依れば、裁判所による審査は、使用できる人種中立的な代替策が多様性から生じる教育的利益を作り出さないことを充足すべきであり、そうでない場合には大学は人種を考慮できない[82]。同法廷意見は、典型的な厳格審査は、人種区分に目を向ける前に、利用可能で作用しうる人種中立的な代替策が充分でなかったと最終的に証明する責任を大学に課す、とされる[83]。しかし、同法廷意見に依れば、控訴裁判所はこのような綿密な審査を行わず、大学が入学者選抜で人種を考慮する際に誠実に行動したと推定し、その前提を覆す責任を上訴人に課した[84]。

同法廷意見は、高等教育の力学は、他の文脈で適用できる典型的な厳格審

---

78) Ibid.
79) Id. at 2419-20.
80) Id. at 2420.
81) Ibid.
82) Ibid.
83) Ibid.
84) Id. at 2420-21.

査の密接に仕立てられているかどうかの分析を変えない、とする[85]。そして、典型的な厳格審査は「理論上厳格だが、事実上致命的」ではないが、理論上厳格だが事実上緩やかなものではなく、司法審査が意義のあるものであるためには、大学は、多様な学生構成の達成のために、人種を考慮する入学者選抜が密接に仕立てられていることを証明すべきである、とする[86]。同法廷意見は、控訴判所判決を無効とし、Grutter判決 O'Connor裁判官法廷意見が示した典型的な厳格審査の下ではなく、正しく理解された典型的な厳格審査の下で審理をすべきとして、差し戻した[87]。

(2) Scalia裁判官同意意見

　Scalia裁判官同意意見は、多様な学生構成から生じる利益はやむにやまれぬ利益ではない、とするGrutter判決で自身が表明した見解を支持する[88]。しかし、同同意意見は、本件の上訴人は、多様性から生じる教育上の利益が入学者選抜での人種使用を正当化できるとするGrutter判決の判旨を覆すことを我々に求めていないため、私は法廷意見に全面的に同調する、と示す[89]。

(3) Thomas裁判官同意意見

　Thomas裁判官同意意見は、法廷意見が、第5巡回区合衆国控訴裁判所は、正しく理解された典型的な厳格審査の下で、Texas大学Austin校の入学者選抜における人種使用の合憲性を審査しなかったとすることに同調する、と示す[90]。

　同同意意見は、Grutter判決は典型的な厳格審査の意義に反し、多様な学生構成から生じる教育上の利益が人種差別を正当化できるとするロー・スクールの判断を尊重した、とした[91]。そして同同意意見は、秩序維持や暴力への対処だけが典型的な厳格審査を充足できる「十分に差し迫った公的な必要性」を構成する、とする[92]。同同意意見に依れば、教育上の利益が人種差

---

85) *Id.* at 2421.
86) *Ibid.*
87) *Id.* at 2421-22.
88) *Id.* at 2322.
89) *Ibid.*
90) *Ibid.*
91) *Id.* at 2423-24.

別を正当化するとの議論は 1950 年代に人種差別を支持するために展開され、合衆国最高裁により強く否定されたのであり、多様性から生じると主張された教育上の利益は今日人種差別を正当化できないのである[93]。

(4) Ginsburg 裁判官反対意見

Ginsburg 裁判官反対意見は、Texas 大学は、Bakke 判決 Powell 裁判官意見で挙げられた Harvard プランを模範とした入学者選抜を通じて多様な学生構成の達成に努めており、クォータ制を避けている、とする[94]。

同反対意見は、大学の入学者選抜は数ある要素の中の 1 つとして人種を考慮し、人種中立的であると推定される手法では多様な学生構成の達成から生じる教育的利益の達成に不十分であったとする、合理的で誠実な判断に大学が達しているのかについて定期的な審査がなされ、人種考慮が大学の教育目的達成のために必要かつ適切であり続けることを保証するために、定期的な審査に服されている、とする[95]。そして、Bakke 判決 Powell 裁判官意見と Grutter 判決 O'Connor 裁判官法廷意見は、それ以上の判断を要求しなかった、と判示する[96]。

同反対意見は、法廷意見は「大学の入学者選抜が多様性から生じる教育上の利益を獲得するのに密接に仕立てられていることを証明するのに十分な証拠を示したのかどうかの評価」を要求したが、第 5 巡回区合衆国控訴裁判所は Bakke 判決と Grutter 判決の指針に基づいてこの審査を既に終えており、合衆国控訴裁判所の判決を支持する、とする[97]。

第 3 項　Kennedy 裁判官による典型的な厳格審査の理解

Kennedy 裁判官法廷意見は、目的審査と手段審査で大学の判断を尊重する Grutter 判決 O'Connor 裁判官法廷意見が示した典型的な厳格審査の枠組を否定し、目的審査では大学の判断は尊重されるが、手段審査では大学の判断は

---

92)　*Id.* at 2424.
93)　*Id.* at 2424-25.
94)　*Id.* at 2432-33.
95)　*Id.* at 2434.
96)　*Ibid.*
97)　*Ibid.*

尊重されないとした。

O'Connor 裁判官による典型的な厳格審査の理解は、合衆国最高裁の多数の裁判官の同調を得ていないが（本章第5節）、高等教育機関の入学者選抜での人種使用が問題とされた文脈で、下級審は Grutter 判決 O'Connor 裁判官法廷意見が示す典型的な厳格審査を用いて、各事例で問題となった入学者選抜を合憲としてきたのであり[98]、いくつかの下級審は、O'Connor 裁判官が示すように典型的な厳格審査を理解してきた[99]。

典型的な厳格審査の理解には裁判官ごとに幅があり、Kennedy 裁判官法廷意見による典型的な厳格審査の理解が合衆国最高裁の多数の裁判官の理解を得ているのかは検討の余地がある。しかし、同法廷意見は、Grutter 判決 O'Connor 裁判官法廷意見が示す典型的な厳格審査が合衆国最高裁の立場でないことを明確にした。

Grutter 判決 O'Connor 裁判官法廷意見は大学の学術的な任務と教育の自律性を理由に大学の判断への尊重を認めるが、同判決 Scalia 裁判官反対意見は、尊重は司法審査を放棄することになるとした[100]。尊重を認めない意見の背景には、大学の主張がそのまま裁判所の結論になってしまうとの懸念がある[101]。大学の人種を意識する入学者選抜を形式的に認めるために尊重を用いることは、典型的な厳格審査が要求する詳細な審査に反する[102]。

Kennedy 裁判官法廷意見は、大学の学術的な任務と教育の自律性の重要性を認め[103]、大学の判断への尊重を認める。Grutter 判決 O'Connor 裁判官法廷意見は、反証がなければ大学の入学者選抜の担当者が誠実に行為したと推定できるとしたが[104]、Kennedy 裁判官法廷意見は、人種区分が本来的に疑

---

98) Smith v. University of Washington, 392 F.3d 367, 392 (9th Cir. 2004); Fisher v. University of Texas at Austin, 631 F.3d 213, 231 (5th Cir. 2011).

99) *The Supreme Court Term 212, Leading Case: I. Constitutional Law: F. Fourteenth Amendment - Equal Protection Clause - Public-University Affirmative Action* - Fisher v. University of Texas at Austin, 127 HARV. L. REV. 258, 263-64 (2013).

100) 539 U.S. at 348-49.

101) Ozan O. Varol, *Strict in Theory, But Accommodating in Fact?*, 75 MO. L. REV. 1243, 1263 (2010).

102) Eboni S. Nelson, *In Deference of Deference: The Case for Respecting Educational Autonomy and Expert Judgments in Fisher v. Texas*, 47 U. RICH. L. REV. 1133, 1153-54 (2013).

103) もっとも、大学の学術的任務や教育的自律性が尊重の理由づけとして適切であるのかには議論がある（Patrick M. Garry, *How Strictly Scrutinized?: Examining the Educational Benefits the Court Relied Upon in Grutter*, 35 PEPP. L. REV. 649, 654 n.22 (2008)）。

わしく、それが正当だと証明する責任は政府にあると明示した。Kennedy 裁判官法廷意見は大学の判断への尊重を認めたが、それは目的審査についてのみである。もっとも尊重を認めるといっても、Kennedy 裁判官は「入学者選抜の担当者の理由づけを盲目的に認めたり、それに単純に依拠すべきでない」との認識に基づき [105]、Grutter 判決では、経験上の証拠に基づいて目的が正当か否かを審査している [106]。

　Kennedy 裁判官法廷意見は、手段審査には大学の判断への尊重は認められないとする。そして、大学が「使用できる人種中立的な代替策を真剣に誠実に考慮した」のかを慎重に審査し、それらの代替策が多様性から生じる教育的利益をつくりださないことを大学が証明しないと、大学は人種を考慮できないとした。Grutter 判決 O'Connor 裁判官法廷意見は、大学が使用できる人種中立的な代替策を真剣に考慮したと推定しており [107]、詳細な審査をしていないとも評される [108]。Kennedy 裁判官法廷意見は「密接に仕立てられていることは、想像しうるすべての人種中立的な代替策を出し尽くすことを要求しない」とするが、詳細な手段審査を要求することは「有用な人種中立的な代替策」の展開を加速させ、結果として、人種中立的な代替策を使い尽くすことを意味する障害を提起することになる、とも指摘される [109]。

　Grutter 判決 O'Connor 裁判官法廷意見は、典型的な厳格審査は文脈に敏感であり、人種により影響を受けたすべての判断が疑わしいわけではないとした [110]。Kennedy 裁判官法廷意見は、人種区分は本来的に疑わしく、高等教育の力学は典型的な厳格審査の密接に仕立てられているかどうかの分析を変えないとして O'Connor 裁判官の見解を否定した。ただし、Kennedy 裁判官法廷意見は目的審査には大学の判断への尊重を認めており、目的審査については文脈を意識している。

　Kennedy 裁判官法廷意見は、多様性から生じる教育的利益がやむにやまれ

---

104)　539 U.S. at 335.
105)　Nelson, *supra* note 102, at 1157.
106)　539 U.S. at 388.
107)　*Id*. at 343.
108)　Garry, *supra* note 103, at 649-50.　もっとも、本件において第 5 巡回区合衆国控訴裁判所は Grutter 判決 O'Connor 裁判官法廷意見が示す典型的な厳格審査を適用したが、手段審査を詳細に行ったとの分析もなされている（Nelson, *supra* note 102, at 1148）。
109)　*Supra* note 99, at 265.
110)　539 U.S. at 326-27.

ぬ利益であり、目的審査には大学の判断が尊重されるという点については Grutter 判決 O'Connor 裁判官法廷意見を踏襲し、手段審査をより厳格にする型の典型的な厳格審査を示した。手段審査の部分の厳格な理解によって、今後、大学の入学者選抜での人種考慮は難しくなるとの考えも示されている[111]。ただ、Kennedy 裁判官法廷意見は、人種やエスニックが志願を決定づけるものであってはならず、各志願者が個人として評価されるべき、といった AA が合憲となるための指針を示しており、これに合致する AA は合憲と判断される[112]。

第 4 項　手段審査の厳格化

(1) 問題点

Kennedy 裁判官は、O'Connor 裁判官による典型的な厳格審査の理解を否定し、手段審査での大学の判断への尊重を否定した。これは、手段審査に如何なる影響をもたらすのか。Fisher 事件では、2 審判決で Higginbotham 裁判官が法廷意見を執筆し、O'Connor 裁判官の典型的な厳格審査の理解に従って合憲判決を下す。差戻審でも、Higginbotham 裁判官が法廷意見を執筆し、Kennedy 裁判官の典型的な厳格審査の理解に従いながらも合憲判決を下している[113]。2 審判決と差戻審の法廷意見を比較することで、Kennedy 裁判官と O'Connor 裁判官の理解する典型的な厳格審査の間に、手段審査に関して如何なる違いがあるのか、その一端を知ることができる。

(2) 2 審法廷意見

Higginbotham 裁判官法廷意見は、クォータ制は禁止され、入学者選抜の際に人種は 1 つの要素として考慮でき、志願者が個別に評価されるとき、入学選抜手続は密接に仕立てられているとする[114]。同法廷意見は、人種の使用

---

111) *Supra* note 99, at 258.
112) 大沢・前掲注 72) 45 頁。この指針は、Grutter 判決 O'Connor 裁判官法廷意見でも示されている。同判決 Kennedy 裁判官反対意見は、入学者選抜の担当者が選抜の実施期間中に新入生の人種構成を考慮しており、個別の考慮が行われていないとして、問題とされた入学者選抜を違憲とした（539 U.S. at 392）。Fisher 判決で問題とされた入学者選抜は、これを念頭に選抜期間中に新入生の人種構成を考慮していない。
113) Fisher v. University of Texas at Austin, 758 F.3d 633 (5th Cir. 2014).

の終期について、サンセット条項や人種の使用が必要かどうかについての定期的な審査を大学が行うことで充足されるとする[115]。

　同法廷意見は、マイノリティであるかどうかに関係なく考慮され、あくまでも PAI の一部にすぎず、全体的な審査では高い AI がなければ合格できないとする[116]。

　同法廷意見は、合衆国憲法上、修正1条により大学の教育に関する判断には特別な関心が向けられているとし、厳格審査の下では、目的審査と手段審査に際して、大学の教育に関する判断が尊重されるとする。そして、大学が誠実に考慮していると想定し、上訴人は自由に反論できると示す[117]。

　上訴人は大学に対して3つの主張をする[118]。(1)教育的利益を獲得するための多様性を超えて、Texas 州全体の人種構成を反映する学生組織を求めており、人種的な均衡を達成するための違憲な試みをしている。(2)利用可能な人種中立的な代替策を十分に考慮していない。(3) Top10％プランによりマイノリティの入学者は既に相当数に達しており、人種の使用は必要ない。

　同法廷意見は、第1の主張に、以下のように答える[119]。人種的均衡をとることは明らかに違憲である。相当数に達したのかを評価する際に、大学はマイノリティの学生数を見ているが、Texas 州の人種構成を直接的に反映させようとはしておらず、人数にいくらかの注意を向けることはクォータ制にはならない。大学は、入学者選抜の期間中に新入生の人種構成を継続して計算しておらず、Grutter 判決で認められた施策を改善している。大学は、マイノリティが一定数在籍することで、マイノリティに成功者がいることをメッセージとして伝える。将来的には、人種間での学力差は狭まり、過小代表のグループの者が指導者となるための道ができる。大学が人種構成を目標とするのは避けるべきだが、顕著な人種の不均衡に目をつぶる必要はない。

　同法廷意見は、第2の主張に以下のように答える[120]。Top10％プランは、マイノリティが不均衡な割合で難易度が低い学部に入学し、また学力の高い

---

114)　631 F.3d 213, 220-21 (5th Cir. 2011).
115)　*Id.* at 221-22.
116)　*Id.* at 226-30.
117)　*Id.* at 231-32.
118)　*Id.* at 234.
119)　*Id.* at 234-38.
120)　*Id.* at 238-42.

高校に在籍するマイノリティが合格できないといった弊害をもたらす。人種の使用を含む全体的な審査は、学力上位校のマイノリティを難易度の高い学部に入学させることで、この影響を和らげることができる。

同法廷意見は、第3の主張に以下のように答える[121]。マイノリティが学生に占める割合は、Michigan 大学ロー・スクールを超えている。しかし、相当数は学校、学部ごとに異なる。州の指導者の排出を目的とする大学と国の指導者の排出を目的とする大学では、必要とする相当数は異なる。Grutter 判決で認められた相当数の数値は、指針として役に立たない。

同法廷意見は以下のように結論づける[122]。大学は、入学者選抜の期間中に、マイノリティが新入生に占める割合を計算しておらず、問題とされた入学者選抜手続はいくつかの点で Grutter 判決よりも優れている。大学は、真剣で誠実な考慮を十分にしている。

(3) 差戻審法廷意見

Higginbotham 裁判官法廷意見は、合衆国最高裁が、厳格審査の下では、大学の判断への尊重は目的審査では認められるが、手段審査では認められないとし、2審の手段審査を批判したとする。そして、多様な学生構成から生じる利益はやむにやまれぬ利益であり、多様性は人種構成の比率では決まらず、クォータ制には陥らないとする。

同法廷意見は、裁判所は合憲性審査に際して目的審査では大学の経験と専門性を考慮できるが、手段審査ではできないとする。そして、各志願者が個別に評価されていることを証明する責任が大学にはあり、裁判所はそれが証明されているのかを判断しなければならないとする。その証明には、多様性を達成するために有用な人種中立的な施策がなく、人種の使用が必要であることが明らかにされなければならないとする。

同法廷意見は、大学が、マイノリティが高校卒業者に占める割合の多い地域を含めて、入学者の少ない地域でそれを増やす取組を行っていることを以下のように示す。経済状況の悪い家庭の出身者が多数を占める高校の卒業者には、奨学金を与える。入学者の少ない地域に入試センターを設立し、地区の高校での説明会や個別の面談をしている。財務担当者による高校訪問グ

---

[121] *Id.* at 242-46.
[122] *Id.* at 246-47.

ループを結成し、経済状況の悪い家庭の学生に対して、奨学金があることから、家庭の経済状態が大学在籍の障害にならないことを説明している。

　同法廷意見は、密接に仕立てられていることは、多様性の達成のために有用な人種中立的な代替策をすべて使い尽くすことを要求せずに、それの真剣で誠実な考慮を要求すると示し、以上の記録は、人種を使用する前に、大学が人種中立的な代替策を使い尽くしていることを証明している、とする。

　同法廷意見は、Top10％プランを以下のように評価する。Top10％プランによる入学者には、学力の低い高校の出身者が含まれる。彼らが劣悪な教育環境にありながらも、良い成績を修めたことは評価できる。Top10％プランは高校での成績という側面でしか志願者を審査しないため、在籍高校の成績上位10％にはないが、大学の教育を豊かにする学生が除かれ、人種を問わず才能のある学生を見逃してしまう。人種を一要素として考慮する全体的な審査は、Top10％プランでは見逃してしまう多様性を確保するために、それを補完する形で行われる。

　同法廷意見は、人種の使用の必要性について以下のことを述べる。人種は未だに社会の様々な場面で重要な要素であり、マイノリティであることは個人の意見形成に影響を及ぼす。また、マイノリティが多数を占める高校に白人が在籍することは、白人が多数を占める学校にマイノリティが在籍することと同じように、考慮の対象となる。

(4)　手段審査における大学の判断への尊重の有無がもたらす違い

　手段審査での大学の判断への尊重の有無は、具体的に如何なる違いを生じさせるのか。差戻審の法廷意見は、O'Connor 裁判官による厳格審査の理解ではなく、Kennedy 裁判官の厳格審査の理解に従う。そして、2審判決とは異なり、大学が誠実に行為したとは推定せずに、人種の使用が目的達成のために必要であることを証明する責任が大学にあるとする。法廷意見は、大学がそれを証明したのかを明らかにするために、目的達成のために有用な人種中立的な代替策を大学が行ってきたことを示している。これは、2審判決では行われていない。

　差戻審の法廷意見では触れられていないが、差戻審の反対意見は人種の使用の終了時期に関する問題に言及し、大学自身による定期的な審査ではこの問題を解決できないとする[123]。Grutter 判決 O'Connor 裁判官は大学自身による定期的な審査によって人種の使用が必要であるか否かを判断できるとの

立場を示し、2審判決はこの立場を認めていた。しかし、差戻審で法廷意見はこの立場を認める記述をしていない。

差戻審では詳細な審査がなされながらも合憲の判断が下された。Kennedy 裁判官の示す厳格審査によって O'Connor 裁判官の示す厳格審査よりも手段審査は厳格化されたが、合憲となる指針に沿って人種を使用すれば、すべての AA が許されないわけではない。

第7節　疑わしい分類とは何か

第1項　非転換性

AA への典型的な厳格審査の適用が支持されたのは、人種区分が「疑わしい分類」だと理解されたからである。疑わしい分類とは具体的にどのような内実を有しているのか。

人種の使用が不公正だと考えられる理由は、人種が免れることができない不変の特性であることから説明されてきた[124]。不変の特性に基づく判断は、そこから免れることができないため、特に不満を募らせる[125]。誰が地位を得るのかを選抜する際には、個人の統制の及ぶ要素に基づくことが理想である[126]。統制できない要素に基づくことは、特別な保護がなければ、マイノリティは成功できないという考えを生むことになる[127]。

近代の平等観が本人の力ではどうにもできない生まれによる差別を禁止してきたことを考えれば、非転換性は疑わしい分類を考える上で重要である。しかし、不変的な要素を考慮することは常に不公正ではない。例えば、大学の入学者選抜の際に、志願者がその大学の同窓生の子であることが考慮され

---

123) 差戻審の反対意見は目的審査と手段審査の両方で大学の判断への尊重は認められないとしており、Kennedy 裁判官よりも典型的な厳格審査を厳格に理解している。
124) Bakke, 438 U.S. 265, 355; Fullilove, 448 U.S. at 496.
125) Paul Brest, *The Supreme Court 1975 Term, Foreward: in Defense of the Antidiscrimination Principle*, 90 Harv. L. Rev. 1, 10 (1976).
126) Bakke, 438 U.S. at 360-61.
127) *Id.* at 298.

ることがあり、本人の努力により同窓生の子にはなれない。しかし、これは疑わしい分類だと考えられていない。非転換性だけでは、人種が疑わしい分類であることを十分に説明できない128)。

第2項　差別の歴史

それを説明するためには人種固有の特徴を示す必要があり、それは悲惨な差別の歴史とそれに起因する根強いスティグマのもたらす影響だと説明される129)。選抜の際に考慮されることでスティグマを生じさせる不変的な特性は、人種だけではない。例えば、性別もそれに該当すると考えられるが、疑わしい分類として理解されてこなかった。その1つの理由は、人種と違って、長く悲惨な差別の歴史がないことだと説明される130)。もっとも、人種と比較して性差別の歴史が悲惨ではなかったのかは議論がある。人種と同じように長く悲惨な歴史があるとして、性別を疑わしい分類だとする考えもある131)。だが、ここで重要なのは、性別が疑わしい分類であるかどうかではなく、疑わしい分類か否かを判断する際に、差別の歴史が考慮されていることである。Adarand 判決で AA への典型的な厳格審査の適用が法廷意見により確立し、同判決で人種が本来的に疑わしいとする部分は、Fullilove 判決 Stewart 裁判官反対意見（Rehnquist 裁判官同調）を参照する132)。そして、その参照された部分は、人種の使用が本来的に疑わしいとする際に、人種差別が問題とされた判決を数多く参照する133)。そこで参照されている判決は、人種の使用がスティグマを発生させることを理由に、違憲判断を下していった。人種の使用はマイノリティを差別するために用いられてきた歴史があるために、スティグマを生じさせる危険が非常に高いと考えられている。

---

128) *See* Cass R. Sunstein, *The Anticaste Principle*, 92 MICH. L. REV. 2410, 2443 (1994); Laurence H.Tribe, American Constitutional Law, Foundation Press 1524 (1988); J.M. Balkin, *The Constitution States*, 106 YALE. L. J 2313, 2366 (1997).
129) スティグマのもたらす害悪については、第1章第4節参照。
130) Bakke, 438 U.S. at 302-03.
131) 君塚正臣『性差別司法審査基準論』（信山社、1996）72-75 頁参照。
132) 515 U.S. at 223.
133) 448 U.S. at 524-25.

第 8 節　Affirmative Action と差別的な施策の区別

第 1 項　判　例

(1) 懐疑主義への依拠

　AA への典型的な厳格審査の適用を支持する裁判官は、人種の使用が差別的に用いられてきた歴史から、AA がマイノリティに利益を与えるとしても、実際には差別的に用いられるのではないかという懸念を常に抱いている。その懸念から、典型的な厳格審査を適用しなければ、人種の使用が良性か悪意ある差別であるのかを判断できないとしている[134]。

　「懐疑主義」は、AA に緩やかな厳格審査が適用されるべきと主張する裁判官によっても採られている。これらの裁判官は、緩やかな厳格審査の適用を主張する裁判官が緩やかな厳格審査の下で AA と悪意ある差別を判断できると考えている。

　例えば、Bakke 判決 Brennan 裁判官意見は、人種に基づく分類が差別的に用いられてきたことを認めて AA と差別の区別が難しいとしながらも、典型的な厳格審査を適用しなくとも両者を区別できるとする[135]。

　Stevens 裁判官も同じ見解を採る。Fullilove 判決 Stevens 裁判官反対意見は、AA がスティグマを生じさせる危険を認識する[136]。Adarand 判決 Stevens 裁判官反対意見（Ginsburg 裁判官同調）は、「裁判所が、人種に依拠する政府の判断を懸念すべきことに疑いはない」と示し、「懐疑主義」に依拠する[137]。しかし、同反対意見は良性の目的を持つ施策と悪意ある差別とを同一視できず、悪意ある政府の行為者がマイノリティへの AA を装って、マジョリティの支配を強化するのは難しいと想定しており、典型的な厳格審査の下でなくとも良性の施策と悪意ある施策とを区別できるとしている[138]。

---

134)　Croson, 488 U.S. at 493 (O'Connor J., majority).
135)　438 U.S. at 360.
136)　448 U.S. at 493.
137)　515 U.S. at 242.
138)　*Id.* at 243-49.

(2) Affirmative Action は疑わしい分類を用いているのか

　合衆国最高裁では、全員の裁判官が懐疑主義に依拠する。典型的な厳格審査の適用を主張する裁判官と緩やかな厳格審査の適用を主張する裁判官の意見が異なるのは、AA が「疑わしい分類」を用いているかどうかについてである。言い換えるならば、前者は、AA が差別的な施策と同じくらいスティグマを生じさせる危険が高い、と判断している。後者は、AA がスティグマを生じさせることは認めるが、差別的な施策よりもスティグマを生じさせる危険が低いと判断している[139]。「スティグマを押し付ける危険の大きさに応じて、司法審査基準のレベルが高くなってゆく」[140] とも分析されている。AA は、差別的な施策と比べてスティグマを生じさせる危険が高いのか。この問題は、AA に伴う負担を負う者と AA の対象者の観点から考察する必要がある。

　負担者は、AA によって自身が地位を獲得できなかったことから、地位を獲得できなかった原因である自身の人種が劣等であると考えない。AA は意思決定の場でマジョリティである側に、負担を負わせることが多い。マジョリティは自身のグループを劣等だと考えて負担を負わせない。

　合衆国最高裁の判例にも、AA が負担者にスティグマを生じさせるとする見解は見られない。他方、AA はその対象者にスティグマを生じさせる危険があるとする見解が見られる[141]。

　AA の対象者の中で地位を獲得した者には、AA がなければ地位を獲得できなかった者と、AA がなくとも通常の選抜で地位を獲得した者がいる。前者については、例えばロー・スクールの入学者選抜で、学力が通常の入学者選抜で要求される水準よりも低い場合、人種が地位の獲得に影響しているため、自身の属する人種を劣等だと考える可能性がある。故に、前者は心理的な面で差別の影響を受ける可能性がある。さらに、AA がなければ地位を獲得できなかった者が地位を獲得しているという事実は、非対象者が対象者全員を劣等だとみなし、その想定に基づいて行動するため、前者は有形的な面でも差別の影響を受ける。

　後者は、自身の獲得した地位が AA によるものでないため、自身が劣等だ

---

139)　See Adarand, 515 U.S. at 247 n.5.
140)　安西文雄「平等」樋口陽一編『講座・憲法学3　権利の保障(1)』(日本評論社、1994) 75頁、87頁。
141)　Adarand, 515 U.S. at 241 (Thomas J., concurring).

と考えず、心理的な面でスティグマによる害悪から免れることができる。しかし、有形的害悪から免れられない。というのも、他者は、対象者の中で地位を獲得した者が、AA がなければ地位を獲得できたのかできなかったのかを区別できないからである[142]。そのため、タイ・ブレーカーといった手段を採る場合を除いては、AA の対象者全員が劣等だとみなされ、他者はそれに基づいて行動するため、有形的な面での差別的な影響は、対象者全員に及ぶ。

(3) Affirmative Action と差別的な施策の違い

AA への典型的な厳格審査の適用を支持する裁判官は AA が偏見や固定観念を生じさせることをもって AA と差別的な施策を同じ審査基準に服させる。他方、Stevens 裁判官は、AA がスティグマによる害悪を生じさせることを認めながらも、AA への典型的な厳格審査の適用を否定する[143]。それは如何なる理由からなのか。

Adarand 判決 Stevens 裁判官反対意見は、マイノリティを排除する差別的な施策は敵意や偏見に基づき、政策決定過程での是正は期待できないが、AA はそうではないとする。AA が良性を装った差別だと考えるならば、政策決定者は対象者に敵意や偏見を抱いているため、AA がその対象者に差別的な影響を被らせるとしても、政策決定過程での是正は期待できない。しかし、Stevens 裁判官は、政策決定者は、人種中立的な施策がマイノリティを排除する場合、政策決定者はそれが意図しない結果であると主張し、悪意や偏見を容易に隠すことができるが、AA が良性を装った差別だとしても、それによりマジョリティの支配を維持するのは難しいとする[144]。この前提に立てば、政策決定者が差別をする意図がある場合、批判の多い AA を採用せず、中立的な施策を採用する。そして、AA がその対象者に悪影響をもたらす場合には、政策決定者は AA を採択せず、既に実施されている場合には放置せず、AA の対象者への悪影響の問題は政策決定過程での是正を期待できる。

さらに、Adarand 判決で Stevens 裁判官は、AA に典型的な厳格審査を適用しない理由について、「確実に、私が以前に論じたように、前者〔差別的な施

---

142) Grutter, 539 U.S. at 373 (Thomas jointed by Scalia J., dissenting).
143) Fullilove, 448 U.S. at 545 (Stevens J., dissenting); Adarand, 515 U.S. at 247 n.5 (Stevens jointed by Ginsburg J., dissenting).
144) Id. at 246.

策〕は実際上常に自由かつ民主的な社会の原則に反するが、後者〔AA〕はある状況では、平等の考えに完全に一致する」ことに求める[145]。ここで「私が以前に論じたように」というのは、Wygant 判決である。Wygant 判決 Stevens 裁判官反対意見 (Ginsburg 裁判官同調) は、マイノリティを包含する判断は「〔肌の色によって、人々の間には大きな違いがあるという〕幻想をなくす方向」にあるが、マイノリティを排除する判断はその幻想を助長するだけだとする[146]。

第2項 学 説

(1) Paul Brest

AA と差別的な施策が区別できるのかについて、学説の見解を見る。ここでは、反差別原理の代表的論者である Paul Brest と反従属原理の代表的論者である Karst と Colker の見解を順に考察する[147]。彼らは、AA に如何なる司法審査基準が適用されるべきかを特に論じている

Brest は、反差別原理を「影響を受ける者の人種（またはエスニック的出自）に依拠する分類、決定、慣行などに反対する一般原則」だと定義する[148]。反差別原理は、基本的には、人種の使用自体を禁止するものだと理解される[149]。しかし、Brest は、反差別原理はスティグマを禁止すると理解し、偏見ではなく客観的な統計に基づく人種の使用は憲法上許されるとする[150]。Brest に依れば、スティグマは、人種の使用から生じる有形的害悪が相当程度蓄積することで生じる[151]。つまり、ある人種グループに不利益を課す施策が偏見や敵意に基づいていなくても、その施策がもたらす不利益により対象となったグループのある分野に占める割合が著しく少なくなったとき、対象となったグループが劣等であり、その分野には不向きであるといった偏見

---

145) *Id.* at 247-48.
146) 476 U.S. at 316.
147) 反差別原理と反従属原理について詳しくは、第1章第3節参照。
148) Brest, *supra* note 125, at 1.
149) *See* Owen M. Fiss, *Group and the Equal Protection*, 5 PHIL. & PUB. AFF. 107, 129-30 (1976); Ruth Colker, *Anti-Subordination Above All: Sex, Race, and Equal Protection*, 61 N.Y.U. REV. 1003, 1006 (1986).
150) Brest, *supra* note 125, at 7-8.
151) *Id.* at 8-12.

が生じる。

　Brest は、典型的な厳格審査とは、例外的な場合にだけ人種の使用を認め、人種の使用から生じるスティグマと害悪の累積から人々を保護するものだとする[152]。Brest の立場では、AA に典型的な厳格審査を適用するかどうかの判断は、問題となった人種に基づく判断がスティグマに基づくのかどうか、それにより生じる有形的害悪がスティグマを発生させる程度にまで達しているのかに依る。

　Brest は、AA に伴う負担を負う白人の視点から、AA が白人を劣等視していないとする[153]。Brest は、AA が有形的害悪を蓄積させ、スティグマを生じさせる危険があることを認識するが、AA がマイノリティに不利益を及ぼす施策と同じくらいに有形的害悪の累積や不満を生じさせるとは思えない旨を述べ、AA により生じる有形的害悪が白人に劣等性の烙印を押すほどではないとする[154]。

　Brest は、AA がその対象とならなかったマイノリティに及ぼす害悪について次の旨を述べる[155]。マイノリティの中でどのグループを対象者とするのかの政策判断者による選択は、人種を理由にえり好みをし、対象外とされたマイノリティの望む利益を無視したのではない。マジョリティである政策決定者が他のマイノリティと比べて、利益を付与されなかったマイノリティに同情していないことが証明されていない。そうした状況の下での非包含はスティグマによるものではない。

　次に、Brest は、対象者の観点から、AA がスティグマを生じさせるのかを論じる。Brest は、AA は、マイノリティが劣等であり、特別な保護を必要とすると想定している可能性はほとんどないとする[156]。だが、Brest は、マイノリティ学生全員が優先により入学し卒業すると白人が考えることで、AA が白人の人種差別の潜在意識を誘因または助長する可能性が少なからずあることを認識し、「反差別原理が違法な動機と同様に侵害をもたらす結果に関心があるならば、その危険を無視できない」とするが、その危険がわずかであることから、AA には典型的な厳格審査は適用されないとする[157]。

---

152)　*Id.* at 15.
153)　*Id.* at 16-17.
154)　*Ibid.*
155)　*Id.* at 17-18.
156)　*Id.* at 18.

Brest は AA への典型的な厳格審査の適用を否定するが、基本的には「他の手段が同じ目的を達成できる場合には、AA は支持されるべきでなく、避けられるべき」との立場に立つ [158]。故に、「政策決定者に対しては、利益が害悪を上回ること、利益が人種に基づく手段以外の手段では得られないこと、施策が有害な結果を生じさせる可能性を最小限にするように描かれていることを証明させるべき」として、AA の合憲性審査に厳しい態度で臨むとしている [159]。

(2) Kenneth L. Karst

Karst は、修正 14 条を解釈するための媒介原理として、平等な Citizenship の原理を主張する。この原理は、人々を社会の十全たるメンバーとして尊重し、劣等視し、従属的立場に置かないことに本質がある [160]。

各人を従属的地位に貶める行為を特に生じさせやすいのは、疑わしい分類を用いる判断である。Karst は、犠牲者にスティグマを生じさせているのかを考えることで、立法区分が疑わしいのかについて判断されるとする [161]。そして、「例えば、不変的であり、非常に可視的である特性に基づく分類は、しばしば、そのように分類された者への劣等性を含みながら、個人を（人種や性別を）一般化したカテゴリーに委ねる、固定観念に支配された思考体系に陥る」とする [162]。人種区分がスティグマを生じさせる危険を認識した上で、Karst は、初等教育機関の人種別学制などはまさにスティグマを生じさせる例だとする [163]。

次に、Karst は、立法が「切り離され、孤立した」マイノリティに不利益を及ぼしているのかによって、立法分類の疑わしさが判断されるとする [164]。Karst は、政治の場で影響力を持たず、立法者がその望みを無視するグループに対して、立法の負担の大部分が課されるとき、厳格度の高い司法審査を

---

157) *Id.* at 18-19.
158) *Ibid.*
159) *Ibid* (citation ommitted).
160) Kenneth L. Karst, *Forward: Equal Citizenship Under the Fourteenth Amendment*, 91 HARV. L. REV. 1, 3 (1977).
161) *Id.* at 23.
162) *Ibid.*
163) *Id.* at 23-24.
164) *Id.* at 24.

適用することが望ましい、とする165)。

　では、AAは人々を従属的地位に貶める危険が高いのか。Karstは、AAに伴う負担を負う者の観点と対象者の観点からこの点を論じている。

　前者の観点から、Karstは以下のように論じる。AAと差別的な施策の違いは、差別的な施策はそれにより排除された者に劣等性の烙印を押すがAAはそれを押さないことにある166)。AAに伴う負担を負う者は差別を強化する様々な要素に直面しておらず、AAによりスティグマを課されない167)。

　後者の観点から、Karstは以下のように論じる。AAがその対象者に劣等性の烙印を押すことになるとの見解には根拠がない168)。相当数の黒人が成功していない場合には、白人の中間層はグループとしての黒人は劣等であり、野心がない、と考える169)。人種中立的な基準に全面的に基づくと、マイノリティの成功者はほとんどいなくなり、スティグマが生じる。他方、AAにより一定数のマイノリティが成功を収めるため、AAはその対象者へのスティグマの発生を防ぐ170)。

　以上のように、Karstは、AA負担者と対象者に対して、AAはスティグマによる害悪を生じさせず、その発生を防ぐと考えている。故に、AAは疑わしい分類を用いておらず、AAには典型的な厳格審査は適用されないとする。

(3) Ruth Colker

　Colkerは、平等保護の理解には、反別異と反従属の2つの視点があるとする171)。反別異の視点とは、人種に基づく異なる取扱をすべて禁止するという意味でカラー・ブラインドの理論を理解し、AAがこの原則を侵害すると批判する。反従属の視点とは、あるグループを従属的立場に貶めることを禁止するものとして平等保護条項を理解する。AAは人種を使用するが、この視点の下では、AAがマイノリティの従属を減じるときには、平等保護条項はAAを許容し、さらには要請する。

---

165) *Id.* at 24-25.
166) Kenneth L. Karst, Belonging to America, Yale University Press 158-59 (1989).
167) Karst, *supra* note 160, at 53.
168) *Id.* at 53 n.290.　その理由については、何ら述べられていない。
169) Karst, *supra* note 166, at 149.
170) Karst, *supra* note 160, at 53 n.290.
171) Colker, *supra* note 149, at 1003.　Colkerの見解については、第1章第3節第2項(6)参照。

Colkerは、平等保護は反従属の視点で理解されるべきと主張する[172]。Colkerはどの審査基準がAAに適用するのに適切であるのかを明確にせず、反従属の原理からAAの適法性が判断されるべきという見解を示すにとどまる。しかし、Bakke判決を具体例として挙げ、この判決で示された典型的な厳格審査と緩やかな厳格審査は、それぞれ反別異と反従属の視点に立つとする。

　Bakke判決では、Powell裁判官意見がAAに典型的な厳格審査を適用し、Brennan裁判官意見がAAに緩やかな厳格審査を適用した。Colkerは、Powell裁判官の示す典型的な厳格審査が反別異の視点に立つ証拠として、以下を挙げる[173]。第1に、Powell裁判官が「平等保護の保障はある者に適用するときにはある事柄を、他の肌の色の者に適用するときには他の事柄を意味しえない」[174]と述べていること。第2に、Powell裁判官が、切り離され孤立したマイノリティという特性は「人種あるいはエスニックに基づく区別を厳格審査に従わせるのに必要なものとして、我々の判断に含まれていない」[175]と述べて、典型的な厳格審査の下で保護されるべきなのは誰かを判断する際に、それらの特性に焦点を当てるCarolene Products判決の脚注の使用を拒否したこと。第3に、個人に基づくアプローチの下で、彼が白人に対する差別と黒人に対する差別とを同じ程度に深刻なものとして取扱っていること。

　他方、Colkerは、Brennan裁判官が一貫して反従属のアプローチを採っていると評し、Brennan裁判官がAAへの緩やかな厳格審査の適用を主張している、とする[176]。

　以上のように、Colkerに依れば、Bakke判決では、典型的な厳格審査は反別異の視点に基づき、緩やかな厳格審査は反従属の視点に基づく。故に、当該判決では、ColkerはAAへの緩やかな厳格審査の適用を支持することになる。Colkerの見解では、反従属の視点に基づいていれば、典型的な厳格審査であってもAAへの適用を支持することになる。しかし、そのような典型的な厳格審査があるのかは疑わしい。もっとも、Adarand判決とGrutter判決

---

172)　Id. at 1007.
173)　Id. at 1038 n.139
174)　438 U.S. at 289-90.
175)　Id. at 290.
176)　Id. at 1037.

で O'Connor 裁判官が示した典型的な厳格審査は厳格度が低く（本章第4節）、反従属の視点に基づいてるのかもしれない。しかし、この理解は合衆国最高裁の多数の裁判官により採られていないことが明確にされた（本章第6節第3項）。

(4) 補 足

以上で取り上げた学説は、AA には差別的な施策とは異なる審査基準を適用すべきと主張する。AA がスティグマを生じさせる危険がどの程度なのかについて、学説は、AA はそれに伴う負担を負う者に対してはスティグマを生じさせないとする。AA がその対象者にスティグマを生じさせるのかついては、AA はその対象者にスティグマを生じさせない、あるいは生じさせるとしてもわずかだとする。

この点につき、安西が詳細な検討をしている[177]。AA がその対象者にスティグマをもたらすとの見解は資質の形成される背景をあまり考慮せず、現在の資質に焦点を当てているとする。安西は、この問題は現在の資質だけでなく、資質形成の背景にも注意を向けて考察すべきだとする。安西は、「多くの白人は資質の形成過程においてそれほど不利益を被ってこなかった」のであり、「彼らが資質の形成過程に寄せる関心は、実体験にもとづいたものではない」とする。そして、「このような前提に立つ限り、資質の劣る黒人を優先的に採用する場合、黒人は本来的に劣等であるから特別の援助を与えなければ白人と対等に伍してゆくことができないという、白人側のステレオタイプと結んで理解される可能性が高い」とする。しかし、安西は「過去の差別の蓄積により、資質が形成される背景・環境が黒人に不利になっていることは否定しがたい」として、「とすれば、たとえ黒人の資質が劣っていたとしても、それは彼の責めに帰すべき事由によるのではなく、むしろ劣悪な家庭環境・学校教育という不利な資質形成環境のゆえであることが理解される」とする。そして、安西は「こういった環境が向上すれば、彼らの資質もまた向上するはずであ」り、「このように資質形成環境が相当程度、現在の資質を規定していることを理解すれば、黒人は本来劣等であるというステレオタイプが当てはまらないことが理解されてくる」とする。そして、「そうであれば、優先処

---

[177] 安西文雄「法の下の平等について(4・完)」国家学会雑誌 112 巻 3・4 号（1999）69 頁、98-99 頁。

遇が受益者の自尊を侵害する危険は、それほど大きいとはいえなくなる」と結論づける。

　以上の安西の分析は、差別がなければマイノリティは既存の基準で高い評価を獲得していたという考えに依拠している。この見解は合衆国最高裁の判例に見られるが[178]、「このような飛躍はアメリカの公衆によって決して認められてこなかった」と指摘される[179]。先述のように、AAへの緩やかな厳格審査の適用を主張する合衆国最高裁の裁判官は、AAがその対象者にスティグマによる害悪を及ぼすことを認めている。直接の受益者のほとんどが社会・経済的に不利な状況にないことがAAへの批判の核心にあり、安西の議論は反対者を説得できない。

第9節　小　括

　AAに典型的な厳格審査と緩やかな厳格審査のどちらを適用するのかの争いは、後者を適用することが法廷意見により確立し、終結した（本章第2節〜第3節）。その理由はAAが疑わしい分類を用いていることにあり、疑わしい分類とは差別や偏見を生じさせる危険の高い区分である（本章第7節）。マイノリティに不利益を課す差別的な施策は、疑わしい分類に基づくことから典型的な厳格審査の下で審査される。

　AAにどの審査基準を適用するのかに関する争いは、AAが差別的な施策と同様に疑わしい分類に基づいているのか、つまりはAAが差別や偏見を生じさせる危険があるのかどうか、というところにあった。AAへの緩やかな厳格審査の適用を主張する見解には、そして典型的な厳格審査の適用を主張する見解にも、AAがそれに伴う負担を負う者に対して差別や偏見を生じさせるとの主張は見られない。典型的な厳格審査を適用する裁判官は、AAがその対象者に対して差別や偏見を生じさせる危険が高いと主張していた（本章第8節第1項(2)）。他方、緩やかな厳格審査を適用する学説は、AAはその対象

---

178)　DeFunis, 416 U.S. at 331, 341 (Douglass J., dissenting); Bakke, 438 U.S. at 365-66 (Brennan J jointed by White, Marshall & Blackmun JJ., opinion).

179)　Richard D. Kahlenberg, The Remedy: Class, Race, and Affirmative Action, Basic Books 18 (1996).

者に差別や偏見を生じさせる危険がないと主張していた（本章第8節第2項）。しかし、学説は、AAがその対象者に差別や偏見を生じさせないのは何故なのか、その理由を明確にしていない（本章第8節第2項(4)）。緩やかな厳格審査を適用する裁判官は、AAがその対象者に差別や偏見を生じさせる危険を認識する。その危険を認識してもなお、AAに緩やかな厳格審査を適用する理由は、AAはマイノリティに不利益を課す差別的な施策とは違って、差別や偏見をなくす可能性があると認識しているところにある（本章第8節第1項(3)）。

　合衆国最高裁では、AAに典型的な厳格審査を適用することが法廷意見により確立しており、合衆国最高裁の多数の裁判官はAAと差別的な施策を同一視しているかのように見える。しかし、AAへの典型的な厳格審査の適用を主張する裁判官の中でも、O'Conoor裁判官は、AAと差別的な施策を区別する（本章第4節第2項(1)）。O'Connor裁判官はAAと差別的な施策を区別し、AAに適用される場合には、典型的な厳格審査を従来のものよりも厳格度の低いものとして理解し（本章第4節第2項(1)）、目的審査と手段審査でAAを策定する機関の判断を尊重する。この理解は、AAに典型的な厳格審査の適用を支持する立場から、そして緩やかな厳格審査の適用を支持する立場からも批判されている（本章第5節）。Fisher判決Kennedy裁判官法廷意見は、O'Connor裁判官による典型的な厳格審査の理解が合衆国最高裁の多数により認められていないことを明らかにした。Kennedy裁判官は、AAを実施する機関の判断について、目的審査では尊重を示すが、手段審査では尊重されないとして、O'Connor裁判官よりも典型的な厳格審査を厳しく理解した。ただ、目的審査で尊重を認めたように、Kennedy裁判官もまたAAと差別的な施策を区別し、典型的な厳格審査をいくらか緩やかに理解している（本章第6節）。典型的な厳格審査の内実は未だ不明であり、AAへの緩やかな厳格審査の適用を主張する裁判官もいるが、多数の裁判官は自らが適用すべきと主張する基準の下でAAを正当化できると考えている。

第3章
差別の救済による正当化

第1節　序

第1項　問題の所在

　合衆国最高裁では、AA に肯定的な裁判官から否定的な裁判官まで、差別の救済による AA の正当化を一貫して認めてきた。ある人々の機会の平等が差別の影響から形骸化しているとき、差別の影響を是正し、その人々に機会の平等を実質的に保障することは誰も否定できない。差別の救済は強力な正当化理由だが、多くの問題もある。

第2項　構　成

　本章では、差別の救済による正当化に伴う問題を以下の手順で考察する。まず、差別の救済により AA が正当化されるのは何故かを考察する（第2節）。差別の救済により正当化される AA の理論的根拠は補償的正義論と分配的正義論にあり（第4節第2項）、前者に依拠することには理論的問題がある（第4節第1項）。学説が、この問題を如何に考えているのかを考察する（第4節第3項）。この問題は判例で重要な論点となっており、合衆国最高裁は如何なる見解を示したのかを考察する（第5節～第6節）。結論を先に述べると、合衆国最高裁はこの問題を柔軟に解釈し、差別の救済により AA が正当化されるか否かの判断は救済の対象となる差別の範囲を如何に捉えるのかに依る。そ

こで、合衆国最高裁がどこまでが救済の対象となる差別として認められると考えているのかを考察する（第8節）。また、AAは能力主義の観点から批判されており、差別の救済によりAAを正当化した場合、AAは能力主義と如何なる関係にあるのかを考察する（第9節）。最後に、第1節〜第9節の議論をまとめる（第10節）。

第2節　差別の救済の必要性

第1項　機会の平等の保障の形骸化のおそれ

　AAは差別を救済する施策として正当化されている（序章第2節）。差別の救済によりAAが正当化されるのは何故か。
　憲法の平等の1つの意味は形骸化した「機会の平等」を実質的に保障することにある。「機会の平等」を形骸化させる主たる原因の1つは、社会経済的に不利な状況とそれに起因するスティグマの生じさせる害悪である。スティグマは、心理的害悪と有形的害悪をもたらす。前者は、それを課された者が劣等であるとの烙印を押し、やる気を失わせる。後者は、人々がそれを課された者を劣っていると考え、この想定に基づいて行動することで、それを課された者に不利益を及ぼす。スティグマは、ある分野であるグループに属する者の数が著しく少ない状態が蓄積することで生じる（第1章第3節）
　アメリカには多くのマイノリティがおり、その中でもAAの主たる対象は黒人である。合衆国最高裁では、AAに肯定的な立場をとる裁判官[1]、事例ごとに結論を変える中間派の裁判官[2]、否定的な立場をとる裁判官[3]まで、黒人への差別が存在したことは自明だと理解されてきた。グループとして捉えると、黒人をはじめとするマイノリティと白人の間には様々な面で格差がある[4]。グループ間で格差がある状況では、黒人はスティグマの対象になりや

---

1) Regents of the University of California v. Bakke, 438 U.S. 265, 400 (Blackmun J., dissenting) (1978).
2) Wygant v. Jackson Board of Education, 476 U.S. 267, 276 (Powell J jointed by Burger, Rehnquist & O'Connor JJ., plurality) (1986).
3) City of Richmond v. J. A. Croson, Co., 488 U.S. 469, 527 (Scalia J., concurring) (1989).

すく、それによって生じる害悪から「機会の平等」の保障が形骸化するおそれがある。

第2項　差別と格差

(1) グループ間での格差

マイノリティと非マイノリティのグループとしての格差を改善する1つの手段として、AAが実施される。差別の救済によりAAを正当化する場合、格差が差別から生じたものでなければならない。しかし、差別がなければグループ間の格差がなくなるわけではない[5]。Richard D. Kahlenbergに依れば、人種やエスニックごとに様々な文化的要素があり、それがグループ間での格差を生じさせる一因となっている[6]。日系人などのアジア系アメリカ人は被差別グループであり、20世紀初頭には黒人よりも経済的に劣悪な状況にあった。しかし、1960年代には、医師や法律家など社会的評価の高い地位で、人口構成比と比べて過剰代表となった[7]。この事実は、「差別とは異なる文化的違いが、グループの不均衡を説明する際に大きな役割を果たしている」とも考えられる[8]。

しかし、いくつかの文化的違いは「差別の産物」である[9]。例えば、同じ経済階層の黒人と他の人種グループを比較すると、前者の学力が低い（第6章第4節第2項）。黒人は学業を修めても、その努力に見合った地位が得られないことを知っているため、勉強しないと説明される[10]。能力に見合う地位が得られなければ、黒人は選抜の際に不利な状況にある。この状況が生じる1つの原因は、黒人が劣等だと考えられているところにある。この考えは黒人が奴隷制を経験したことから生じる。

---

4) *See* James P. Sterba, Affirmative Action for the Future, Cornel University Press 6-10 (2010).
5) Croson, 488 U.S. at 499.
6) Richard D. Kahlenberg, The Remedy: Class, Race, and Affirmative Action, Basic Books 20 (1996).
7) *Id.* at 220-21 n.25.
8) *Id.* at 20.
9) *Ibid.*
10) John Obgu, Minority Education and Caste: the American System Cross-cultural Perspective, Academic Press 2, 5 (1978).

(2) グループ内での格差

差別が社会経済的に不利な状況を生じさせることは、グループ内での差にも見られる。例えば、黒人の中でも奴隷制を経験した者の子孫とそれ以外の者の間には学力に差があり、後者は上位の大学に合格する黒人の大部分を占めており[11]、社会の中で中間層や上位層を占める者も多い[12]。人種主義は、北部の自由な黒人よりも南部の奴隷の黒人を傷つけてきたのは明らかであり、今日の都市部の黒人は奴隷制の遺産によって脅かされてきたために貧困である、とも指摘される[13]。

第3項 格差の発生原因

以上から、奴隷制と法律上の差別が廃止されても、差別を受けてきた黒人はそれの影響の連鎖により社会的に不平等な状況に置かれ続けたことが分かる。社会・経済的に不利な状況の蓄積は黒人が劣等であると他者に想定させ、それに基づき他者が行動するため、黒人はさらに不平等な状況に置かれ、特に奴隷の子孫である黒人がその影響を受けた[14]。そして、さらなる不平等な状況がスティグマを生じさせるという悪循環が生じた。先述のように、社会・経済的に不利な状況は差別だけが原因ではなく、人種・エスニック・グループごとの文化的な違いもその原因である。しかし、現存する不平等な状況を説明する上で、差別が重要な要素であることは間違いない[15]。

現存する不平等な状況の改善には、差別の影響を救済する必要がある。差別の救済には、まず、マイノリティへの法文上の障害の除去とマイノリティ

---

11) *See* Douglas S. Massey, THE SOURCE OF THE RIVER, Princeton University Press 40 (2003).
12) 上坂昇『アメリカ黒人のジレンマ――「逆差別」という新しい人種関係』(明石書店、1987) 152頁以下参照。
13) *See* Kahlenberg, *supra* note 6, at 104.
14) 奴隷の子孫でない黒人も、人種としては黒人として分類されるため、スティグマの害悪を受けている。例えば、ある職業の採用に際して、応募者を個別に判断するよりも所属グループを一般化して判断するほうが、会社にかかる負担は少ない。過去に差別を受けた者の子孫が経済・教育的に不平等な状況に置かれ、それが原因で就業能力が低く、そのような者が黒人グループの多数を占めるとき、黒人は就業能力が低いという一般化がなされる。そのため、そのような一般化が能力を証明する際に障害となる (*See* Robert K. Fullinwinder, THE REVERSE DISCRIMINATION CONTROVERSY, Rowman & Littlefield Pub. Inc. 106-07 (1982))。
15) Bakke, 438 U.S. 265, 400 (1978).

に有利な結果をもたらす文面上中立的な施策の適用が考えられる。だが、差別の害悪が蓄積した社会では、それだけでは、不平等な状況が温存されるとも指摘される[16]。被差別者に形骸化した「『機会の平等』を実質的に保障するためには、旧来の差別によってもたらされたこうした『差別効果』を克服できるだけの特別の優遇措置が必要」[17]ともされる。故に、AA を正当化するにあたっては、差別の救済という目的が主張される。

第3節　誰が直接の受益者なのか

　機会の平等を実質的に保障するには、差別の影響を是正する必要がある。これは AA に否定的な立場を採る論者も認めるが、本章で見ていくように、差別の救済を理由に AA を正当化するのは実際には難しい。その理由は、地位の獲得に関して差別によって悪影響を及ぼされていない者が AA により直接利益を受けているところにある。これは、差別の救済による正当化に対する中核的な批判となっている。

　AA は、地位の役割を果たす資格のある者に直接的に利益を与える[18]。AA が社会的評価の高い地位を対象とする場合、有資格者であるためには既存の基準で相当程度の評価の獲得が求められ、その獲得には教育的投資が重要な役割を果たす[19]。故に、対象者の中でも、自己投資ができる比較的優位な社会・経済的状況にある者が直接の受益者となる可能性が高い[20]。

　1940 年代以降、アメリカでは製造業が発展した。低学歴で未熟練の者でも製造業へ参入でき、結果として、相当数の黒人の社会・経済的地位が向上した。しかし、1960 年代にはじまるアメリカの製造業の低迷や産業構造の転換は、特別な技術や学歴がなくとも就業できる地位を減少させ、他方で、高学

---

16)　安西文雄「平等」樋口陽一編『講座・憲法学 3　権利の保障(1)』（日本評論社、1994）75 頁、92-93 頁。
17)　浦部法穂『全訂 憲法学教室〔第 2 版〕』（日本評論社、2006）102 頁。
18)　See Cass R. Sunstein, *Problems with Minimalism*, 58 STAN. L. REV. 1899, 1903 (2006).
19)　Tung Yin, *Class-Based Affirmative Action*, 31 LOY. L.A. L. REV. 213, 249 (1997).
20)　Daborah C. Malamud, *Affirmative Action, Diversity, and the Black Middle Class*, 68 U. COLO. L. REV. 939, 949 (1997).

歴で特別な技術を持つ人材の需要が高まった[21]。その結果、1970年代以降、黒人の中でも不利な状況にある者の社会・経済的地位は著しく悪化したが、優位な状況にある黒人の社会・経済的地位は著しく向上した。1970年代から80年代を通じて、その向上は一部の分野では白人よりも早く進んだが、多くの黒人は、失業率、福祉への依存といった点で市民権運動の前よりも状況が悪化した[22]。この状況を踏まえ、AAを含め、市民権運動で展開された平等推進策は底辺の黒人には利益を与えず[23]、優位な状況にある黒人の社会・経済的流動性を高めたにすぎないとも理解されている[24]。産業構造の転換等は白人の労働者階層の社会・経済的地位も悪化させ、労働者階層の白人の多くはAAに激しく反対した[25]。人種を問わず、グループ内での経済格差が拡大する状況にあって、経済状況の悪化した者たちの怒りは優位な状況にある者を直接的に利するAAに向けられた[26]。特に批判が激しくなった1980年代以降、AAでは真に救済の必要な者を助けることができない、との批判が判例[27]と学説[28]で展開された。

---

21) William Julius Wilson, The Truly Disadvantaged: The Inner City, the Underclass, and Public Policy, University of Chicago Press 122 (1987).
22) *Id.* at 110-11. *See* also Kahlenberg, *supra* note 6, at 45-46.
23) Michael Haut, *Occupational Mobility of Black Men: 1962 to 1973*, 49 Am. Soc. Rev. 308, 321 (1984); Richard Delgado, *Affirmative Action as a Majoritarian Device: Or Do You Really Want to Be a Role Model ?*, 89 MICH. L. REV. 1222, 1226 (1991); Stephen L. Carter, Reflection of an Affirmative Action Baby, Basic Books 223 (1991); Huge D. Graham, *Race, History and Policy : African American and Civil Rights Since 1964*, 6 J. Poly Hist. 12, 29 (1994); Kahlenberg, *supra* note 6, at 44.
24) Kahlenberg, *supra* note 6, at 3-10; Malamud, *supra* note 20, at 1861-62.
25) Bruce P. Lapenson, Affirmative Action and The Meaning of Merit, University Press of America 65 (2009).
26) 労働者階層の白人は民主党の支持者であったが、1980年代には大統領選などで共和党を支持した。その1つの原因は、民主党がAAを支持していたことにあったとされる。自らの経済状況が悪化する中で、労働者階層の白人の怒りは優位な状況にある者をさらに利するAAへと向けられた（Kahlenberg, *supra* note 6, at 186-87）。本来、その怒りは経済格差の問題に向けられるべきだが、人種問題に向けられてしまっているとも指摘される（Lapenson, *supra* note 25, at 91）。この怒りによって、本来、黒人と労働者階層の白人は問題を共有しているが、分断させられてしまっている、とされる（Derrick Bell, *Bakke, Minority Admission, and the Usual Price of Racial Remedies*, 67 CAL. L. REV. 3, 13-14 (1979)）。
27) Fullilove v. Klutzunick, 448 U.S. 448, 538 (1980) (Stevens J., dissenting).

第4節　理論的根拠

第1項　補償的正義論による正当化の問題点

差別の救済により正当化される AA の理論的根拠の1つは、補償的正義論である[29]。通常、補償的正義論は個別具体的なものとして理解される[30]。つまり、ある者に不正な権利・利益の侵害がなされたとき、その不正な侵害を行って利益を得た者が、その侵害によって失われた利益を補償するものだと理解される。この理解に従うと、補償的正義論に依拠すると、まず、実施者がそれを行う資格があるのかが問題となる。例えば、大学の入学者選抜で AA が実施された場合、実施者は大学であり、負担を負うのは対象者以外の志願者である。実際に AA を実施する場合、実施者とそれに伴う負担を負う者が一致しない場合がある。

AA の正当化の理論的根拠としての補償的正義の意味は、補償の主張が提起される前に存在した平等な状態を回復させることにあり、これには誰も異論を差し挟まない[31]。しかし、AA に伴う負担を負う者の観点からすると、

---

28) Thomas Sowell, Civil Rights : Rhetoric or Reality, William Morrow Paperbacks 48-53 (1984); Morris B. Abram, *Affirmative Action: Fair Shakers and Social Engineers*, 99 HARV. L. REV. 1312, 1323 (1986); Charles Fried, *Metro Broadcasting, Inc. v. FCC: Two Concepts of Equality,* 104 HARV. L. REV 107, 120 (1990); John E. Morrison, *Individuality, and Merit: An Analysis of the Rhetoric Against Affirmative Action*, 79 IOWA L. REV. 313 (1994).

29) AAは差別の救済と将来の利益の達成により正当化するAAに分類できる。前者は補償的正義論と分配的正義論に、後者は社会効用論と分配的正義論に、正当化の理論的根拠がある。これら AA の正当化の理論的根拠については以下の文献を参照。阪本昌成「優先処遇と平等権」公法研究45号（1983）98頁；足立幸男「正義・効用から見たアメリカにおける優遇措置」京都大学教養部政法論集5号1頁（1985）；石山文彦「『逆差別論争』と平等の概念」森際康友・桂木隆夫編著『人間的秩序——法における個と普遍』（木鐸社、1987）292頁。

30) Louis P. Pojman, *The Moral Status of Affirmative Action* in Affirmative Action : Social or Reverse Discriminations?, Prometheus Books 175, 182 (1997); Michel Rosenfeld, Affirmative Action and Justice: A Philosophical and Constitution Inquiry, Yale University Press 310 (1991).

事実上の加害者と事実上の犠牲者との間での補償に狭く用いられる場合には AA は正当だが、補償の範囲を超えて拡大された場合には不当だとされる[32]。差別の影響がない状態を回復させることにはすべての者が同意するが、その手段として AA が正当だと負担者が認める範囲は限られる

しかし、AA とは「過去の差別を理由として、差別を受けた特定の個人に限定されない、差別をうけたグループの成員に対して保護を、それ以外の集団の成員の何らかの負担において、与える」[33] のであり、差別の事実上の犠牲者でない者がその対象となり、差別を直接行っていない者にも負担を課す場合がある。故に、差別の救済を全面に出すことは、負担者の観点から問題がある。彼らは、直接の受益者を直接の差別の事実上の犠牲者に限定しようとし、差別の事実上の加害者に補償に伴う負担を負わせる場合にだけ、AA を正当とするからである。

以上から、補償的正義論に AA の正当化の理論的根拠を置くことには3つの理論的問題がある。(1) AA の実施者は差別を行った者に限られるのか、(2) AA の直接の受益者は差別の事実上の犠牲者に限られるのか、(3)差別の直接の加害者でない者に AA に伴う負担を課すことは許されるのか。

第2項　補償的正義論と分配的正義論の関係

差別の救済により正当化される AA の理論的根拠を説明するには補償的正義論だけでなく、分配的正義論に言及する必要がある。本項では両者の関係を述べる。

Jules L. Coleman に依れば、補償的正義論の関心は「不当な獲得と損失」にある[34]。Coleman は、不注意から事故を起こした運転手の例を挙げ、補償について次のように述べる。「侵害によって、不注意な運転者は不当な獲得をしていない……犠牲者の不当な損失を補償する義務は、もっぱら矯正的正義に

---

31)　合衆国最高裁で AA に最も批判的な立場を採る Scalia 裁判官でさえも、直接に差別の弊害を被った犠牲者の救済には賛成している（City of Richmond v. J.A.Croson, Co., 488 U.S. 469, 526 (1989)）。

32)　Rosenfeld, *supra* note 30, at 310-11.

33)　横田耕一「平等原理の現代的展開——"Affirmative Action"の場合」小林直樹先生還暦記念『現代国家と憲法の原理』（有斐閣、1983）643頁、665頁。

34)　Jules L. Coleman, *Moral Theories of Torts: Their Scope and Limits Part II*, 2 Law & Philosophy 5, 11 (1983).

基づかない。言い換えるならば、不注意から侵害を引き起こした者には、犠牲者に生じた不当な損失を矯正する獲得はない。それ故、矯正的正義だけの問題として、犠牲者の損失を侵害者に課す理由はない」[35]。つまり、Coleman の見解では、不正な行為から何らの獲得をしていない侵害者は、補償的正義の問題として、侵害者に補償をする責任がない[36]。

　補償的正義論を狭く捉えたとき、侵害者の獲得と犠牲者の損失の均衡がとれている場合、補償的正義論を理論的根拠とすることに問題はない。しかし、犠牲者の損失が侵害者の獲得よりも大きかった場合でも、Coleman の見解では、補償的正義論の下での侵害者の義務は不当な獲得の総計に限定される。

　しかし、「不当な損失を受けた犠牲者からすると、侵害者が不当な獲得を得たのかは無関係」[37] である。この点を解決するには、Coleman よりも補償的正義論を広く捉える必要がある。第1に、犠牲者への救済が侵害者の不当な獲得を超えている場合、超過部分の救済を分配的正義論に依拠させる方法。第2に、侵害者は不当な行為から獲得した利益の総計にかかわらず、犠牲者に生じさせた損失を補償する義務があるとする方法である。前者の方法を採る場合、補償的正義論と分配的正義論は正当化の理論的根拠として関連し合う。後者の方法を採る場合、犠牲者の受けた損失が、侵害者が不当に得た利益よりも大きくても、正当化の理論的根拠を補償的正義論だけにおいても問題ない。しかし、侵害者が犠牲者に対して責任のある補償の範囲は、犠牲者が侵害者の不当な行為から受けた損失であり、不当な行為の現存する影響がそれよりも大きい場合、それを補償しただけでは、差別の影響を救済できない。この場合、補償の対象を超える救済については、分配的正義論に依拠し、補償的正義論と分配的正義論は正当化の理論的根拠として関連し合う。

　以上の議論では、分配的正義論は補償的正義論ではカバーしきれない部分を補う議論として使用したが、正当化の理論的根拠を分配的正義論だけに置いた場合はどうか。分配的正義論には様々な理解がありうるが、阪本昌成に依れば、分配的正義論の代表的な見解とは、「利益と負担は、権利、メリット、貢献および必要性といった関連する考慮に応じて分配される」というものである[38]。利益と負担の分配は、社会に存在する教育・経済的不平等の削減を

---

35) *Id.* at 10-11.
36) *Id.* at 11.
37) Rosenfeld, *supra* note 30, at 37.

目的とし、分配的正義論は競争の際に十分な機会が保障されていることを要求する。十分な機会の保障の実現に必要な救済の総計が犠牲者の受けた損失よりも少ないとき、分配的正義論によって、不当な行為が生じる以前の状態を回復できない。つまり、十分な機会の保障を実現できても、差別の影響を完全には救済できない。この場合、十分な機会の保障の実現に必要な救済の総計を超える部分は、補償的正義論に依拠する。

第3項　補償的正義論に伴う問題点に関する学説の動向

(1) James W. Nickel

　差別の救済により正当化されるAAの理論的根拠は、補償的正義論と分配的正義論が複雑に絡み合い、複合的である。そのため、差別の救済によりAAを正当化すると、その理論的根拠を分配的正義論に置いても、補償的正義論にも依拠する場合があるため、補償的正義論にAAの正当化の理論的根拠を置く際に伴う3つの理論的問題が生じる（本章第3節第1項）。

　これらの問題に、補償的正義論に依拠してAAを正当化する論者はどのように答えるのか。まず、James W. Nickelの議論を考察する[39]。Nickelは、補償的正義論を伝統的な形で理解し、補償の対象がグループではなく、個人だと考える。そして、補償を受ける資格のある者とは、単に被差別グループに属しているだけではなく、被差別グループの持つ道徳的に関連のない特性によって差別を受け、未だにその差別の影響を克服できていない者に限られるべきと主張する。しかし、個々の差別と損失の相関関係を認定するのは難しい。そこで、Nickelは、被差別グループに属していること自体が個々の差別と高い相関関係があれば、その認定を認める。そして、ほとんどの黒人は、人種を理由に差別を受けてきたので、黒人への優遇は適切だと主張する。

　差別を認定する際に、人種の使用を行政上の便宜から正当化するNickelの議論は、第1の問題に直接的に答えていない。しかし、被差別グループに属していること自体を個々の差別と損失の相関関係の認定に使用できるとして

---

38)　阪本・前掲注29) 103頁（quoting James W. Nickel, *Preferential Policies in Hiring and Admissions: A Jurisprudential Approach*, 75 COLUM. L. REV. 534, 539-40 (1975))。

39)　James W. Nickel, *Should reparations be to individuals or to group?*, 34 ANALYSIS 154 (1974); Nickel, *supra* note 38. 以下に検討するNickelとTaylorの議論は、阪本・前掲注29)で採りあげられている。

いることから、次のことが推定できる。即ち、被差別グループに属していないこと自体が個々の差別と彼らの受ける利益との間に高い相関関係があれば、差別行為の直接的な実施者でなくとも補償を行うことができる、ということになろう。また、Nickel の議論では、第2の問題に答えられない。しかし、マイノリティの多くが差別により損失を被っている状況では、マイノリティの置かれている不利な状況を是正する施策を行うにあたり、人種によって分類をするのはある程度妥当である。故に、Nickel の議論は第2の問題をある程度回復できる。しかし、補償に伴う負担を負う者からすると、自らの平等への権利が確固たる理由なしに否定されるのは許しがたい。故に、Nickel の議論は、第3の問題に完全には答えていない。

(2) Paul W. Taylor

次に、Paul W. Taylor の議論を考察する[40]。補償を受ける権利を持つのかを決定するのは、個人的に差別の被害者であるのかではなく、被差別グループに属するかどうかである。そして、補償の義務は、個人的に差別を行った者ではなく、被差別グループに属しないすべての者にある。というのも、差別的な慣行は構造的につくられ、共同体に広く浸透しているからである。差別的慣行は、被差別グループ以外の者が属する共同体によって被差別グループに属する個々人にではなく、被差別グループ全体になされた。故に、被差別グループに属するすべての者は差別的慣行の影響から逃れられず、彼らは差別の被害者である。また、被差別グループ以外の者は、自らが差別に加わらなくても、共同体による差別によって不正に利益を受けてきたのであり、それを被差別グループに返還しなければならない。

先述のように、補償の対象は個人だと通常は理解されている。しかし、ときとして、補償の対象は個人からグループへと拡大される[41]。補償に対する権利と義務を集団的に捉える Taylor の議論は3つの問題に答えているが、以下のように批判される。

---

40) Paul W. Taylor, *Reverse Discrimination and compensatory justice*, 33 ANALYSIS 177 (1973).
41) 補償の対象をグループに拡大した例として、西ドイツがナチスの行為を理由にユダヤ人とイスラエルに補償したこと、アメリカ合衆国政府が第2次大戦中の取扱を理由に日系アメリカ人に補償したことが挙げられている (John Arthur, *The Limit of Equality* in The Unfinished Constitution: Philosophy and Constitution, Wadsworth Pub. Co. 242, 250 (1989); Kahlenberg, *supra* note 6, at 18; Pojman, *supra* note 30, at 182)。

まず、AA の場合、差別による事実上の被害者を特定するのは難しい。AA の主たる対象は黒人だが、そのグループの中でも格差があり、そのグループの中で社会的評価の高い地位にある者は差別の影響をあまり被っていない場合がある。さらに、AA の開始から相当の時間が経過したこと、移民の増加からマイノリティの人口構成が変化したことが、AA の直接の受益者が差別の直接の犠牲者であり、AA の負担を直接に負う者が差別の実施者であると証明することを難しくした（本章第 7 節）。

　次に、グループに補償を与えるといっても、被差別グループの特定の者を優遇することがはたして被差別グループへの補償につながるのか、と批判される。

　そして、補償の義務をグループが負うということはそのグループに属する者が各々補償に伴う負担を公正に負っているということであるが、例えば高等教育機関の入学者選抜や採用試験で積極的な施策により補償を行うことは、結局のところ補償に伴う負担を少数の個人にしわよせし、またそれによって課される負担が本当に公正なのかと批判される[42]。

　補償的正義により AA を正当化する議論は提起される批判に完全に答えておらず、理論的に劣勢にある。少なくとも、有資格者に高い能力を要求する地位で AA を実施する場合には、AA により補償を受ける者が差別の影響を受けているのか、また負担者が差別を実施し、そこから利益を受けたのかを証明するのは難しく、差別の救済を理由に AA を正当化するのは難しい。

第 5 節　Affirmative Action の実施者は差別を行った者に限られるべきか

　差別の救済により AA を正当化すると、その理論的根拠を補償的正義論に置くことになり（本章第 4 節第 2 項）、それには 3 つの理論的問題があった（本章第 4 節第 1 項）。差別の救済を理由に正当化された AA が問題となった判例を見ると、3 つの問題が重要な論点となっている。以下では、各問題について合衆国最高裁が如何に判断したのかを節を改めて考察する。本節では、第

42）　*See* Fullinwinder, *supra* note 14, at 35-37.

1の問題を考察する。

まず、民間企業の自発的 AA が問題となった Weber 判決[43]を参照する。全米鉄鋼労連と Kaiser 社は労働協約を締結し、その中で Kaiser 社の熟練工の人種構成の著しい不均衡を是正するための AA の実施が合意された。Kaiser 社の各工場の熟練工に占める黒人の比率を各工場の所在地域の労働力に占める黒人の比率と同じにすることが目標とされ、その達成のために各工場で熟練工養成のための訓練プログラムが創設された。Louisiana 州 Gramercy 工場では、熟練工に占める黒人の比率は 1.83％にすぎず、これに対し、所在地区の労働力に占める黒人の割合は約 39％であった。同工場の熟練工の訓練プログラムへの参加者は同一人種内ではシニオリティに基づいて選ばれたが、定員の 50％は、熟練工に占める黒人の比率が所在地域の労働人口におけるそれと同じになるまで黒人に割当てられた。そのため、プログラムへの参加申請を拒否された白人よりもシニオリティの低い黒人の参加が認められた。参加申請を拒否された白人はプログラムが参加の面で人種差別を禁止している市民権法第 7 編に違反するとして、その差止を求めて訴訟を提起した。

Brennan 裁判官法廷意見（Stewart, White, Marshall, Blackmun 裁判官同調）は、市民権法 703 条(a)、(d)[44]が AA を全面的に禁止していない旨を示し、AA の対象となる職種が「伝統的に黒人に差別が行われ、隔離されてきた職種」だと認められれば、個別具体的な差別行為の認定がなくとも AA は実施できる

---

[43] United Steelworkers of America v. Weber, 443 U.S. 193 (1979). 当該判決については以下の文献を参照。西村裕三「積極的人種差別是正行為に関する一考察——ウェーバー事件を素材として」大阪府立大学経済研究 25 巻 4 号（1980）104 頁；山口浩一郎「使用者の差別是正行為と逆差別——ウェーバー事件の紹介」ジュリスト 716 号（1980）88 頁。

[44] 市民権法703条(a)は次のように規定する。「使用者による以下の行為は、違法な雇用上の行為とされる。(1)人種、肌の色、性別またはエスニック的出自を理由に、あらゆる者に雇用を拒否し、解雇すること、あるいは給与、雇用期間、労働条件または雇用上の特権に関して、あらゆる者を差別すること。あるいは(2)人種、肌の色、宗教、性別、またはエスニック的出自を理由に、あらゆる者の雇用機会を奪う、または奪うおそれのある、もしくは従業員としての地位に不利益をもたらす方法によって、従業員ないし求職者を制限あるいは分類すること」(42 U.S.C. § 2000e-2(a))。

市民権法703条(d)は次のように規定する。「使用者、労働団体、または徒弟制度ないし現場訓練制度を含めたその他の訓練・再訓練を管轄する労使合同委員会が徒弟制度またはその他の訓練のために設立されたプログラムへの参加ないし採用の面で、個人の人種、肌の色、宗教、性別またはエスニック的出自を理由に差別をすることは違法な雇用上の行為とされる」(42 U.S.C. § 2000e-2(d))。

とした[45]。

しかし、同法廷意見は「伝統的に黒人に差別が行われ、隔離されてきた職種」の意味をそれ以上説明をしない。その意味は、Blackmun 裁判官補足意見で明らかにされた。同補足意見は、その意味について、「当該職域から黒人を意図的に排除してきた社会的歴史が存在し、その結果として当該労働人口に占める黒人の比率と当該職域の在職者に占めるそれとの間に恒常的不均衡が認められる場合」だと述べる[46]。

Weber 判決では、合衆国最高裁は、民間企業が自発的に AA を行う場合には、社会的差別の存在が立証できれば当該 AA は認められうると判示した。そして、社会的差別の立証にあたっては、統計上の不均衡があればよいとし、AA の実施者が差別を行っていたことの証明を求めてはいない。

次に公的機関による自発的 AA が問題となった Wygant 判決[47]を参照する。Powell 裁判官相対多数意見（Burger, Rehnquist 裁判官同調、O'Connor 裁判官一部同調）は、社会的差別の救済による AA の正当化を否定する[48]。そして、公的機関の使用者に対して、「AA を開始する前に、救済行為だと説得できる証拠があることを確実にせねばならない」として、Weber 判決で民間企業に課されたものよりも、より厳格な差別の立証要件を課す[49]。同相対多数意見は差別の厳格な立証要件を要求するが、差別の立証に際して、統計上の証拠に依拠し、AA の実施者が直接的に差別行為を行ったことの立証までは求めていない[50]。

同相対多数意見が、AA を実施する公的機関に対して、自らが過去に差別を行ったという立証を求めなかったのは何故か。この点につき、同判決の O'Connor 裁判官同意意見が参考となる。

同同意意見は「社会的差別――即ち、当該機関自身の行為に起因しない差別――の救済は、やむにやまれぬ政府の利益ではない」としており[51]、AA の実施者は差別行為をした者に限られるべきとしているように見える。しか

---

45) 443 U.S. at 200-08.
46) *Id.* at 212.
47) Wygant v. Jackson Board of Education, 476 U.S. 267 (1986). 当該判決については、第2章第2節第3項参照。
48) *Id.* at 277. 社会的差別の概念については、本章第8節参照。
49) *Ibid.*
50) *Id.* at 274-77.
51) *Id.* at 288.

し、同同意意見は、「当該政府機関が、救済措置が必要だと考える『確固たる証拠（a firm basis）』を持つ限り、当該 AA が〔差別の〕救済を目的としていることを立証するために、〔当該政府機関自身による〕実際の差別行為の事実認定までは必要でない」と判示する [52]。同同意見は、「確固たる証拠」の立証には、統計上の顕著な不均衡があれば十分であるとしている [53]。

同同意見は AA の実施者が差別行為を行った者に限られるとの見解を示すが、差別の認定に際して、実際には、差別の実施者を特定する認定方法をとっていない。同同意意見は、その理由を以下のように述べる [54]。AA を実施する際に、過去に自身が違法な差別行為に従事していたという事実認定を求めることは、公的機関の使用者が自発的に市民権に関する責任を果たそうとする動機を著しく損なう。また、公的機関の使用者が AA を実施する際に、自らが差別行為をしていたという事実を立証させることは、民間の使用者が市民権法第 7 編の明白な侵害を自発的に救済できるのに、公的な使用者が制定法および憲法侵害の救済を憲法上禁止されるという異常な事態を招く。

なお、Marshall 裁判官反対意見（Brennan, Blackmun 裁判官同調）も公的機関の使用者が自身の差別行為を立証する必要はない旨を述べている [55]。

以上の判決では、合衆国最高裁は、AA の実施者に自身の差別行為の立証を要求しない。それは、次の事情による [56]。逆差別訴訟では、いずれの訴訟当事者も、使用者による差別行為を立証したがらない。被告である使用者は、自らの差別行為を認めれば、それに対する損害賠償責任を問われるおそれがある。また、原告である非マイノリティは、使用者の差別行為の存在が認められれば、それにより当該 AA が正当化されてしまう。

マイノリティは訴訟当事者ではないので、裁判所が任意に AA を実施しようとする使用者の差別行為を認定するのは事実上不可能である。

AA の実施者が差別行為をした者に限定されない、との考えは他の文脈にも見られる。

Croson 判決で、O'Connor 裁判官は以下の旨を述べて Wygant 判決と同じ

---

52)　*Id.* at 286.
53)　*Id.* at 292.
54)　*Id.* at 290-91.
55)　*Id.* at 308.
56)　西村裕三「Affirmative Action をめぐる合衆国最高裁判例の動向」アメリカ法 1989-2・237 頁、246 頁参照。

第5節 Affirmative Action の実施者は差別を行った者に限られるべきか 109

見解を採る[57]。州および州から権限を委任された自治体も、修正 14 条 1 項の範囲内で自己の立法権に基づき、私人による差別を根絶する権限を有する。Wygant 判決の相対多数意見が、平等保護条項が当該政府機関自身による差別をある程度明らかにすることを要求しているのは、教育委員会が人種を理由とするレイオフ制度を採用する権限を有しているか否かを問題とした事例である[58]。市が争われている差別について修正 14 条により禁じられている差別であると確認できるならば、その支出権限の行使を通じて、私人による差別を是正できる。

　同法廷意見は、救済の対象となる差別を「特定された差別 (identified discrimination)」に限定し、問題となった AA を違憲とした。これに対し、Marshall 裁判官反対意見 (Brennan, Blackmun 裁判官同調) は、救済の対象となる差別に「社会的差別」が含まれると主張した[59]。社会的差別を救済の対象に含めることは、Weber 判決と同様に、AA の実施者が差別の実施者に限られないとの見解が、反対意見によってとられていることを意味する。

　Sheet Metal Workers 判決[60]で、この見解がとられている。Brennan 裁判官相対多数意見 (Marshall, Blackmun, Stevens 裁判官同調) は、次のように判示した[61]。「706 条(g)は、裁判所が適切な場合に過去の差別の救済として積極的に人種を意識した救済策を命じることを禁止してはいない。特に、使用者や組合が、永続的なあるいは顕著な差別を行っている場合や、広範囲にわたる差別のなかなか消えない影響をなくすのに必要な場合には、そのような救済は適切である」。このように、同相対多数意見は、広範囲にわたる差別の影響の救済を認め、当該 AA の実施者が差別の実施者に限定されるとの考え方はとらない。

　合衆国最高裁は、多くの判決で、AA の実施者が差別を行った者に限定されないという考え方を多数意見または相対多数意見で明らかにしてきた。ま

---

57) City of Richmond v. J. A. Croson, Co., 488 U.S. 469, 490-93 (1989). 当該判決については、第 2 章第 3 節第 1 項参照。
58) ただし、既に述べたように、Wygant 判決 Powell 裁判官相対多数意見は、差別の存在を立証する際に、主として統計上の証拠に依拠し、AA の実施者が過去に直接的に差別行為を行ったという証明まで求めてはいない。
59) 488 U.S. at 536-39.
60) Sheet Metal Workers v. EEOC, 478 U.S. 421 (1986). 当該判決については、第 2 章第 2 節第 4 項参照。
61) *Id.* at 445. 706 条(g)の解釈の問題については、本章第 6 節参照。

た、AA の実施者が差別を行った者に限定されるとの考え方は他の事例でも見られない。AA の実施者は差別を行った者に限定されないという考え方は、合衆国最高裁の一般的傾向である。

第6節　Affirmative Action の直接の受益者は差別の事実上の犠牲者に限られるべきか

　本節では、第2の問題について、合衆国最高裁がどのような立場に立つのかを考察する。
　まず、民間企業の自発的 AA が市民権法第7編に反しないかが問題となった Weber 判決を参照する。Brennan 裁判官法廷意見は、「伝統的に黒人に差別が行われ、隔離されてきた職種」であると認められれば、AA が差別の救済により正当化されると判示した。そして、Blackmun 裁判官補足意見が「伝統的に黒人に差別が行われ、隔離されてきた職種」だと認められるのは、「当該地域の労働人口に占める黒人の比率と当該職域の在職者に占める比率との間に恒常的不均衡が認められる場合」だとする[62]。合衆国最高裁は、民間企業の自発的 AA の事例で、AA の受益者が差別の事実上の犠牲者に限定されないとの見解を採る。
　以上の見解は、公的機関の自発的な AA の事例でも採られている。その例として Wygant 判決[63] と Johnson 判決[64] が挙げられる。
　Wygant 判決を見ると、Powell 裁判官相対多数意見（Burger, Rehnquist 裁判官同調）と O'Connor 裁判官同意意見は、社会的差別の救済による AA の正当化を否定する。Weber 判決での合衆国最高裁の見解と比べて、双方の意見とも差別の立証に厳格な要件を課すが、統計上の不均衡が認められれば、差別の救済による正当化を認めることには変わりはない（本章第4節）。即ち、AA の直接の受益者になる者が差別の事実上の犠牲者である、と立証することまで要求していない。

---

[62]　443 U.S. at 212.　当該判決については、本章第5節参照。
[63]　当該判決については、第2章第2節第3項参照。
[64]　Johnson v. Transportation Agency of Santa Clara County, 480 U.S. 616 (1987).　当該判決は第7章で詳細に論じる。

第 6 節　Affirmative Action の直接の受益者は差別の事実上の犠牲者に限られるべきか　111

　次に、人種に基づく AA の正当性が直接問題とされた事例ではないが、それに関連する議論として Johnson 判決を参照する。California 州 Santa Clara 郡交通局は、マイノリティ（女性も含む）の割合が顕著に少ない伝統的に差別が存在する職種で、採用および昇進の判断に際して、マイノリティであることを一要素として考慮することを認めていた。Santa Clara 郡交通局は、Road Dispatcher の地位に就く者を募集し、当該地位への昇進を求めて、女性である Joyce を含む複数の者が志願した。Joyce は面接試験において最も高い得点を獲得していなかったが、女性であることが 1 つの考慮要素となり、当該地位に昇進した。他方、Joyce よりも面接試験で高得点を獲得していた男性志願者は昇進を拒否され、昇進の判断の際に性別を一要素として考慮する施策が市民権法に違反するとして訴訟を提起した。

　Brennan 裁判官法廷意見（Marshall, Blackmun, Powell, Stevens 裁判官同調）は、次のように述べる[65]。「Weber 判決は、次のように判示した。〔AA〕計画の採用を正当化する使用者は、使用者自身の過去の差別的慣行を示す必要もなければ、過去の『〔市民権法違反を〕論証しうる違反』の証拠を示すことさえ必要ない。〔差別の救済により AA を正当化するには〕むしろ、『伝統的に差別が存在している職域での顕著な不均衡』を示すだけでよい。」

　O'Connor 裁判官同意意見は、次のように述べる[66]。「使用者は、救済行為が要求されていると信じるにたる確固たる証拠（a firm basis）をもたねばならない。差別の一貫した存在を訴える第 7 編の下での『一応立証しうる』主張を支持するために、統計上の不均衡を示すことができるならば、使用者はそうした確固たる証拠をもっている。」

　以上のように、Johnson 判決でも、Weber 判決や Wygant 判決で採られた考え方が、法廷意見により採られている。そして、公的機関の使用者が行う自発的な AA の役割について、Brennan 裁判官法廷意見は、第 7 編の目的は職場での差別の影響をなくすことにあり、公的機関の使用者が実施する自発的な AA の役割はその目的を促進することにあると述べる[67]。

　以上のように、民間企業および公的機関の使用者の行う自発的な AA に関

---

65)　Id. at 630.
66)　Id. at 649.
67)　Id. at 630. Johnson 判決 Brennan 裁判官法廷意見は、当該職種で差別が存在していること、当該施策が男性の志願者の権利を不必要に侵害していないことを理由に、合法の判断を下した（詳細は第 7 章参照）。

する事例で、合衆国最高裁は、AAの直接の受益者は差別の事実上の犠牲者に限定されないとの見解を採る。しかし、これだけで、合衆国最高裁の一般的傾向は判断できない。というのも、AAの直接の受益者を差別の事実上の犠牲者に限定しようとする見解も存在するからである。この見解は、市民権法706条(g)の解釈が問題となった事例で示された。以下、当該規定の解釈が問題となった事例を考察する。

まず、事例を考察する前に、市民権法706条(g)にどのような解釈上の問題があるのかを説明する。当該規定は次のように規定する。「当該個人が、人種、肌の色、宗教、性別あるいは出身国を理由とする差別以外で、採用または昇進を拒否された場合には、裁判所のいかなる命令も……当該個人を従業員として採用または昇進させるよう命じてはならない」(後段関連部分のみ)[68]。当該規定において、裁判所が、差別の事実上の犠牲者を救済するために、AAの実施を命令できるのは明らかである。問題は、裁判所がAAを実施するように命令できるのは、差別の事実上の犠牲者に救済による利益を与える場合に限定されるのかどうかである。

この問題につき、合衆国最高裁はどのように考えるのか。まず、Stotts判決[69]を参照する。Tennessee州Memphisの消防局の黒人隊員が同市消防局が採用と昇進の判断で人種差別を行っているとして訴訟を提起した。その結果、消防局と黒人らは同意判決を結び、消防局での黒人に対する雇用と昇進の差別的な慣行を是正するために、AAを実施することが同意された。しかし、この計画にはレイオフやシニオリティに関する条項はなかった。その後、予算削減のために人員整理が必要となったとき、レイオフがシニオリティに基づいて行われようとした。そのため、Tennessee州西地区合衆国地方裁判所は、黒人の比率を低下させないために、シニオリティに基づく判断を止めさせる予備的差止命令を市に出した。これを受けて計画は改訂され、在職したマイノリティの従業員よりもシニオリティの高い非マイノリティの従業員がレイオフされた。上告人は、当該裁判所命令が市民権法第7編に違反しているとして提訴した。

White裁判官法廷意見（Burger, Powell, Rehnquist, O'Connor裁判官同調）は、

---

68) 42 U.S.C. §2000e-5(g)
69) Firefighter Local Union v. Stotts, 467 U.S. 561 (1984). 当該判決については、西村裕三『アメリカにおけるアファーマティヴ・アクションをめぐる法的諸問題』大阪府立大学経済研究叢書66冊 (1987) 81頁以下参照。

「同意判決を変更する合衆国地方裁判所の命令が、有効な第7編の救済的な命令だとして許容できるとする合衆国控訴裁判所の判決は、付与を受ける者が差別の犠牲者であるときだけでなく、裁判所が遡及的にシニオリティを付与できるとする Teamsters v. United States, 431 U.S. 324 判決だけでなく、そのような犠牲者だけに補償的救済を与えるとする市民権法706条(g)の方針を無視する」[70] と述べる。そして、当該事例では「レイオフから保護された黒人のいずれもが差別の犠牲者であり、また差別の犠牲者に遡及的なシニオリティが与えられたとは示されていない」[71] として、当該 AA を違法とした。

これに対し、Blackmun 裁判官反対意見 (Brennan, Marshall 裁判官同調) は、差別の弊害を被差別グループ全体に及ぼされる構造的なものとして捉え、706条(g)はグループの救済のための規定だと解し、その受益者は差別の事実上の犠牲者に限られないとした[72]。

Stotts 判決を受けて、合衆国司法省や訟務長官は、706条(g)を実際の差別の事実上の被害者への救済として解釈した[73]。Sheet Metal Workers 判決[74] では、上告人は、当該規定について、差別の実際の被害者でない者を利する可能性のある差別をなくすために、使用者や労働組合に積極的措置の実施命令を、裁判所に禁止するものだと主張した。

これに対して、Brennan 裁判官相対多数意見 (Marshall, Blackmun, Stevens 裁判官同調) は、当該規定には「違法な差別を救済するための『適切な』衡平法上の救済をする広範囲にわたる権限を与えるという議会の意思が明確に現れている」とした上で、この規定は「差別以外のいずれの理由によって」組合への入会を拒否された者の入会を組合に命じることを禁止したものであるとして、上告人の主張は法律の文言を歪めているとする[75]。そして、「この規定は、文面上、原告が組合（あるいは使用者）による違法な差別を立証したが、当該組合側も例えば資格がないことを理由にたとえ差別がなくてもある者が採用を拒否されていたことを立証したような場合を言及しているにすぎ

---

70) *Id.* at 580.
71) *Ibid.*
72) *Id.* at 612-13.
73) Kathleen M. Sullivan, *Sins of Discrimination : Last Term's Affirmative Action Cases*, 100 HARV. L. REV. 78, 85-86 (1986).
74) 当該判決については、本章第5節参照。
75) 478 U.S. at 446-47.

ない。その状況では、706条(g)は、裁判所は資格のない者を組合に入会させることはできないことを確認する」[76] ものだと判示した。

　以上のように、市民権法706条(g)の解釈に関して、Stotts 判決 White 裁判官法廷意見と Sheet Metal Workers 判決 Brennan 裁判官相対多数意見の解釈が異なったのは、問題となった AA の性質の違いと深く関係している。Sheet Metal Workers 判決で問題となった AA に伴う負担が組合員の採用・加入であったのに対して、Stotts 判決で問題となった AA に伴う負担はレイオフという非常に重い負担であった[77]。そして、White 裁判官法廷意見の解釈は、その後の合衆国控訴裁判所の判決ではとられておらず、当該事例に限定したものだと合衆国最高裁は判示する[78]。事実、Stotts 判決で White 裁判官法廷意見に同意した Powell 裁判官は Sheet Metal Workers 判決では、「706条(g)は差別の事実上の犠牲者に限定されない」と判示する[79]。さらに、Sheet Metal Workers 判決では、White 裁判官自身が「706条(g)は、あらゆる場合に、差別の犠牲者でない者への救済を禁じたのではない」と判示する[80]。

　以上から、AA に伴う負担が非常に重い事例を除いて、合衆国最高裁は、AA の直接の受益者は差別の事実上の犠牲者に限られない、という見解をとっている。合衆国最高裁のそうした見解は、AA による救済の目的は特定の個人の補償にはなく、差別されたクラス全体への差別の影響の救済と将来における同様の差別の防止にあるとの見解に依拠している[81]。差別とはグループに属するすべての者に影響を及ぼすが、AA に伴う補償を受ける者を差別の事実上の犠牲者に限定するとの見解をとれば、特に有資格者に高い資格を要求する分野では、AA の受益者が差別の事実上の犠牲者だと立証するのは難しく、AA を正当化するのは難しい[82]。

---

76)　*Id.* at 447.
77)　Sheet Metal Workers 判決で問題とされた負担は些細なものだと認識されている (*Id.* at 483)。他方、レイオフが非常に重い負担であることは Wygant 判決の Powell 裁判官相対多数意見で確認されている (476 U.S. at 283. 当該判決については、第2章第2節第3項参照)。このことは、問題とされた AA を合憲とした反対意見でも認められている (*Id.* at 309-10 (Marshall, J., jointed by Brennan & Blackmun, JJ., dissenting); *Id.* at 317-19 (Stevens, J., dissenting))。
78)　478 U.S. at 475 n.47.
79)　*Id.* at 483.
80)　*Id.* at 499.
81)　478 U.S. at 474.

第7節　差別の直接の加害者でない者に Affirmative Action に伴う負担を課すことは許されるのか

　本節では、第3の問題について、合衆国最高裁がどのような立場をとっているのかを考察する。まず、Fullilove 判決を参照する[83]。Fullilove 判決では、公共事業に対する連邦補助金の少なくとも 10％をマイノリティ系業者のために使用することを義務づけている連邦公共事業雇用法の合憲性が争われた。当該法律の目的は、広範囲にわたる社会的差別を救済することだとされていた。Burger 首席裁判官相対多数意見 (White, Powell 裁判官同調) は「過去の差別の影響を取り除く、制限されかつ密接に仕立てられた救済をするとき、〔直接に差別行為をしていない〕者による『負担の分担』は認められないわけではない」と述べる[84]。

　この立場は、Wygant 判決の Powell 裁判官相対多数意見でもとられている[85]。同相対多数意見は、上記の Burger 首席裁判官相対多数意見の「〔直接に差別行為をしていない〕者による『負担の分担』は認められないわけではない」という部分を引用し、「人種差別を根絶する我が国の献身の一部として、直接に差別をしていない人々は救済に関するいくらかの負担に耐えることを求められる」と述べる[86]。Powell 裁判官相対多数意見のこの部分には、AA に懐疑的な立場をとる Rehnquist 裁判官さえも同調している。

---

82)　人権を個人の尊厳から導出すれば、人権の共有主体は基本的に個人である。しかし、差別を構造的なものと捉え、AA をグループへの救済であると考えるならば、平等という人権の共有主体は個人かグループかという問題が生じる。この点については、機会を改めて考察する。AA が個人的正義かグループ的正義かについて考察する文献として以下参照。西村・前掲注 56) 257-59 頁；松田聡子「男女平等とアファーマティブ・アクション」佐藤功先生喜寿記念『現代憲法の理論と現実』(青林書院、1993) 33 頁、34-62 頁；穐山守夫「逆差別と正義」法学研究論集 1 号 (1994) 1 頁。

83)　Fullilove v. Klutzunick, 448 U.S. 448 (1980). 当該判決については、第2章第2節第2項参照。

84)　*Id.* at 484.

85)　当該判決については、第2章第2節第3項参照。

86)　Wygant, 476 U.S. at 280-81.

また、Wygant判決で反対意見を述べた裁判官達は「社会的差別」を救済の対象として認めているため、差別行為を直接行っていない者にAAに伴う負担を課すことを認めている[87]。このことから、差別を直接していない者にAAに伴う負担を課せるとの考えは、合衆国最高裁の多数を占める見解だと言える。

実際、雇用判断や入学者選抜の場でAAを行う場合、差別行為を直接に行っていない者に負担を課さねばそもそもAAは実施できない。というのも、差別行為を直接行ってきたのは使用者や学校であり、AAにより地位の獲得を否定された者ではないからである。

合衆国最高裁が以上の立場をとるのはどのような理由に基づくのか。Fullilove判決で問題となった連邦法は、白人が多数を占める連邦議会で採択された。Wygant判決では、マイノリティを優遇する労働協約の合憲性が問題となり、それは白人が多数を占める教員組合で承認された。双方の事例とも、多数派が自主的に自己の利益を放棄している。この場合には、差別の直接の加害者でない者にAAに伴う負担を課せるのかという点は問題にはならないのかとも考えられる[88]。

Wyant判決Marshall裁判官反対意見（Brennan, Blackmun裁判官同調）は、当該事例で問題となった労働協約は、それにより不利益を受ける白人が多数を占める教員組合の内部で認められたという事実を認識する[89]。その上で、同反対意見は、労働協約の負担が差別の直接の加害者でない者にかかることを問題とせず、白人と黒人の2つの人種グループ間でのレイオフの負担が労働協約によって均整のとれたものとなる、とする[90]。同反対意見は、不利益を受ける者が自主的に自己の利益を放棄する場合には、差別の直接の加害者でない者にAAに伴う負担を課すことは問題とならないとしており、自主的に自己の利益を放棄したとする単位を個人ではなく、グループとして捉える。

これに対し、Powell裁判官相対多数意見は、人種を理由とした政府の取扱を受けない権利の「放棄」は、その影響を受ける者によってなされるべきだ

---

87) 社会的差別の概念について、本章第8節参照。
88) *See* John Hart Ely, Democracy and Distrust: A Theory of Judicial Review, Harvard University Press 170-72 (1980). 邦訳として、佐藤幸治・松井茂記訳『民主主義と司法審査』（成文堂、1990）参照。
89) 476 U.S. at 296-99.
90) *Id.* at 309.

と批判する[91]。同相対多数意見は、労働協約は、それによりレイオフされる心配のない教員組合のメンバーによって同意されたにすぎないため、不利益を受ける者が自主的に自己の利益を放棄したとの理由から、差別の直接の加害者でない者にAAに伴う負担を課すことはできないとする。同相対多数意見は、自主的に自己の利益を放棄したとする単位を個人として捉える。

　AAによって不利益を受ける個人がそれを支持するとは考えられないので、Powell裁判官相対多数意見の立場では、AAによって不利益を受ける者が自主的に自己の利益を放棄したとの理由から、差別を直接していない者にAAに伴う負担を課すことを正当化するのは難しい[92]。そこで、別の正当化理由が必要となる。

　Wygant判決Powell裁判官相対多数意見は、差別の直接の加害者でない者にAAに伴う負担を課すことを認める。その際に、Fullilove判決Burger首席裁判官相対多数意見に依拠する。同意見は、非マイノリティであることが差別から利益を受けていたことと高い相関関係があると想定している[93]。

　Wygant判決Powell裁判官相対多数意見は、救済の対象となる差別を狭く捉えるが、個別具体的な差別の存在を証明する必要はないとするため、Burger首席裁判官と同じ見解に立つと思われる[94]。Wygant判決Marshall裁判官反対意見も、「社会的差別」の救済による正当化を認めており、また、先にも見たようにグループに基づくアプローチを採るため、Burger首席裁判官と同じ見解に立つと思われる。

　以上の考えに従うと、差別の救済により正当化されるAAに関して次の定式が成り立つ。共同体はマイノリティを差別しており、彼らに補償の義務がある。その補償の義務は共同体に属する非マイノリティ・グループのメンバーが負う。非マイノリティ・グループの各メンバーはマイノリティに対す

---

91)　*Id.* at 282 n.8.
92)　Marshall裁判官反対意見の見解に立ったとしても、AAが不利益を受けるグループによって作られたのではない場合には、差別を直接していない者にAAに伴う負担を課すことは正当化できない。Croson判決（488 U.S. 466）はその例である。というのも、Richmond市議会は、マイノリティの業者を公共事業契約において優遇する条例を制定したのであるが、市議会の定数9のうち5人の議員が黒人であったからである。つまり、議会でマジョリティである黒人が議会でマイノリティである白人の利益を侵害し、自己の利益を実現する条例を制定したのである。
93)　448 U.S. at 485.
94)　*See* Kenneth L. Karst, BELONG TO AMERICA, Yale University Press 164-65 (1989).

る補償の「公正な分担」を負う[95]。

Wygant 判決 Powell 裁判官相対多数意見は「いくらか」の負担であれば差別の実施者に負わせることができるとしている[96]。合衆国最高裁は、あらゆる事例で、目的達成のためにとられた手段が密接に仕立てられているためには、差別を直接に行っていない者に課される負担は最小限でなければならない、との要件を挙げる[97]。問題は、その負担がどの程度であれば許されるのかにある。

第8節　救済の対象となる差別
——社会的差別と特定された差別

第1項　差別の認定方法

合衆国最高裁は、差別を社会全体に浸透した構造的なものとして捉え、補償的正義論に伴う問題を柔軟に解釈する（本章第4節～第6節）。問題は、救済の対象となる差別の範囲にある。救済の対象となる差別の概念には、その範囲を広く捉える社会的差別、そして逆に狭く捉える特定された差別の2つがある。本節では、2つの差別の概念の違いを考察する。

差別が存在するかどうかの認定は主として統計上の証拠に基づいて行われ、双方の差別の概念の捉え方の違いは、その統計上の証拠の用い方に現れる。以下、合衆国最高裁の判例を参照し、双方の差別の概念の違いを考察する。

Weber 判決で、合衆国最高裁は社会的差別の救済による正当化を認めた[98]。社会的差別の存在を認定するには、黒人が当該地域の労働人口と当該職種に占める割合に不均衡があることを証明する必要があるとされた[99]。この見解の背景には、差別がなければ、グループ間での不均衡は存在しないは

---

95)　*See id.* at 167.
96)　476 U.S. at 280-81.
97)　Powell 裁判官は、密接に仕立てられているのかを判断する要件の中でもこの要件を最も重視している（Sheet Metal Workers, 478 U.S. at 486）。
98)　当該判決については、本章第5節参照。
99)　443 U.S. at 212.

ずだという考えがある[100]。

Croson 判決[101]では、市と公共事業の 1 次契約を締結した業者が契約総額の 30％をマイノリティ所有の業者に留保しなければならないとする条例の合憲性が問題とされた。合衆国最高裁は社会的差別による正当化を否定し、特定された差別だけが AA を正当化できるとした。O'Connor 裁判官は、1 次契約を締結した建設業者に占めるマイノリティ所有の業者の割合と市の人口に占めるマイノリティの割合との不均衡に依拠するのは誤りだとする。特定された差別を認定するためには、マイノリティ所有の業者が契約を締結した業者に占める割合と契約締結に値する業者に占める割合との間に不均衡を証明する必要がある[102]。この見解の背景には、グループ間の不均衡の原因は差別だけでなく、差別がなかったとしても、あらゆる業界が人口構成比通りに構成されるわけではないという考えがある[103]。

第 2 項　留保数値への影響

Croson 判決 O'Connor 裁判官法廷意見は、差別の認定にあたって Weber 判決よりも厳格な立証要件を課す。その影響は、ある一定の数値をマイノリティに留保する際に、許容される留保の数値の認定方法の違いに現れる。例えば、Fullilove 判決では、社会的差別の救済による正当化が認められ、公共事業に対する補助金の少なくとも 10％をマイノリティ企業のために使用することを義務付けている連邦公共事業法の合憲性が問題となった。10％という数値はマイノリティ所有の業者が合衆国内の関連する業界に占める割合とマイノリティが労働人口に占める割合のおおよそ中間で決定されたものである[104]。

他方、Croson 判決で問題とされたマイノリティ留保条項は 30％という数値を設定していた。その数値は、マイノリティ所有の業者が 1 次契約を締結

---

100)　*See* Note, *The Nonperpetuation of Discrimination in Public Contracting: A Justification for States and Local Minority Business Set-Aside After Wygant*, 101 HARV. L. REV. 1797, 1809 (1988).
101)　当該判決については、第 2 章第 3 節第 1 項参照。
102)　488 U.S. at 498-506.
103)　*Id.* at 503.
104)　448 U.S. at 513-14.

した業者に占める割合 (0.67％) とマイノリティが市の人口に占める割合 (50％) のおおよそ中間で設定され、Fullilove 判決に従ったものである。しかし、Croson 判決では、典型的な厳格審査の下で、30％という数値は密接に仕立てられているとは言えないとされた[105]。その判断は、差別がなければ、マイノリティが各職業に占める割合と労働人口に占める割合が同じになることは「まったく現実的でない想定」であるとの考えに依拠する[106]。いずれにしても、Fullilove 判決で採られた数値の設定方法が使用できなければ、資格のあるマイノリティが著しく少ない状況にあっては、マイノリティに対して一定の数値を留保する AA が認められるのは難しい。また、認められる留保の数値はほとんど役に立たない。

現在、公的使用者が実施する人種に基づく AA に対しては、典型的な厳格審査を適用することが確立している。典型的な厳格審査の下では、特定された差別の救済による正当化だけが認められる。故に、公的機関が差別の救済を理由に AA を正当化する場合、その正当性が認められるのは困難である[107]。

ただし、O'Connor 裁判官は、民間の使用者が実施する AA にも特定された差別の概念を用いているようだが、Weber 判決にかぎり、マイノリティが当該職種と労働人口に占める割合を比較する統計方法を以下のように認める[108]。Weber 判決で問題となった AA は、職業訓練プログラムに関係する。Weber 判決において、使用者は経験者だけを熟練工として採用し、唯一、組合がその経験を与えている。しかし、組合に加入する段階で黒人に差別がなされている。黒人が熟練工と地域の労働人口に占める割合の不均衡により証明された「明白な人種的不均衡」は差別を立証する十分な証拠である。黒人の熟練工の少なさは熟練工組合からの黒人の排除の結果であることはほぼ疑いがない。

しかし、O'Connor 裁判官は、黒人が熟練工に占める割合の少なさと差別の因果関係が明確であることから、以上の差別の証明方法を認める。差別との因果関係が明確な場合は少なく、救済の対象となる差別が広く捉えられるのは稀である。

---

105) 488 U.S. at 507.
106) *Ibid.*
107) 大沢秀介「最近のアファーマティヴ・アクションをめぐる憲法問題――クロソン判決を素材に」法学研究 63 巻 12 号 (1990) 223 頁、253-56 頁参照。
108) Johnson, 480 U.S. at 651-52.

第 9 節　差別の救済による正当化と能力主義との関係

　雇用判断や教育機関の入学者選抜に関する AA の 1 つの性質として、直接の受益者が既存の基準で獲得する評価は、通常の選抜過程で地位を獲得するのに要求される水準よりも低いことが挙げられる。
　「伝統的に、社会的評価の高い地位は、最も資格のある者が獲得すべき」と考えられている[109]。AA の反対者は、試験や成績といった既存の基準を絶対視し、その基準で評価が少しでも上の者が地位を獲得すべきと考える[110]。反対者にとって「最も資格のある者」とは、既存の基準で最も高い評価を獲得した者である。直接の受益者は地位の役割を首尾よくこなす資格のある者であるとの主張が学説[111]と判例[112]で展開され、場合によっては反対者もそれが妥当だと認めることもあった[113]。しかし、有資格者の数が地位の数よりも多い場合、有資格者が必ず地位を獲得できるわけではない。反対者が問題にするのは、地位の役割を首尾よくこなす資格を有しているか否かを超えて、限られた数の地位を獲得できる水準の資格を有しているか否かである。
　合衆国最高裁で AA に肯定的な立場をとる裁判官は、対象者を判断する際に人種に併せて社会・経済的な状況を考慮し、社会・経済的に不利な状況にあるマイノリティが直接の受益者となるのであれば、直接の受益者は差別がなければ通常の選抜過程で地位を獲得していたはずとの主張を展開した[114]。

---

109)　Pojman, *supra* note 30, at 191.
110)　Johnson v. Transportation Agency of Santa Clara County, 480 U.S. 616, 674-75 (Scalia J., dissenting) (1987).
111)　Fullinwinder, *supra* note 14, at 78；Rosenfeld, *supra* note 30, at 323; Lapenson, *supra* note 25, at 29-34.
112)　Johnson, 480 U.S. at 641 (Brennan J jointed by Marshall, Blackmun, Powell & Stevens JJ., majority); Grutter v. Bollinger, 539 U.S. 306, 315 (O'Connor J jointed by Stevens, Souter, Ginsburg & Breyer JJ., majority) (2003).
113)　Johnson, 480 U.S. at 675 (Scalia J., dissenting).
114)　拙稿「アメリカにおける階層に基づく（class-based）Affirmative Action の正当性(1)(2・完)」桐蔭法学 19 巻 1 号（2012）1 頁、19 巻 2 号（2013）1 頁第 3 章第 5 節第 1 項参照。

例えば、大学の入学者選抜では、試験の点数や成績は親の職業や経済状況に相当程度左右される。差別の影響から親が低い社会・経済的地位にある場合、子どもは不利な資質形成環境に置かれる。その状況にありながらも一定水準の評価を得た者は、差別の影響がなければ、より良好な資質形成環境にあり、AA がなくとも通常の選抜で合格する水準の評価を獲得していた。

　AA に否定的な立場をとる裁判官も、以上の主張を認める[115]。即ち、直接の受益者が差別から地位の獲得に悪影響を受け、差別がなければ、AA がなくとも通常の選抜で地位を獲得していたことが明確であれば、AA は正当だとする。

　以上の主張は説得的でない。というのも、実際には AA の直接の受益者の多くは、差別によって資質形成等地位の獲得に悪影響を受けていない者だからである（本章第3節）。上位の高等教育機関の入学枠や社会的に評価の高い職種では、地位を獲得するのに既存の基準の評価が相当に必要となる[116]。例えば、大学の入学者選抜では、親の学歴や経済状況により点数に差が出る。直接の受益者の多くは社会・経済的に不利な状況になく、資質形成に不利な影響を及ぼされていない。これに対し、マイノリティ全体に及ぼされる差別があり、社会・経済的に優位な立場にあるマイノリティもそれにより地位の獲得に不利な影響を受けることを理由に、差別の救済による正当化を支持する見解もある[117]。マイノリティ全体に及ぼされる差別は存在するが、それはタクシーの乗車拒否等であり、資質形成などに不利に作用せず、地位の獲得に直接的な悪影響はない[118]。

第 10 節　小　括

　以上、差別の救済により AA を正当化することの問題を考察してきた。社

---

[115]　拙稿・前掲注114)、第3章第5節第3項。
[116]　Yin, *supra* note 19, at 249.
[117]　Frederick A. Morton, Jr, *Class-based Affirmative Action: Another Illustration of America Denying the Impact of Race*, 45 Rutgers L. Rev. 1089 (1993).
[118]　Richard D. Kahlenberg, *Getting Beyond Racial Preferences: The Class-Based Compromise*, 45 Am. U.L. Rev. 721, 726-27 (1996).

会・経済的に不利な状況は機会の平等を形骸化させ、実質的平等の保障を妨げ、それが生じる主たる原因は差別の影響である。それ故、差別の救済によるAAの正当化が主張された（本章第2節）。しかし、直接の受益者の多くは社会経済的に優位な状況にあり、資質形成など地位の獲得に関連する事柄で差別により悪影響を受けていない（本章第3節）。差別の救済による正当化の理論的根拠は複合的であり、補償的正義論と分配的正義論にある（本章第4節第2項）。そして、補償的正義論に依拠することには、3つの理論的問題があった。第1にAAの実施者は差別の実施者に限られるのか、第2にAAの直接の受益者は差別の事実上の犠牲者に限られるのか、第3に差別を直接に行っていない者にAAに伴う負担を課すことは許されるのかである（本章第4節第1項）。補償的正義論に基づいてAAを正当化しようとする学説の試みは、これらの問題に完全に答えることができず、理論的に劣勢に置かれていた（本章第4節第3項）。差別の救済を理由としたAAの正当性が問題とされた合衆国最高裁の判例でも、3つの問題が重要な論点となった。合衆国最高裁の多数の裁判官は、これらの問題を柔軟に解釈し、差別を社会に浸透した構造的なものと捉えた。多数の裁判官は、AAの実施者は差別の実施者に限定されず（本章第5節）、AAの直接の受益者は差別の事実上の犠牲者に限定されず（本章第6節）、差別を直接行っていない者にAAに伴う負担を公正な範囲において課すことができると解した（本章第7節）。しかし、合衆国最高裁の多数の裁判官は、典型的な厳格審査の下で、救済の対象となる差別として社会的差別を否定し、特定された差別だけを認めた（本章第8節）。特定された差別の立証要件は厳格であり、差別の救済によりAAを正当化するのは難しくなった。補償的正義論に伴う理論的問題を柔軟に解釈した合衆国最高裁の裁判官が、救済の対象範囲を狭く捉え、差別の救済により正当化できる場合を非常に限定したのは、補償的正義論に伴う理論的問題が学説上十分に解決されていないことが関係していると考える。差別の救済は誰もが認め、非常に強力な正当化理由である。しかし、個々の事例を考えたとき、直接の受益者が差別から地位獲得の資質形成に悪影響を被っていると証明するのは難しく、実際にAAを正当化するのは非常に難しい（本章第9節）。

第4章
将来志向の Affirmative Action

第1節　序

第1項　問題の所在

　アメリカ合衆国では、裁判の場で、差別の救済により AA を正当化するのが難しくなった（第3章）。故に、将来の利益の達成により AA を正当化する、将来志向の AA が主張されるようになった。この主張は、合衆国最高裁で AA に関しはじめて実体的な判断を下した、Bakke 判決の Powell 裁判官意見[1]で既に述べられていたが、個別の意見であり、その後も個別意見や反対意見でのみ論じられた。だが、Metro Broadcasting 判決[2]で、緩やかな厳格審査の下ではあるが、将来の利益の達成による AA の正当化が法廷意見により認められた。その後、Grutter 判決[3]で、合衆国最高裁は、典型的な厳格審査の下で、将来の利益の達成による AA の正当化を多数の裁判官により認めた。現在では、将来の利益の達成による正当化が主流となった。

---

1) *See* Regents of the University of California v. Bakke, 438 U.S. 265, 306-15 (1978).
2) Metro Broadcasting Inc. v. FCC, 497 U.S. 547 (1990).
3) Grutter v. Bollinger, 539 U.S. 306 (2003).

第2項　構　成

　将来志向の AA には利点と問題がある。本章では、それらを以下のように考察する。

　将来志向の AA は、その理論的根拠を社会効用論に置いているものがある。そこで、社会効用論に基づくことの利点と欠点を考察する（第2節）。その欠点を回避するには、分配的正義論に理論的根拠を置く必要がある。そこで、分配的正義論に基づくことの利点と批判を考察する（第3節）。次に、将来志向の AA の判例の展開を概観し（第4節）、一連の判例の分析を通じて、AA を正当化できる将来の利益がどのような性質を有するのかを考察する（第5節）。最後に、第1節～第5節の議論をまとめる（第6節）。

第2節　社会効用論

第1項　利　点

　将来志向の AA を正当化する理論的根拠の1つとして、社会効用論がある。社会効用論とは、差別に言及せずに、AA のもたらす将来の利益を強調して、AA を正当化する理論である。これに基づくことには利点と欠点があり、本項は利点を論じる。

　Robert K. Fullinwinder は、雇用判断の AA に関して、2つの効用を挙げる[4]。

　第1に、経済的利益である。それは、AA によって黒人の貧困の連鎖を断ち切ることが社会全体の財を増加させるとの主張である。これに対し、AA によって富が貧困層に移動しただけであり、社会全体の財は総体として変わらないと批判される。しかし、AA によって黒人が利益を得ることで生じる積極的な経済的効果は、白人が利益を失うことでもたらされる消極的な経済的効果を上回る。

---

4)　Robert K. Fullinwinder, The Reverse Discrimination Controversy, Rowman & Littlefield Pub. Inc. 68-72 (1982).

第2に、人種主義の克服の利益である。黒人に対する固定観念やスティグマは、人種差別と貧困の連鎖から生じている。AAによる黒人の地位の向上は、スティグマを壊す。さらに、黒人が政策決定を行う地位に就くと、政策判断に人種的なスティグマを入り込ませない。AAは新たな人種主義を生じさせると批判されるが、スティグマを壊すことで得られる利益は、新たな人種主義が生じさせる負担を上回る。黒人中間層の実質的な発展、黒人共同体へのさらなる所得の流入、黒人の熟練労働者と専門技術の伝統の創造などは、黒人だけでなく社会全体の利益となる。
　以上のように、Fullinwinderは、AAによってもたらされる利益はAAが実施される前よりも社会全体の財を増加させる、と主張する。
　差別の救済によるAAの正当化には多くの理論的問題があり(第3章第4節)、合衆国最高裁では救済の対象となる差別は狭く限定された(第3章第8節)。しかし、社会効用論は利益の最大化に主たる関心があり、差別を問題とせず、補償的正義論の問題を回避できる[5]。社会効用論に基づくと、補償的正義論に基づく場合と比べて、AAは容易に正当化できる[6]。

第2項　欠　点

(1) 結果予測の難しさ

　本項では、社会効用論に基づいてAAを正当化することの欠点を考察する[7]。
　まず、結果予測の難しさを考察する。社会効用論は、AAのもたらす利益がそれのもたらす害悪を上回るときに、AAを正当化する。故に、AAにより

---

5) Michel Rosenfeld, Affirmative Action and Justice: A Philosophical and Constitution Inquiry, Yale University Press 94 (1991).
6) *See* John Arthur, *The Limit of Equality* in The Unfinished Constitution : Philosophy and Constitution 242, 254 (1989); Jack Greenberg, *Diversity, The University, And The World Outside*, 103 COLUM. L. REV. 1610, 1618 (2003); David Orenticher, *Diversity: A Fundamental American Principle*, 70 Mo. L. Rev. 777, 811 (2006).
7) 本文中に挙げた3つの欠点のうち、(1)結果予測の困難さ、(2)能力主義との関係は、筆者が判例と学説を検討してまとめた結果、明らかになった点である。(3)マイノリティ排除の可能性は、いくつかの論稿で指摘されている (Derrick Bell, *Diversity's Distructions*, 103 COLUM. L. REV. 1622, 1625 (2003); Fullinwinder, *supra* note 4, at 90-92; Rosenfeld, *supra* note 5, at 100 etc)。

もたらされる利益と害悪をある程度正確に予測する必要がある[8]。

　Fullinwinderは、雇用判断に関するAAが経済的利益と人種主義の克服による利益をもたらすと述べる（本章第2節第1項）。社会的評価の高い地位を対象とするAAがこれらの利益をもたらす理由について、Fullinwinderは以下のように述べる[9]。

　黒人が高収入の職種に就くことによる経済効果は、AAが白人に生じさせる損失によりもたらされる消極的な経済効果を上回る。というのも、貧困が黒人に集中しているからである。したがって、相当数の黒人の収入が増加することには積極的な効果がある。各黒人の就業の獲得は共同体の獲得を、白人の喪失は個人の損失を示す。

　Michel Rosenfeldは、Fullinwinderの主張は2つの想定に基づくとする[10]。第1に、希少な地位が徹底的な競争により白人に割当てられる場合よりも、優先的な理由によって黒人に割当てられることが財をより増加させるとの想定。第2に、希少な地位の黒人への優先的付与は、それを得た者以外の者に利益をもたらすが、AAがなければその地位を得ていた、白人の志願者以外には害悪をもたらさないとの想定。

　第1の想定につき、Rosenfeldは次のように指摘する[11]。経済規模が縮小している場合、AAが社会全体の財を増加させているとは考えにくい。逆の場合、AAが社会全体の財を増加させるのは容易に想像できる。AAの実施がいままでやる気のなかった黒人に市場への参入を動機づけ、AAにより増加した就業機会を利用させる場合に、財の増加が起こる。AAにより直接的に不利益を被る白人は他の職業を見つけ、一方でAAがなければ雇用されなかった黒人は労働市場に参入し、財の増加に貢献する。

　経済規模がAAの実施前後で変わらない場合は、第1の想定は成立しない。故に、第2の想定に立ち、人種主義の克服の利益だけが主張される。

　では、第2の想定は正しいのか。Rosenfeldは次のように指摘する[12]。第2の想定は、AAが黒人にもたらす心理的利益はそれが白人にもたらす心理的害悪に優る、という理論により擁護される。貧困から機会が欠如している

---

8)　Rosenfeld, *supra* note 5, at 95.
9)　Fullinwinder, *supra* note 4, at 69-70.
10)　Rosenfeld, *supra* note 5, at 96.
11)　*Id*. at 96-97.
12)　*Id*. at 97-98.

状態にあっては、マイノリティの目に見える形での成功はマイノリティに希望を与え、状況を改善する途を整える。反対に、わずかな人数の白人が希少な地位を確保できないことは、白人の共同体にあまり悪影響を及ぼさない。権力を行使する地位のほとんどを白人が占めている限り、白人グループの財は個々の白人の失敗によって脅かされない。個々の黒人の成功は黒人の自尊心を向上させるが、個々の白人の失敗は白人グループの自尊心を減じない。

　この主張は、修正 14 条の解釈に照らして考えると一応説得力がある。というのも、修正 14 条はスティグマによる害悪を禁止しており、スティグマはあるグループに属する者の数がある分野で著しく少ないという状態から生じるからである [13]。しかし、この議論は AA がマイノリティの過小代表をなくし、マイノリティの地位を向上させなければ成立しない。これと同じく経済的な利益についても、Rosenfeld の説明を見ると、その主張は AA により過小代表の分野でマイノリティの数が増加し、その地位が向上しなければ成立しない。だが、AA がそれを正当化するために主張された利益を達成するのかどうかについて、結果を予測するのは難しい。

　結果予測の難しさは、判例にも見られる。

　Grutter 判決 O'Connor 裁判官法廷意見（Stevens, Souter, Breyer, Ginsburg 裁判官同調）が AA の正当化理由として認めた将来の利益は以下の 2 つの利益である。第 1 に、様々な背景を持つ学生がいることで教室での議論が活発となり、すべての学生に教育的利益がもたらされる [14]。第 2 に、多様な環境での教育が社会にとって有為な人材を育てるという社会的な利益である [15]。

　同法廷意見は、25 年経てば、AA は以上の利益を促進するために必要はなくなることを述べている [16]。同法廷意見は 25 年でマイノリティの地位が向上すると予測するが、Bakke 判決以降、白人と非白人との教育格差は狭まっておらず、AA が人種間の教育格差をなくすとの予測は成り立たないとされると批判される [17]。

　AA が利益をもたらすのかを肯定する見解にも否定する見解にも、社会学

---

13)　*See* Paul Brest, *The Supreme Court 1975 Term, Foreward: in Defense of the Antidiscrimination Principle*, 90 HARV. L. REV. 1, 8-12 (1976); Rosenfeld, *supra* note 5, at 304. 　修正 14 条の解釈については、第 1 章第 3 節参照。

14)　539 U.S. at 328.

15)　*Id.* at 331-33.

16)　*Id.* at 342.

的証拠があり、どちらの主張が正しいのかを判断するのは難しい[18]。故に、AA が利益をもたらすという想定が多数を占めれば認められ、逆であれば認められない。社会効用論の利点として認められ易さを挙げたが、結果予測の難しさという欠点はそれと表裏一体である。

(2) 能力主義との関係

AA の 1 つの性質は、AA により不利益を受ける者よりも既存の基準でいくらか評価の劣る対象者を積極的に取扱うことで地位を与えることである。人々は、自身がある一定のレベルに達した場合には、相応のものが得られるとの期待を持つ[19]。故に、AA はこの期待に反すると批判される。しかし、既存の基準での評価の高さは重要だが絶対的ではなく、社会的な目的により覆されることがある[20]。既存の基準が選抜の際に絶対的な基準として使用されないとき、それは社会効用論に基づく。社会効用論により AA を正当化する場合、AA により既存の基準で評価の劣る者に地位が与えられても、AA によって社会全体の財が増えれば問題はない。だが、地位の役割を十分にこなす資格がない者に地位を与えると、効用を減じ、すべての者が不利益を受け、直接の受益者の自尊も害する[21]。無資格者に地位を付与する場合には、経済的利益も人種主義の克服ももたらされず、社会効用論に基づいて AA を正当化できない。

だが、AA は無資格者に地位を与える施策だとは認識されていない[22]。AA は、有資格者を対象としており、能力主義には反しないと考えられている[23]。しかし、単純に考えれば、既存の基準で最も高い評価を獲得した者に地位を割当てることが利益を最大化すると想定され、この想定に答えねばならない[24]。

---

17) Carl Bankston III, *Grutter v. Bollinger: What Foundations?*, 67 Ohio St. L.J.1, 3-4 (2006).
18) *Id*. at 10.
19) Louis P. Pojman, *The Moral Status of Affirmative Action* in Affirmative Action: Social or reverse discrimination?, Prometheus Books 176, 183 (1997).
20) *Id*. at 191.
21) Rosenfeld, *supra* note 5, at 323.
22) 539 U.S. at 338.
23) この点については、中林暁生「アファーマティヴ・アクションとメリット」辻村みよ子編『世界のポジティヴ・アクションと男女共同参画』(東北大学出版会、2004) 321 頁参照。

この点、雇用判断に関する AA に関して、労働には各労働者が個別に行うものと、相互に連携して行うものがあり、後者の場合、労働能率はいくつかの要素から複合的に判断され、マイノリティの増加は労働能率を高めるとも主張される[25]。また、高等教育機関の学生構成の多様性が教育的利益をもたらし、それにより社会の必要とする人材を育成できるとも主張される[26]。個々の能力の高さよりも、その地位の役割を遂行する能力が求められる分野は、数多く存在する[27]。

既存の基準で評価の劣る者に AA により地位を与えても、社会全体の財は増加すると主張でき、最も資格のある者に地位を与えることは必ずしも利益を最大化しない、と主張できる。しかし、これらの利益が実際にもたらされるのかを予測するのが難しいとの問題はつきまとう。

(3) マイノリティ排除の可能性

社会効用論の認められやすさという利点には以下の欠点がある[28]。AA を正当化する際に補償的正義論でなく社会効用論に基づくと、マイノリティは権利として自らが AA の利益を受け取ることを主張できない。また、社会効用論は公衆の利益に依拠するが、公衆の利益は変わる。マイノリティの排除が公衆の利益になったとき、マイノリティを排除して非マイノリティを優遇する施策が正当化される。

つまり、AA の直接の受益者は「思いがけない受益者」[29]にすぎない。社会効用論に基づく AA は、補償的正義論に基づく AA と比べて認められやすい反面、容易に廃止される危険がある。また、AA により不利益を被る者の観点からすると、社会全体の利益と個人の利益を比較されるため、不利益を受ける結果になり易い。

---

24) Rosenfeld, *supra* note 5, at 98; Pojman, *supra* note 19, at 183.
25) Fullinwinder, *supra* note 4, at 87.
26) 539 U.S. at 328-31.
27) Pojman, *supra* note 19, at 192.
28) Fullinwinder, *supra* note 4, at 90-92.
29) Bell, *supra* note 7, at 1625. Bell は、AAはマジョリティが許容できる範囲で実施されるにすぎない、と主張している (Derrick Bell, *Brown v. Board of Education and the Interest-Convergence Dilemma*, 93 HARV. L. REV. 518. 522-28 (1980))。

第3項　Dworkin の社会効用論

(1) 理　論

　社会効用論に基づいて AA を正当化する最大の欠点は、マイノリティの排除だとされる[30]。この欠点の原因は、社会効用論の主たる関心が社会全体の財の増加にあり、マイノリティを排除する施策と AA を区別していないところにある。この点、Ronald Dworkin は功利主義的論証を用いながらも、社会効用と個人の権利を対比して詳細に論じることでマイノリティを排除する施策と AA を区別し、社会効用論に基づいてもマイノリティを排除する施策は正当化されえないとする[31]。社会効用論の欠点を克服する Dworkin の試みは AA の正当化根拠を考える上で示唆に富んでいる。

　Dworkin の主張の重要な点は、平等に対する個人の権利を考慮することにある[32]。この権利には、平等の処遇に対する権利と平等な者として処遇される権利がある、とされる[33]。前者は「ある種の機会や資産や負担を平等に分配される権利」として、後者は「ある種の負担や利益につき同一の分配を受ける権利ではなく、他のすべての人々に対すると同様の尊重と配慮をもって処遇される権利」だと定義される[34]。そして、後者が基本的な権利であり、前者は後者から派生した権利だとされる[35]。

　Dworkin は、ある者を不利な状態に置く施策は、「社会の総体的収益が相対的損失を上回ると合理的に期待される場合」に正当化されるとする[36]。そし

---

30) Rosenfeld, *supra* note 5, at 100.
31) Ronald Dworkin, Taking Rights Seriously, Harvard University Press（1977）の第9章 'Reverse Discrimination' 参照（邦訳として、木下毅・小林公・野坂泰司訳『権利論〔増補版〕』（木鐸社、2003）；小林公訳『権利論Ⅱ』（木鐸社、2001）がある。'Reverse Discrimination' は「逆差別」と題され、『権利論〔増補版〕』において第8章として収録されている）。高橋一修は、第9章 'Reverse Discrimination' は「アメリカの逆差別問題研究者の必読の文献」だと評しており、現在でもそれは妥当する（高橋一修「Regents of the University of California v. Bakke, 438 U.S. 265 (1978)——州立大学医学校入学者選考制度におけるいわゆる逆差別」アメリカ法 1980-1・153 頁、158 頁注 20）。
32) *Id.* at 226（304 頁）。引用部分については『権利論〔増補版〕』の訳による。邦訳の頁数を（　）に示すこととする。
33) *Id.* at 227（304 頁）。
34) *Ibid*（304 頁）, *Ibid*（305 頁）。
35) *Ibid*（305 頁）。

て、損失を被る者の平等な者として処遇される権利は「社会全体に収益が生まれることを理由に無視されることもありうる」と主張する[37]。

　以上のように、Dworkin は社会効用論の立場を採るため、彼の理論にはマイノリティを排除する施策を正当化する可能性があるように思われる。この欠点を克服するために、Dworkin は「功利主義的な」意味での社会の向上と「理想的な」意味での社会の向上という概念を用いて、AA とマイノリティを排除する施策を区別しようと試みる。

　Dworkin は「一定の成員の状態が悪化するにもかかわらず社会は総体として向上する」とき、これには「功利主義的な」意味での社会の向上と「理想的な」意味での社会の向上という2つの意味があり、「どのような正当化も、どちらの意味を念頭に置いているのかを明確に示さなければならない」とする[38]。前者は、「ある個人の状態が悪化しても社会福祉の平均的あるいは相対的レヴェルが向上する」ことを意味する。後者は「平均的福祉の増大とは無関係に、社会がより正義に合致し、あるいは他の何らかの意味で理想的な社会により接近する」ことを意味する[39]。Dworkin に依れば、AA は双方の意味での社会の向上の立証が可能だが、マイノリティを排除する施策は、「功利主義的な」意味での社会の向上だけを立証できる[40]。Dworkin は、ここに差別的な施策と AA との違いを見出している。

　以下の理由から、マイノリティを排除する施策は「功利主義的な」意味での社会の向上を促進すると証明できない[41]。功利主義的論証では、人々のある種の財や機会を自身が享受することに対する「個人的選好」を比較考量することで優先事項を決定するのであり、その際、他者に財や機会が割当てられることに対する「外的選好」に影響されてはならない。なぜなら、各人は1人として数えられるべきであり、いかなる者も1人以上として数えられてはならず、他者の評価が自己の評価に影響を及ぼすとき、功利主義的論証は他者が抱く尊厳や感情に左右され、それの平等主義的性格は崩れ去るからである。マイノリティに不利益を与える施策は、理論上、個人的選考に基づい

---

36)　*Ibid*（306頁）。
37)　*Ibid*（306頁）。
38)　*Id.* at 232（311-12頁）。
39)　*Ibid*（312頁）。
40)　*Ibid*（312頁）。
41)　*Id.* at 234-38（315-19頁）。

て正当化される。しかし、特定のマイノリティに対するスティグマの強い共同体では、功利主義的論証が算入する個人的選好は他者のスティグマに侵されやすく、マイノリティに対する不利益を正当化する功利主義的論証は公正ではない。

(2) 批　判

Robert L. Simon は、Dworkin の主張はマイノリティの排除という問題を解決していないと批判する[42]。

Simon は、マイノリティを排除する選好は外的選好を伴わない個人的選好だけで成立する、と以下のように述べる[43]。ある特定の社会で、望ましい職業に就くことが白人男性に限られていると想定する。女性とマイノリティは、そのような地位を得るために自らにも平等な考慮が与えられることを要求する。これに対し、白人男性は制限を維持し続けることを望むが、これは女性やマイノリティがその地位に就いてほしくない、という外的選好が理由ではない。白人男性は、志願者の母集団の拡大により、望ましい地位を確保する自身の機会が減じられるところに理由を求める。白人男性は、純粋に個人的選好によって、その地位に関して古くからある制限を維持し続けることを望む。

Simon は、社会効用論に依拠する立法者は考慮の1つの事項として女性とマイノリティの損失を考慮に入れるが、「社会全体の収益が生じることで無視される」[44] と合理的に結論づけることができるかもしれない、と Dworkin の論稿を引用して主張する[45]。つまり、Simon に依れば、「我々が、女性とマイノリティへの差別を支持する、功利主義論を否定するならば、白人男性への不利益を正当化する功利主義論も否定すべき」[46] ことになる。

Simon の主張はマイノリティを排除する施策が個人的選好だけで支持されると十分に説明できない、と Rosenfeld は主張する[47]。即ち、志願者の成功する望みを改善するには、マイノリティを排除する以外にも多くの異なる手

---

42) Robert L. Simon, *Individual Rights and 'Benign' Discrimination*, 90 Ethics 88, 92 (1979).
43) *Id.* at 93.
44) Dworkin, *supra* note 31, at 227（306頁）。
45) Simon, *supra* note 42, at 93.
46) *Id.* at 94.
47) Rosenfeld, *supra* note 5, at 106-07; *See also* Simon, *supra* note 42, at 93.

段がある。白人男性がそれよりもマイノリティを排除する施策を好む場合、自身の成功の見込みを増やす個人的選好に加えて、マイノリティに不利益を課す外的選好も白人男性の志願者は有している。

　マイノリティを排除する施策への社会効用論に基づく支持が個人的選好だけでは成立しないという点で、Dworkinの見解は正しい。しかし、Rosenfeldは、外的選好の考慮が平等な者として処遇される権利と矛盾しないとする。Rosenfeldは、自身の子供の豊かさを求める親の選好は、平等な者として処遇される子の権利を、脅かすというよりも促進するとして、さらに、そのような選好は、自身の子と競争する他者の平等な者として処遇される権利を侵害しないとする[48]。だが、先述のように、Dworkinは、いかなる者も1人以上に数えられてはならず、他者の評価が自己の評価に影響を及ぼすとき、社会効用論の平等主義的性格が崩される、としている。とすれば、外的選好が影響を及ぼす以上、この選好は子と競合する他者の平等な者として処遇される権利を侵害する。

　だが、このような親の選好は単なる外的選好ではなく、子供の地位の高まりが自身の利益になるという個人的選好も含み、2つの選好は密接に結びついている。このような例は無数にあるため、外的選好に言及しないことは個人的選好を十分に考慮しないことにもなる[49]。Dworkinの理論は魅力的だが、2つの選好の区別が難しいという点で用いるのは難しい。

第3節　分配的正義論

第1項　分配的正義論によるAffirmative Actionの正当化

　社会効用論に依拠することには、マイノリティの排除が理論上正当化されるという欠点がある。その欠点を回避するには、理論的根拠を分配的正義論に置く必要がある。

　阪本昌成に依れば、分配的正義論の代表的見解とは、「利益と負担は、権利、

---

[48]　*Id.* at 107.
[49]　*Ibid.*

功績、メリット、貢献および必要性といった関連する考慮に応じて分配される」というものである[50]。利益と負担の分配は社会に存在する教育・経済的不平等の削減を目的とするが、それは、結果の平等ではなく、十分な機会の保障を要求する。

「十分な機会の保障」とは何を意味するのか。これを考察するにあたり、生まれの偶然がもたらす不平等を克服し、機会の平等を実質的に保障しようとする John Rawls の正義論が参考となる。

正義論で、Rawls は社会・経済的な格差の発生を認めるが、それは次の条件に従ったものでなければならないとする。即ち、「社会・経済的不平等は、(a)正義にそった貯蓄原理と相容れる形で最も不利な状況にある人々の利益の最大化のために、かつ(b)公正な機会均等の諸条件の下で、すべての人々に開かれた地位と職務を伴うように、という2つの条件を満たすように配列されるべきである」[51]。ここで言う「公正な機会均等の諸条件」とは、すべての者に形式的に平等な法制度が存在するといった制度的なものにとどまらず、人々が生まれによる偶然によって、能力が発揮できない不平等な状況に置かれないことを含む。その状況を改善するために、分配的正義論は利益と負担の分配を行う。

Rawls の正義論に従えば、分配的正義論に依拠することで、マイノリティの排除の正当化といった懸念を回避できる。故に、AA の支持者は、将来志向の AA の理論的根拠を社会効用論ではなく、分配的正義論に置く必要がある。

ところで、分配的正義論は公正な機会が保障された上での社会・経済的格差を認めているため、それに基いて行われる不利な状況に置かれている者への優遇的な利益の分配は、不利な状況が、本人の能力とは無関係な不正義から生じたものでなければならない。差別は本人の能力とは関係がなく、公正な機会の保障を妨げるため、分配的正義論は差別と関連する[52]。ただし、こ

---

50) 阪本昌成「優先処遇と平等権」公法研究 45 号 (1983) 98 頁、103 頁 (quoting James W. Nickel, *Preferential Policies in Hiring and Admissions: A Jurisprudential Approach*, 75 COLUM. L. REV. 534, 539-40 (1975))。

51) John Rawls, A Theory of Justice, Belknap Press 302 (1971). 邦訳として、矢島鈞次監訳『正義論』(紀伊国屋書店、1979) 参照。Rawls の議論について詳しくは、大日方信春『ロールズの憲法哲学』(有信堂高文社、2001) 参照。

52) 阪本・前掲注50) 103 頁。

こで言う差別を証明するには、不平等な状況が不正義から生じたことを明らかにすればよい。つまり、差別の責任が誰にあるのかといった補償的正義論に特有の問題を提起しない。故に、差別の存在の立証を必要とするといっても、補償的正義論に特有の問題を提起していないことから差別の救済による正当化ほど厳密な差別の立証要件は課されない53)。

第2項　分配的正義論に基づく Affirmative Action への批判

　Fullinwinder は、社会効用論が黒人と白人を問わず差別を許す危険を認識しながらも54)、社会効用論は雇用判断に関する AA を擁護するのに最も優れた議論だとし、分配的正義論による AA の正当化を懐疑的だと批判する55)。

　分配的正義論による正当化は、黒人が平等な者として処遇されていないため、白人よりも優先される権利を持つことを証明せねばならない56)。Fullinwinder は、それを証明するために考慮されるのは黒人の貧困や困窮の主張であると想定し、「我々は、黒人への優先の支持ではなく、貧困者や困窮者への優先を支持する議論を手に入れる。黒人の貧困者や困窮者よりも、白人の貧困者や困窮者の方が多い」57) と批判する。また、Fullinwinder は、その指標がすべての者に適用されるため、「平等は、貧困（権限のない、低い地位）な白人と比べて貧困な（権限のない、低い地位）黒人を優先することでは作れない」とする58)。

　これに対し、社会効用論では、AA の正当化に際して、個々人が AA により利益を受ける道徳的資格があるのかは要求されない。故に、AA の直接の受益者はその種の資格があるわけではなく、AA による利益の増加が AA を正当化する。社会全体の財の増加を理由に、AA に伴う犠牲に納得する者はいないが、「人々は、自らが根拠がないと考える資格を理由に、自身に課される犠牲を受け入れる準備はさらにない」のであり、「社会効用論による正当化

---

53)　*See* Kathleen M. Sullivan, *Sins of Discrimination: Last Term's Affirmative Action Cases*, 100 HARV. L. REV. 78. 96 (1986).
54)　Fullinwinder, *supra* note 4, at 250.
55)　*Id*. at 242.
56)　*Id*. at 243.
57)　*Ibid*.
58)　*Id*. at 243-44.

は、白人の間での優先雇用への抵抗をあまり提起しそうにないので優れている」とする[59]。

Fullinwinder の主張は、どのようにしたら AA が認められるのか、その方法を述べた戦略的なものであり、如何なる理由から AA が正当化されるのかを述べていない。個人の権利を真剣に考慮すれば、Fullinwinder の主張は妥当でない。

第4節　将来志向の Affirmative Action の判例展開

第1項　将来志向の Affirmative Action の登場

差別の救済による AA の正当化が裁判で認められるのが難しいため、将来の利益の達成による AA の正当化が主張されるようになった。本節では、将来志向の AA が判例でどのように展開されてきたのかを考察する。

将来志向の AA の考え方がはじめて合衆国最高裁に現れたのは、Bakke 判決 Powell 裁判官意見である[60]。この判決では、メディカル・スクールの入学枠の一定数をマイノリティに留保する入学者選抜が問題とされた。同意見は、大学側が主張した、以下に挙げる入学者選抜で人種を使用する目的を否定する。社会的差別を救済するという目的は、優先的な入学者選抜に伴う負担を差別の直接の実施者でない者に課すにはあまりにも漠然としていることを理由に否定する[61]。医師の少ない地域で医療活動に従事する医師の人数を増やすという目的は、状況によってはやむにやまれぬ利益になるが、施策が目的達成に向けて密接に仕立てられていないとして否定する[62]。

同意見は、以下の理由から、メディカル・スクールの入学者選抜の事例で、多様な学生構成から得られる教育的利益だけが AA を正当化できると認める[63]。学生は、様々な考え方に触れて多くを学ぶ。学生が多様な考え方に触

---

59) *Ibid.*
60) Regents of the University of California v. Bakke, 438 U.S. 265 (1978). 当該判決の概要については、第2章第2節第1項参照。
61) *Id.* at 307-10.
62) *Id.* at 310-11.

れられる環境の提供は大学の任務であり、そのためには多様な学生構成の達成が必要である。医師は雑多な集団につかえるため、幅広い見解に触れて教育経験をつむことが重要である。

同意見は他の裁判官の同調を得られなかったが、アメリカの各大学が入学者選抜手続を作成する際の模範となり、多くの下級審判例で先例として引用され[64]、大きな影響を及ぼした。

Bakke 判決の後、合衆国最高裁で、将来志向の AA の考え方が論じられたのは Wygant 判決の Stevens 裁判官反対意見である[65]。同意見は、AA の受益者が差別の救済について特別な権利を持つのかではなく、AA が利益をもたらすのかを考えるべき旨を示している[66]。

第 2 項　典型的な厳格審査と将来の利益

将来志向の AA は個別意見や反対意見で論じられ、法廷意見として確立しなかった。しかし Metro Broadcasting 判決 Brennan 裁判官法廷意見（White, Marshall, Blackmun, Stevens 裁判官同調）は、緩やかな厳格審査の下で、放送事業所有者の人種的に多様な構成の達成を理由とした AA の正当化を認めた[67]。

しかし、これは、緩やかな厳格審査の下で、やむにやまれぬ（compelling）利益ではなく重要な（important）利益として認められた[68]。だが、Adarand 判決で Metro Broadcasting 判決は覆され、AA には典型的な厳格審査を適用するとされた[69]。そして、Croson 判決[70] では、典型的な厳格審査の下で特定された差別の救済だけが AA を正当化できるとされた（第 3 章第 8 節）。

---

63)　*Id.* at 311-15.
64)　Wessman v. Gittens, 160 F.3d 790, 800 (1998); Tuttle v. Arlington County School Board, 195 F.3d 698, 705 (4th Cir. 1999).
65)　Wygant v. Jackson Board of Education, 476 U.S. 267 (1986). 当該判決の概要については、第 2 章第 2 節第 3 項参照。
66)　*Id.* at 313.
67)　Metro Broadcasting Inc. v. FCC, 497 U.S. 547 (1990). 当該判決の概要については、第 2 章第 3 節第 2 項参照。
68)　もっとも、AA の目的審査に関し、やむにやまれぬ利益も重要な利益も違いがないとする指摘もある（Michel J. Perry, *A Conceptualization and Appraisal*, 79 COLUM. L. REV. 1023, 1045 (1979））。
69)　Adarand Constructor, Inc. v. Pena, 515 U.S. 200 (1995). 当該判決の概要については、第 2 章第 3 節第 3 項参照。

Croson 判決で典型的な厳格審査を提唱した O'Connor 裁判官は、Metro Broadcasting 判決で、法廷意見が AA に緩やかな厳格審査を用いたことを批判し、放送事業者の人種構成の多様性がもたらす利益はやむにやまれぬ利益ではなく、仮に緩やかな厳格審査を用いたとしてもそれは重要な利益でさえない、とした[71]。そして、Adarand 判決 O'Connor 裁判官法廷意見（Scalia, Rehnquist, Thomas, Kennedy 裁判官同調）は典型的な厳格審査が「理論上は厳格であるが、事実上致命的である」という概念を否定しており、その際に Paradise 判決[72]を参照している[73]。

Pradise 判決 Brennan 裁判官相対多数意見（Marshall, Blackmun, Powell 裁判官同調）は「過去および現在の差別を救済すること」がやむにやまれぬ利益になると判示する[74]。O'Connor 裁判官反対意見（Rehnquist, Scalia 裁判官同調）もまた、AA に典型的な厳格審査を適用することを明らかにした上で、過去および現在の差別を救済することがやむにやまれぬ利益である、と判示する[75]。

このことから過去および現在の差別の救済が典型的な厳格審査を通過するやむにやまれぬ利益となるのは疑いないが、Adarand 判決では、多様性といったその他の目的がやむにやまれぬ利益となるのかは明らかにされなかった[76]。

第3項　将来の利益による Affirmative Action の正当化の承認

Adarand 判決以降、合衆国控訴裁判所では、高等教育機関の入学者選抜での AA の合憲性が問題とされた事例において、典型的な厳格審査の下で、合

---

70) City of Richmond v. J. A. Croson, Co., 488 U.S. 469 (1989). 当該判決の概要については、第2章第3節第1項参照。
71) 497 U.S. at 612-17.
72) United States v. Paradise, 480 U.S. 149 (1987). 当該判決の概要については、第2章第2節第5項参照。
73) 515 U.S. at 237.
74) 480 U.S. at 166-67.
75) Id. at 196. ただし、手段が密接に仕立てられていないとして当該AAを違憲だとしている。
76) この点、Ginsburg 裁判官は、Adarand 判決を、AAの正当化の条件を過去の差別の救済から変えることを許すものだと解している（Adarand, 515 U.S. at 271.）。

衆国最高裁は特定された差別の救済だけがAAを正当化できるとしたとみる判決[77]と、Bakke判決Powell裁判官意見がなお効力を有しているとする判決[78]とに分かれた[79]。後者の立場は、Grutter判決で確認された[80]。

O'Connor裁判官法廷意見（Stevens, Souter, Ginsburg, Breyer裁判官同調）は、Bakke判決Powell裁判官意見に依拠し、学生構成の多様性がもたらす教育的利益をやむにやまれぬ利益だと認める[81]。多様な背景を持つ学生の存在が教室での討議を活発化し、教育効果を向上させる。そして、様々な人種の人々と意見を交わすことで、各々が持つ人種的固定観念を壊し、人種相互の理解を深めることができる。

さらに、O'Connor裁判官法廷意見は、以下のように、ロー・スクール特有の性質に言及する[82]。ロー・スクールはアメリカの指導者を数多く育成する場である。法学の学位を有する者は、州知事の半数、上院の半数以上の議席、下院の3分の1以上の議席を占める。その傾向は、Michigan大学ロー・スクールを含む一部の難関校で非常に顕著であり、一部の難関校は上院100議席のうち25議席、74人の合衆国控訴裁判所の裁判官、600人を超える合衆国地方裁判所の裁判官のうち200人近くの供給源となっている。指導者となる道は、すべての人種に開かれていなければならない。

こうした合衆国最高裁の立場は、将来指導者となるロー・スクールの学生の人種に起因する固定観念をなくすことで、指導者層が固定観念に基づくことなく施策をつくり、実行することで、理想的な社会が実現されるとの考えに依拠する。合衆国最高裁は、Grutter判決で、典型的な厳格審査の下で、はじめて多様性の価値によるAAの正当化を法廷意見により認めた[83]。

---

77) Hopwood v. Texas, 78 F.3d 932 (5th Cir. 1996). 当該判決については、西村裕三「多様性の価値と"Affirmative Action"」畑博行先生古希記念『立憲主義——過去と未来の間』（有信堂、2000）315頁参照。
78) Smith v. University of Washington, 233 F.3d 1188 (9th Cir. 2000).
79) 詳しくは、拙稿「Affirmative Actionの正当化理由(2・完)——過去向きのAffirmative Actionと将来志向のAffirmative Action」東北法学34号（2009）249頁、274-77頁参照。
80) Grutter v. Bollinger, 539 U.S. 306 (2003). 当該判決の概要については第2章第4節参照。
81) Id. at 330.
82) Id. at 332-33.
83) 下級審を含めたその後の判例動向については、第5章第4節参照。

第5節　Affirmative Action を正当化する将来の利益とは何か

第1項　差別の認識

　Bakke 判決 Powell 裁判官意見以降、合衆国最高裁では法廷意見により将来の利益の達成による AA の正当化が認められた。将来の利益とは具体的にどのような性質を有するのか。将来志向の AA は社会効用論ではなく、分配的正義論に理論的根拠を置くのが妥当である（本章第3節）。将来の利益による AA の正当化を認めた合衆国最高裁の判例を分析すると、社会効用論ではなく分配的正義論に理論的根拠を置き、不平等な状態を生じさせる原因として差別を意識している。差別を意識するに際して、過去および現在の差別の影響を意識する場合と将来的に発生する差別を意識する場合の2つがある。以下、判例の分析を通じてこれを明らかにする。

第2項　過去の差別の救済との関連

(1) Bakke 判決 Powell 裁判官意見

　以上の点を明らかにするには、Shelia Foster による合衆国最高裁判例の分析が参考となる。
　Foster は、合衆国最高裁の多数の裁判官は「平等の理論的枠組」と称される枠組の下で AA の正当化理由を一貫して評価してきたとする[84]。平等の理論的枠組とは「過去の不平等とそれの現在の影響が社会的利益と負担の配分での人種のような差異への積極的注意を正当化するのかどうか」を問うものであり、この枠組の下で、合衆国最高裁は、人種差別の歴史とその影響の救済が AA を正当化するとしてきた[85]。合衆国最高裁は、将来志向の AA が差

---

84) Shelia Foster, *Difference and Equality: A Critical Assessment of the Concept of Diversity"*, 1993 Wɪs. L. Rᴇᴠ. 107, 120.
85) *Ibid.*

別を意識している場合に、AAを正当化できるとしてきた。多様性の価値によりAAを正当化できるとした、Bakke判決Powell裁判官意見は、平等の理論的枠組に基づくのか。

　同意見は、学生構成の多様性のもたらす利益だけがメディカル・スクールの入学者選抜のAAを正当化できるとした。同意見は、大学の教育判断には学生の選抜も含めて修正1条の特別な関心が向けられていると示す[86]。そして、同意見は「我が国の将来は、あらゆる種の権威的選抜を通じてというよりも、『多種多様な発言から』真実を発見する活発な意見交換に幅広くさらされて訓練された指導者次第である」と示す先例を引用する[87]。Powell裁判官意見は活発な意見交換がなされる環境が重要だと認識し、その環境は人種的に多様な学生構成から作られるとする[88]。

　同意見は、活発な意見交換のなされる環境の提供がメディカル・スクールに必要である旨を示す[89]。そして、同意見は「医師は雑多なグループに仕える」のであり、「特有の背景——それがエスニック的なもの、地理的なもの、文化的に優位な状況あるいは不利な状況にあることであろうとも——を持つメディカル・スクールの〔課程を修業できる〕資格のある学生は、学生の教育を豊かにする経験、見解、考えを、そして人間に対する彼らの重大な任務の理解を卒業生により促進させるものをメディカル・スクールにもたらすことができる」ことを理由に、学生構成の多様性によりAAを正当化できるとする[90]。

　同意見に対し、Fosterは「歴史的に排除されてきた者を包含するときに、多様性が人種考慮を正当化するのに十分な利益だと認められるが、Powell裁判官は過去の不平等の影響、即ち、人種を理由とした諸個人の歴史的な排除の根絶というよりも、そのような包含により促進される修正1条の利益だけに依拠する」と評する[91]。Fosterは、同意見は「平等の理論的枠組」ではなく「言論の理論的枠組」の下でAAを正当化したと捉える。

　Fosterは、言論の理論的枠組みの下で正当化されるAAは、教育機関に観点がもたらされることだけに関心があり、「多様性は純粋に将来志向」であ

---

86) 438 U.S. at 312.
87) *Ibid* (quoting United States v. Associated Press, D.C., 52 F. Supp. 362, 372).
88) *Ibid*.
89) *Ibid*.
90) *Id*. at 314 (citation omitted).
91) Foster, *supra* note 84, at 121.

り、社会効用論に依拠していると捉える[92]。

Foster に依れば、「伝統的な枠組とは異なり、言論の理論的枠組は、差異——観点——が存在する社会的文脈を認識できて」おらず、差別が観点の違いにもたらす影響を考慮できていない[93]。このことから、Foster は、希少な社会的財を分配する際に、言論の理論的枠組では AA を正当化できないとする[94]。Foster は、同意見は言論の理論的枠組の下で多様性の価値を認めており、「当該事例で問題とされた施策を採択した背景にある広範囲に及ぶ平等の関心を無視」している、と理解する[95]。

同意見は、その後、Metro Broadcasting 判決や Grutter 判決で引用された[96]。しかし、Bakke 判決のときに Powell 裁判官意見に同調した裁判官はいない。また、以下に分析するように、合衆国最高裁の裁判官の多数により AA を正当化できるとされた多様性の価値は、差別を意識している。

(2) Metro Broadcasting 判決

Metro Broadcasting 判決では、放送事業免許の付与の際にマイノリティを優遇する施策の合憲性が問題とされた。Brennan 裁判官法廷意見（White, Marshall, Blackmun, Stevens 裁判官同調）は、緩やかな厳格審査の下で、放送事業所有者の人種的多様性のもたらす将来の利益が AA を正当化すると認め、当該施策を合憲とした。

同法廷意見は、連邦議会が人種差別によってマスメディアでのマイノリティが過小代表になったことを意識していたとする[97]。しかし、同法廷意見に依れば、当該 AA は差別の犠牲者への救済を意図せずに、放送番組の多様性の促進を目的としており、これは重要な目的だとする[98]。同法廷意見は、「『活発な意見交換』へ貢献する『多様な学生構成』が人種を意識する大学の入学者選抜を『憲法上許容できる目的』に含まれるように、放送における見解と情報の多様性は修正１条の重要な価値に努める」とする[99]。同法廷意見

---

[92]　*Id.* at 122.
[93]　*Ibid.*
[94]　*Ibid.*
[95]　*Ibid.*
[96]　497 U.S. at 568; 539 U.S. at 330.
[97]　497 U.S. at 566.
[98]　*Id.* at 567-68.

に依れば、当該 AA によりすべての者が幅広い多様な情報源にアクセスすることになり、その利益は直接の受益者だけでなくすべての者にもたらされる[100]。

これに対し、O'Connor 裁判官反対意見（Scalia, Rehnquist, Kennedy 裁判官同調）は、法廷意見が多様性の価値により AA を正当化したが、これは差別を救済するものではなく、AA を正当化できないとする。

同反対意見は、AA の対象者が歴史上差別を受けてきたのは明らかであり、放送事業に参加する機会を欠いていたことを認識し、排斥の歴史による影響を受けない社会をつくっていくべきとする[101]。そして、同反対意見は、合衆国最高裁が、特定された差別の救済をやむにやまれぬ利益として認めてきたとする[102]。同反対意見は、FCC 自身が当該 AA が差別の救済を目的としていないことを認めており、当該 AA は単に、多様な番組が作成される利益を促進するために描かれたにすぎないと判示した[103]。

同反対意見は、同法廷意見の示す多様性の価値が救済的でないことを理由に、AA を正当化できないとした。しかし、同法廷意見は放送事業所有者の人種的多様性が修正 1 条の価値に努めることを強調しているものの、Bakke 判決 Powell 裁判官意見とは異なり、差別を意識している。Foster は、同法廷意見は「問題とされた FCC の施策を純粋な言論の理論的枠組の下で分析しなかった」と評する[104]。そして、Foster は、同法廷意見が平等の理論的枠組の下で歴史上の不平等とその影響に触れており、差別を意識していると指摘する[105]。以上から、Foster は「Metro Broadcasting 判決で、FCC の施策を正当化する際に明らかに重要であるのは、施策の受益者がマイノリティであること、放送業界でマイノリティが歴史的に排除されてきたために、彼らの見解が十分に反映されなかったこと」だと評する[106]。

同法廷意見は、FCC が放送の多様性の促進に努めてきた歴史に言及する。同法廷意見は「メディアの様々な要素は『合衆国で黒人であることから生じ

99） *Id.* at 568 (citation omitted).
100） *Ibid.*
101） *Id.* at 610-11.
102） *Id.* at 611.
103） *Ibid.*
104） Foster, *supra* note 84, at 123.
105） *Ibid.*
106） *Id.* at 123.

る問題と不満についての感情を白人に伝えなかった。〔メディア〕は、黒人の文化、考え、歴史の意味についての理解や評価を示しておらず、故に、〔それを白人に〕伝えなかった。……テレビと新聞が黒人の視聴者に伝える世界はほぼ完全に白人〔の世界〕である……』」と示す懸念を引用する107)。その回答として、「FCC は平等な雇用機会に関する規則と免許付与者の 1 つの条件として、放送局に対して『その所在地の住民と局がサーヴィスを提供する他の地域の住民の問題、必要性、関心を確認し』、『それらの問題、必要性、関心を充足するために局が示す報道とは何か』について特定することを要求する、形式的な規則を普及させた」ことを示す108)。そして、「FCC は、放送局が、局のサーヴィス提供地域における相当な規模のマイノリティ・グループが必要とすることを認識し、それに努めることができていないことは、それ自体、免許の更新拒否の十分な理由だとした」ことを示す109)。以上のように、同法廷意見は、FCC がマイノリティの過小代表の是正に努めていたことを判示しており、同法廷意見が FCC の施策を正当化する際に、マイノリティが受益者であることが重要であったとする Foster の分析は妥当である。

(3) 各裁判官の見解の違い

　Bakke 判決 Powell 裁判官意見は純粋に将来志向の理由から AA を正当化したと Foster により分析されている。当該判決の Brennan 裁判官意見（White, Marshall, Blackmun 裁判官同調）は「政府機関は少なくとも適切な認定がなされたときには、過去の人種的偏見によりマイノリティに課された不平等な状態を救済するために、人種に基づく優先を用いることができる」と論じている110)。このことから、「Powell 裁判官の示す多様性という理由から距離をとった」との分析がなされている111)。この分析に対して、Brennan 裁判官意見は Powell 裁判官意見が多様性により AA を正当化できると述べている

---

107) 497 U.S. at 586 (quoting Report of the National Advisory Commission on Civil Disorders 210 (1968)).
108) Id. at 586-87 (Primer on Ascertainment of Community Problems by Broadcast Applicants, 57 F.C.C 2d 418, 419, 442 (1976); Ascertainment of Community Problems by Non-commercial Educational Broadcast Applicants, 54 F.C.C. 2d 766, 767, 775, 776 (1975)).
109) Id. at 587 (See, e.g., Chapman Radio and Television Co., 24 F.C.C. 2d 282, 286 (1970)).
110) 438 U.S. at 325.
111) Richard D. Kahlenberg, The Remedy; Class, Race, and Affirmative Action, Basic Books 28 (1996).

Partには同調していないが、「我々は、Harvardプランのような施策が合憲であるとすることについてPowell裁判官に同調する」と判示しており、Harvardプランが多様性により正当化されていることを理由に、Brennan裁判官意見が、多様性のもたらす将来の利益によりAAを正当化するとしているPowell裁判官意見の部分を支持していないと主張するのは不合理である、との分析もなされている[112]。Brennan裁判官意見は、Harvard大学の施策は合憲であることに同調しているが、そのすぐ後に、多様性の達成を目的とするHarvard大学の施策はそれが差別の救済に必要とされる場合に限り合憲である旨を示している[113]。Brennan裁判官は多様性のもたらす将来の利益による正当化を否定しないが、それは差別を意識していなければならないとしており、やはりPowell裁判官意見とは距離をとっている。このことから、Metro Broadcasting判決Brennan裁判官法廷意見が放送事業所有者の人種的多様性のもたらす将来の利益によるAAの正当化を認める際、マイノリティへの差別の歴史が重要な考慮要素となっているというFosterの指摘も説得的である。

　ところで、Metro Broadcasting判決O'Connor裁判官反対意見は、Brennan裁判官法廷意見の認める多様性に基づくAAが救済的でないことを理由に、AAを正当化できないとする。同反対意見は、同法廷意見が差別を意識していることは認めるが、放送業界での差別を何も特定していないとする[114]。

　他方、同法廷意見は、問題とされた施策は救済的であることを前面に押し出さないが、純粋に将来志向ではなく、全く救済的でないわけでないと認識する[115]。

　同反対意見の同法廷意見に対する批判は、同法廷意見が言論の理論的枠組の下で多様性の価値によりAAを正当化としているところにはない。両者の結論が異なったのは、救済の対象とする差別の範囲を狭く捉えるのか、広く捉えるのかについて見解が異なるところに原因がある。

(4) Grutter判決O'Connor裁判官法廷意見

　Grutter判決では、O'Connor裁判官法廷意見はMetro Broadcasting判決と

---

112) James P. Sterba, Affirmative Action for the Future, Cornell University Press 69 (2009).
113) 438 U.S. at 326 n.1.
114) 497 U.S. at 612.
115) *Id*. at 564-66.

一転して、典型的な厳格審査の下で、多様性のもたらす将来の利益による正当化を認めた。当該事例で示された多様性の価値は以下のようにまとめることができる。

多様である学生構成は、学習効果の向上という利益をもたらす。また、それはアメリカの様々な機関での人種統合を促進し、人種統合は社会全体に利益をもたらす。その利益とは、人種に起因するスティグマをなくすことで、「隔たれることのない1つの国家という理想」を実現し、自身の人種・エスニックに関係なく、有能で資格のあるすべての者に指導者になる道が開かれていることである。

同法廷意見は、マイノリティは不平等な状況にあり、指導的な立場に就く道が開かれていないため、それを開くためにAAが必要となる、と認識している。マイノリティは指導的な立場へアクセスするのに不公正な状況に置かれているが、「現状は、過去の状況から複雑に構成された産物である」[116] ため、それが生じた1つの原因は差別だと考えられる。Metro Broadcasting 判決 O'Connor 裁判官反対意見は、Brennan 裁判官法廷意見がAAの正当化理由として認める多様性の価値が救済的でないことを理由に、AAを正当化できないと批判していた。故に、同法廷意見がAAを正当化できると認める多様性の価値が過去の差別を意識していることは疑いない。

故に、Metro Broadcasting 判決と Grutter 判決の法廷意見がAAを正当化できるとした将来の利益とは、差別が原因となって生じた、マイノリティの不公正なアクセス状況を改善し、利益と負担の公正な分配を行い、すべての者に「公正な機会」を確保することだと言える。

第3項　将来における差別の発生の防止との関連

植木淳は、多様性の達成を理由にAAを正当化する議論は「過去の差別によって人種的マイノリティが排除され、周縁におかれてきたために『多様性』が害されてきたという前提」に立っている、とする[117]。そのため、AAの動機づけを正当化しているのは「『過去の差別の救済』にほかならないのであ」

---

116) Kenneth L. Karst, *The Revival of Forward-Looking Affirmative Action*, 103 COLUM. L. REV. 60, 70 (2003).
117) 植木淳「平等保護原理と Affirmative-Action」六甲台論集 46 巻 2 号（1999）17 頁、65 頁。

り、「『救済』のための Affirmative Action が結果として『多様性』の実現という将来の効果に結びつくものであると説明するのにかわりない」のであり、多様性の達成に基づく AA の概念は過去の差別の救済に基づく AA の概念に依拠しており、それに吸収されるものだと考えられる、とする[118]。そして、植木は「『多様性のための Affirmative Action』は、結局は過去の差別の『救済』に動機づけられたものだと考えることもできる」のであり、「逆に、もし、過去の差別の『救済』という要素を抜きにして、人種を積極的に評価する手段として『多様性』概念が用いられるのであれば、それは明確に否定されるべきであろう」と結論づける[119]。

　将来の利益は過去の差別だけでなく、将来的に発生する差別を意識する場合もある。Grutter 判決 O'Connor 裁判官法廷意見は、学生構成の多様性という概念を用いて AA を正当化する。多様性は、ある分野で、過小代表のグループが一定数を占めることで達成されるため、過小代表のグループに属する者のすべてが AA の対象となる可能性がある。先述のように、現存する不平等な状況が生じる主たる原因は過去の差別だが、過小代表のグループのすべてが過去に差別を受けてきたわけではない（本章第2節）。また、それらのグループが不平等な状況にあったとしても、その状況が必ずしも差別によって生じたのかは定かでない。故に、将来の利益により正当化された AA は過去と現在の差別を必ずしも意識しているわけではない。AA は過去の社会・構造的差別によって不利益を被ってきた者への積極的施策だと捉えるだけでは理解できない。しかし、以下に考察するように、将来の利益により正当化される AA は社会効用論に依拠していない。

　従来、主として AA の対象となってきたのは黒人である。黒人には、過去に奴隷制が存在し、劣等性の烙印が押されてきたために、現存する不平等なアクセスの状況が自らの能力とは関係のない差別によって「公正な機会」の保障を害されたために生じたものであることが証明しやすい。合衆国最高裁では、他のマイノリティと比べて黒人の過去の経験を特別視する見解が見られる[120]。

　他方、新たにアメリカに移住してきたマイノリティは過去に黒人のような

---

[118]　植木・前掲注117）65頁。
[119]　植木・前掲注117）65頁。
[120]　438 U.S. at 400. もっとも、黒人の中でも、奴隷制を経験した者の子孫とそれ以外の者との間で置かれている社会状況に差がある（*See* Bankston III, *supra* note 17, at 6-7）。

差別の歴史がない。分配的正義論は「公正な機会」が保障された上で生じる格差を認めている（第3章第4節第2項）。これらのグループに属する者が現実に不平等な状況にあるとしても、差別の歴史がないため、そうした状況が、「公正な機会」が保障されずに生じたものだと証明するのは難しい[121]。勿論、これらのグループに属する者を対象とするAAの実施が社会に利益をもたらすとして、社会効用論に依拠して正当化することはできるが、それには問題がある。

では、差別を経験していないグループを対象とするAAは、如何にして正当化されるのか。過去に差別を経験していなくとも、現存する差別があり、これにより結果の不平等が生じていると言うこともできる。しかし、結果の不平等が生じる原因は必ずしも差別ではない。これらのグループを対象とするAAの正当性を考察するにあたっては、修正14条が如何に解釈されるのかが重要である。修正14条は反差別原理と反従属原理という媒介原理を通じて解釈され、双方の原理はともにスティグマによる害悪を禁止する（第1章第3節）。スティグマは不平等な状況が蓄積することで生じる、とされる[122]。つまり、現存する不平等な状況が「公正な機会」が保障された上で生じたものであっても、そのような状況の蓄積がスティグマを生じさせ、不平等な状況に置かれたグループに属する者は、将来、「公正な機会」を保障されないおそれがある。

O'Connor裁判官はMetro Broadcasting判決で、当該判決で将来の利益が人種差別の影響を救済するものでないことからAAを正当化できないとした。それ故、Grutter判決O'Connor裁判官法廷意見が、社会的利益だけではなく、差別の救済を意識していることは間違いない。O'Connor裁判官法廷意見が、すべての人種、エスニック・グループに属する者がAAの対象になりうる多様性の概念を用いていることは、将来的に発生しうる差別の防止という目的

---

[121] 伊藤正己は、「AAの保護の対象が人種としてスペイン系、アジア系、エスキモー、先住民たるインディアンなどの少数者へと拡大され、また女性も過去の被差別集団とされるとき、黒人のような長い差別の歴史を背景にもつものとともに一括して法的な優遇措置がとれるのか」疑問を示している（伊藤正己「アファーマティブ・アクション」日本学士院紀要48巻2号（1994）83頁、89頁）。これらのグループが過去に差別を経験しているかどうかについて様々意見はあろうが、伊藤の指摘するように、過去に差別を経験してきたグループとそうではないグループを一括してAAの対象とすることは、過去の差別を意識した理由によっては正当化されえない。

[122] See Brest, *supra* note 13, at 11.

を意識している、と思われる¹²³⁾。故に、将来の利益により正当化されたAAは、「人種的なカースト制を事実上具体化するすべてのものを根絶する」¹²⁴⁾ものである。それは過去および現在の差別の救済であり、将来的に発生しうる差別の防止である。この利益を達成するために、AAは不公正な利益・負担の分配を是正し、「公正な機会」を保障する。

将来の差別の発生の防止を意識することは、将来志向のAAの最大の欠点であるマイノリティの排除の危険を回避し、差別から公正な機会を害されていない者をAAの直接の受益者にできる。

第4項　将来における差別の発生の防止による正当化の問題点

(1)　永続化の危険

筆者が判例と学説を分析したところでは、将来的な差別の発生の防止によりAAを正当化することには3つの欠点がある。

第1の欠点は、AAを永続させる危険である。差別はあるグループがある分野で過小代表であることで生じる偏見や固定観念から生じる。そのため、差別の発生を防ぐには、あるグループがある分野で常に一定数を占めていなければならないため、AAが永続する危険がある（第5章第7節第4項参照）。

(2)　能力主義との関係

第2の欠点は、既存の基準を絶対視する狭義の能力主義に反しないと主張することが理論上不可能であることである。過去および現在の差別を意識するAAの直接の受益者は、差別によって公正な機会が害されていなければ、既存の基準において、通常の選抜過程で地位を獲得するのに要求される水準の評価に達していた、と理論上は主張できる¹²⁵⁾。他方、差別の発生の防止

---

123)　合衆国最高裁には、AAを正当化する際に、将来的に発生しうる差別の防止を認識していた意見がいくつか見られる（*See* Firefighter Local Union v. Stotts, 467 U.S. 561, 612 (Blackmun, J., jointed by Brennan & Marshall, JJ., dissenting) (1984); Sheet Metal Workers v. EEOC, 478 U.S. 421, 474 (Brennan, J., jointed by Marshall & Blackmun & Stevens, JJ., plurality) (1986))。

124)　Sullivan, *supra* note 53, at 96.

125)　See Bakke, 438 U.S. at 355-56 (Brennan J., jointed by White, Marshall & Blackmun JJ., opinion).　この理論は、実際には、アメリカの公衆には受け入れられなかったと批判されている（Kahlenberg, *supra* note 111, at 17）。

による正当化は、差別が存在したのかどうかについて問わず、差別によって公正な機会が害されていない者もAAの直接の受益者となれる。そのため、直接の受益者の中でも、差別を経験していないグループに属する者は、既存の基準での評価の低さが差別に起因すると主張できない。故に、それらの者は、差別によって公正な機会が害されていなければ、既存の基準において、通常の選抜過程で地位の獲得に要求される水準の評価に達していたため、将来的に既存の基準で高い評価を獲得する潜在能力を有しているとは主張できない。

しかし、能力主義という概念は必ずしも1つではなく、資格は既存の基準だけでなく、地位の役割の遂行に関わる様々な要素を含めることができる[126]。差別の発生の防止により正当化されたAAの直接の受益者は、その者の属するグループの成員が将来的に差別を受けないという効用をもたらし、そうした意味で資格があると主張することもできる[127]。しかし、能力主義の定義をあまり広く捉えると、AAが能力主義に反しないという主張の説得力は弱まる。少なくとも、差別の発生の防止により正当化されたAAの直接の受益者は、過去および現在の差別を受けておらず、何か不利な状況を克服しているわけでもなく、本来であれば地位を獲得していたとは主張できない。もっとも、既存の基準に基づいて評価されるのは重要だが、それは重要な社会的目的によって覆される[128]。また、既存の基準だけに基づいて評価をするように要求する憲法上の権利は存在しない[129]。能力主義に基づく批判に対して潜在能力の観点から回答できないことは決定的でないが、指摘しておくことは重要である。

(3) 真に救済の必要な者が直接の受益者になっていないとの批判

第3に、将来志向のAAはAAに対する中核的な批判を払拭できていない。将来志向のAAが差別の発生の防止を意識する場合には、差別の救済によりAAを正当化することに伴う理論的問題と、社会効用論に依拠することで生じるマイノリティの排除の可能性という問題を回避できる。AAの直接の受益者が差別の影響を経済・教育的にほとんど受けていなくとも、差別の発生

---

126) 拙稿「Affirmative Actionと能力主義」GEMC journal 1号（2009）138頁Ⅲ。
127) 拙稿・前掲注126) 143-44頁。
128) Pojman, *supra* note 19, at 191.
129) 拙稿・前掲注126) Ⅲ。

を防ぐことを理由としていれば、問題は生じないが、直接の受益者が経済・教育的に比較的優位な状況にあるマイノリティであることに変わりはない。差別の影響を経済・教育的にほとんど受けておらず、地位の獲得に不利な状況にない者が直接の受益者になるとの過去向きの AA に向けられた批判は、不当な理由から地位の獲得に不利な状況になければ、地位を獲得していた真に救済の必要な者が直接の受益者となっていないというものに形を変えて、将来志向の AA に向けられる。結局のところ、将来における差別の発生の防止という理由は AA に対する中核的な批判を払拭していない（第5章第7節第5項）。

第6節　小　括

　以上、将来の利益により AA を正当化することの利点と欠点を考察してきた。将来志向の AA がその理論的根拠を社会効用論だけに置いた場合には、AA がどれだけの利益をもたらすのかを考えるだけでよく、差別の救済を理由とする AA と比べて容易に認められ易いが（本章第2節第2項）、マイノリティを排除する可能性がある（本章第2節第2項(3)）。社会効用論に依拠しながらも、その最大の欠点を克服しようとする試みが学説に見られたが、成功していない（本章第2節第3項）。
　以上の欠点を克服するためには、その理論的根拠を分配的正義論に置く必要がある（本章第3節）。社会効用論の関心は社会の利益が総体として増加することにあるが、分配的正義論の関心は社会の中でどのように利益と負担が分配されるのかにあり、利益と負担の分配が公正な機会の保障を侵害することを認めないため、マイノリティに不利益を課す施策を簡単には認めない。そして、公正な機会の保障を形骸化させている主たる要因は差別であるため、分配的正義論は差別の救済による AA の正当化を認める。故に、将来志向の AA は将来の利益の達成を正当化理由としているが、分配的正義論に理論的根拠を置く場合には、過去および現在の差別を意識する場合がある。
　合衆国最高裁は将来の利益の達成による AA の正当化を法廷意見により認めた。その判例を分析すると、社会効用論ではなく分配的正義論に依拠し、過去および現在の差別を意識している（本章第5節第2項）。しかし、将来志

向のAAは過去および現在の差別を意識するだけでは説明できない場合がある。AAが実施されてから相当の期間が経過し、AAの対象者の置かれている不平等な状況が差別が原因となって生じたのかどうかが不明確になってきている。また、アメリカへの移民が増加し、その圧倒的多数は第三世界からの移民であり、AAの対象とされる人種・エスニック的な区分に属する。故に、AAの対象となるマイノリティの構成が大きく変化し、差別を受けてきたグループの割合が大きく低下してきている（第5章第2節第2項(1)）。これらの要因から、AAの対象者の置かれている不平等な状況が差別から生じたものなのかが非常に不明確になっている。また、多様性に基づくAAは、差別を受けてきたかどうかに関係なく、過小代表のマイノリティをAAの対象とする。マイノリティを排除する可能性をなくし、将来志向のAAを正当化するためには差別を意識していなければならないため、差別の発生を防ぐという意味で、差別を意識する必要がある。合衆国最高裁も、差別の発生の防止をAAによって達成される将来の利益だと理解している（本章第5節第3項）。

　差別の発生の防止という理由はいくつかの欠点がある（本章第5節第4項）。即ち、第1にAAを永続する危険を内包していること、第2に狭義の能力主義の観点からの批判に理論上回答できないこと、第3にAAに対する中核的な批判を払拭できていないことである。中でも、第3の欠点は将来志向のAAにとって重大である。AAの直接の受益者の多くが社会・経済的に優位な状況にあるとの事実は、差別の影響を受けていない者がAAの直接の受益者となっているとの批判を招き、その批判は過去向きのAAにとって致命的であった。AAの直接の受益者が社会・経済的に優位な状況にある者である限り、その批判は、差別の発生の防止という理由に対しても、真に救済の必要な者がAAの直接の受益者となっていないという批判に形を変えて提起される。差別の発生の防止により正当化されたAAの目的は、直接の受益者への救済というよりも、対象となったグループ全体に対する差別の発生を防ぎ、当該グループに属する者全員に機会の平等を実質的に保障することで、間接的にAAの利益をもたらすところにある。しかし、この理由は漠然としており、AAにより地位の獲得を否定される者にとって説得的ではない[130]。

---

130) このような広範な理由がAAの正当化理由として否定された例は、救済の対象となる差別の範囲として社会的差別が否定されたことに見ることができる（第3章第8節）。

第5章
多様性に基づく Affirmative Action

第1節　序

第1項　問題の所在

　差別の救済を理由としたAAの理論的根拠は補償的正義論にあり、それに伴う理論的な問題から差別の救済による正当化は難しくなっている。合衆国最高裁はAAに典型的な厳格審査を適用するとの先例を確立し（第2章第3節）、差別の救済による正当化を認めるのに非常に厳格な要件を課した（第3章第8節）。この流れを受けて、将来の利益の達成によるAAの正当化が主張されるようになった。将来の利益の達成として主張される主たる理由は、多様性の価値である。本章では、多様性に基づくAAに伴う問題を考察する。

第2項　構　成

　本章では、以下の手順で考察を進める。まず、差別の救済に代わり多様性の価値による正当化が主張されるようになった理由を考察し、多様性に基づくAAの利点を明らかにする（第2節）。そして、合衆国最高裁がAAの正当化理由として認める多様性の価値とは何かを考察する（第3節）。次に、多様性の価値がどの文脈で人種の使用を正当化するのかを考察する（第4節）。
　次に、人種ごとに特有の観点があるとの想定に基づいてAAを正当化する学説を紹介する（第5節第1項）。この想定は正しいのか（第5節第2項）、こ

の想定に如何なる問題があるのかを考察する（第5節第3項）。そして、この想定に基づかずに、多様性の価値によりAAを正当化しようとする学説の試みを考察する（第5節第4項）。合衆国最高裁では、多様性の価値による正当化が法廷意見で認められたが、それはこの想定に基づいていたのかを考察する（第6節）。

　第5節と第6節の結論を先に述べると、多様性の価値はこの想定に基づかない。しかし、この想定に基づかなくても、多様性の価値によるAAの正当化には問題があることを指摘する（第7節）。最後に第1節～第7節の議論をまとめる（第8節）。

第2節　正当化理由の移行
——差別の救済から多様性へ

第1項　社会的差別の救済の否定と多様性の容認

　AAの正当化理由は差別の救済から多様性の価値に移行している。教育の分野では、1970年代にはAAは差別の救済を理由に正当化されていたが[1]、今日では多様性の価値により正当化する議論が支配的になっている[2]。雇用判断の文脈でも、公的機関と民間企業とを問わず、自らの機関の任務を首尾よく果たすために多様性が必要だとして、多様性の達成を理由にAAを正当化する主張が目立つ[3]。

　以上の傾向は、判例にも見られる。合衆国最高裁でAAの正当性にはじめて実体的な判断を下したBakke判決で、Powell裁判官意見が多様性による正当化を認めており、AAの初期の事例で既にその考えは登場していた[4]。しかし、Brennan裁判官意見（White, Marshall, Blackmun裁判官同調）は社会

---

1) Stephen L. Carter, Reflection of an Affirmative Action Baby, Basic Books 74 (1991).
2) Richard D. Kahlenberg, The Remedy: Class, Race, and Affirmative Action, Basic Books 29-30 (1996).
3) See Grutter, 539 U.S. 306, 330-31 (2003).
4) Regents of the University of California v. Bakke, 438 U.S. 265 (1978).　当該判決については、第2章第2節第1項参照。

的差別の救済を理由に問題とされた AA を合憲と判断し、多様性という理由から距離をとっていた⁵⁾。従来、AA を合憲・合法とする裁判官は社会的差別の救済の必要性を主張し、AA を違憲・違法とする裁判官は、特定された差別の救済だけが AA を正当化できると主張していた。AA の正当性に関する裁判官の間での争いは、救済の対象となる差別の範囲の広狭に向けられていた（第3章第8節）。しかし、Metro Broadcasting 判決⁶⁾ では、Bakke 判決では多様性という理由と距離をとった Brennan 裁判官が法廷意見を形成し（White, Marshall, Blackmun, Stevens 裁判官同調）、多様性による AA の正当化を認めた⁷⁾。そして、Grutter 判決⁸⁾ では、O'Connor 裁判官法廷意見（Stevens, Souter, Ginsburg, Breyer 裁判官同調）が典型的な厳格審査の下で学生構成の多様性による AA の正当化を認めた。

正当化理由が多様性に移行した理由は3つある。第1に差別を厳密に立証する必要がないこと、第2に AA の終了時期に関する厄介な問題を解決できること、第3に能力主義の観点からの AA への批判を回避できることである⁹⁾。以下、各理由を検討する。

第2項　差別を立証する必要がないこと

(1)　差別の救済による正当化の難しさ

差別の救済による正当化に肯定的な者と否定的な者との見解の相違は、救済の対象となる差別の広狭にある。合衆国最高裁では AA の合憲性審査には典型的な厳格審査 (strict scrutiny) を適用することが法廷意見で確立し¹⁰⁾、救

---

5) Kahlenberg, *supra* note 2, at 28.
6) Metro Broadcasting Inc. v. FCC, 497 U.S. 547 (1990). 当該判決については、第2章第3節第2項参照。
7) 多様性による AA の正当化を認める際に、Bakke 判決 Powell 裁判官意見は差別を意識せず、Metro Broadcasting 判決 Brennan 裁判官法廷意見は差別を意識しており、両意見の性質は異なる（第4章第5節第2項）。
8) Grutter v. Bollinger, 539 U.S. 306 (2003). 当該判決については第2章第4節参照。
9) 第1と第2の理由は Kahlenberg の議論から示唆を得て、判例や他の学説を考察することで構成した（Kahlenberg, *supra* note 2, at 38-41）。第3の理由は、判例や学説の考察を通じて筆者が独自に示した。
10) AA に適用する違憲審査基準については、以下の文献等を参照。吉田仁美「米国におけるアファーマティブ・アクションの合憲性審査基準の動向」同志社法学53巻7号（2002）566頁；拙稿「Affirmative Action の司法審査基準」GEMC journal 3号（2010）158頁。

済の対象となる差別は狭く限定された[11]。直接の受益者は社会・経済的に不利な状況になく、この基準の下では、差別によって資質形成に悪影響が及ぼされているなど、地位の獲得に不利な影響を受けていると考えるのは難しい。

　直接の受益者が不利な資質形成環境などに置かれ、地位の獲得に不利な状況にあったとしても、差別の救済を理由に AA を正当化するのは難しい。従来、AA は黒人に対する奴隷制や人種分離への補償として正当化された。しかし、大学の入学者選抜や雇用判断の AA は若い世代が対象となり、直接の受益者が奴隷制や人種分離により地位の獲得に不利益を受けたという図式は成立しない[12]。

　マイノリティの人口構成の変化も、差別の救済による正当化を難しくする。合衆国ではマイノリティの移民が増え、マイノリティに占める黒人の比率は低下し続けている。近年の移民は過去と同じ法制度上の差別を受けておらず、AA がこれらの者を対象とする場合には、直接の受益者が置かれた地位の獲得に不利な状況が差別により生じたと証明するのは難しい[13]。

　救済となる差別の対象を広く捉えても、差別の救済を理由に AA を正当化するのは難しい。グループ間に格差はあるが、差別の救済を理由に AA を正当化する場合、その格差が差別から生じたと証明する必要がある。差別がなければグループ間での格差はなくなるわけではなく[14]、様々な要因から格差は生じる[15]。例えば、産業構造の転換により悪影響を受けた産業の就業者に黒人が集中していたこと等も格差が生じた1つの原因である[16]。

---

11) 拙稿「Affirmative Action の正当化理由(1)(2・完)——過去向きの Affirmative Action と将来志向の Affirmative Action」東北法学 33 号（2009）49 頁、34 号（2009）249 頁第 2 章第 6 節。
12) 黒人の中でも様々なグループがあり、グループの中でも先祖が奴隷制を経験していない者が社会・経済的に優位な状況にある（上坂昇『アメリカ黒人のジレンマ——「逆差別」という新しい人種関係』（明石書店、1987）152 頁以下）。これらの者が AA の直接の受益者の多くを占めており(Douglas S. Massey, The Source of The River, Princeton University Press 40 (2003))、AA は差別の犠牲者に利益を与えていないとの批判につながっている。
13) 拙稿・前掲注 11) 第 1 章第 1 節。
14) See Croson, 488 U.S. at 499.
15) See Morrison, John E., *Individuality, and Merit: An Analysis of the Rhetoric Against Affirmative Action*, 79 Iowa L. Rev. 313, 347-50 (1994).
16) William Julius Wilson, The Truly Disadvantaged: The Inner City, the Underclass, and Public Policy, University of Chicago Press 135-36 (1987).

時の経過もグループ間の格差と差別の因果関係をぼやかしている。また、過去に差別を経験していないグループに格差がある場合には、その格差が差別によって生じたと証明するのは難しい。

(2) 多様性の価値と社会効用論

多様性に基づく AA は利益を作り出すことに関心があり、社会効用論に基づいているとも指摘される[17]。例えば、大学は、学生の人種構成が多様になることで教室での議論が活発となり、教育効果が向上すると主張する。企業は、マイノリティの従業員はマイノリティの顧客と十分なコミュニケーションがとれるため、売上増に貢献する、と主張する。社会効用論とは、AA により生じる利益が負担を上回る場合に AA を正当化し、差別を証明する必要はない[18]。この場合、差別の救済による正当化の問題を回避でき、AA を容易に正当化できる[19]。

しかし、人種的に同質な学生構成や、従業員を白人だけで構成した方が利益を生じさせることが証明された場合はどうか。社会効用論だけに基づいて AA を正当化する場合、マイノリティに不利益を及ぼす施策が正当化される可能性を受容せねばならないことが、判例[20]と学説[21]で認識されている。

(3) 多様性の価値と差別の立証

以上の問題を回避するには、多様性に基づく AA は固定観念や偏見を意識する必要がある。ロー・スクールの入学者選抜での人種の使用の合憲性が問題とされた Grutter 判決で、合衆国最高裁は法廷意見により多様性の価値に

---

17) Kahlenberg, *supra* note 2, at 40.
18) Michel Rosenfeld, Affirmative Action and Justice: A Philosophical and Constitution Inquiry, Yale University Press 94 (1991).
19) John Arthur, *The Limit of Equality* in The Unfinished Constitution : Philosophy and Constitution, Wadsworth Pub. Co 242, 254 (1989); Jack Greenberg, *Diversity, The University, And The World Outside*, 103 COLUM. L. REV. 1610, 1618 (2003); *David Orenticher, Diversity: A Fundamental American Principle*, 70 MO. L. REV. 777, 811 (2006).
20) Fisher v. University of Texas at Austin, 133 S. Ct. 2411, 2426-28 (Thomas J., concurring) (2013).
21) Ronald Tumer, *Twenty First Annual Carl Warns Labor & Employment Institutes: Grutter, The Diversity Justifications, and Workplace Affirmative Action*, 43 Brandeis L. J. 199, 235-36 (2004); Cynthia Estlund, *Taking Grutter to Work*, 7 Green Bog 2d 215, 219 (2004).

よる正当化を認めた。そこで認められた多様性の価値は以下のように要約できる[22]。

　上位のロー・スクールでは、黒人をはじめとするマイノリティは学生構成に占める割合が低い。ある問題について討論したときに、教室にいるマイノリティの学生数が少ないと、その学生の意見がグループ全体の意見を代表しているように誤解される。マイノリティの中でも意見は多様であり、それをマジョリティに分からせる必要がある。また、上位のロー・スクールを卒業することは合衆国で指導者になるための登竜門である。各人種から見たときに、指導者は正統性を有していなければならず、指導者となる道はすべての人種に開かれていなければならない。人種相互の理解が促進され、正統性を持った指導者が育成されることで、隔たれることのない1つの国家が作られる。固定観念や偏見の打破、すべての人種に開かれた指導者への道を実現するには、マイノリティの学生が相当数在籍する必要がある。非マイノリティと比べてマイノリティの学力は低いため、相当数のマイノリティの学生を在籍させるために、AAが必要となる。

　固定観念や偏見、指導者の正統性への疑義は、あるグループが過小代表であることで生じる。過小代表は差別が1つの原因となり生じた可能性があり、多様性に基づくAAは過去や現在の差別を救済する側面もある[23]。しかし、多様性に基づくAAは過小代表がもたらす不利益自体を問題にし、それらが如何なる原因で生じたのかを問わない。そのため、過小代表と差別の因果関係を立証する必要がなく、差別の救済を理由にするよりも、AAを容易に正当化できる。

第3項　時間的制約の緩和

　カラー・ブラインドな社会の達成は、一部の論者を除いて[24]、多くの者が支持する[25]。カラー・ブラインドな社会とは、人々が人種ではなく能力で評価される社会である。AAは人種やエスニックを意識し、一見するとこの見解に反する。そのため、AAの支持者はAAが問題のある手段だと認識してい

---

22)　Grutter v. Bollinger, 539 U.S. 306, 332-33 (O'Connor J jointed by Stevens, Souter, Ginsburg & Breyer JJ., majority) (2003).
23)　植木淳「平等保護原理とAffirmative-Action」六甲台論集46巻2号（1999）17頁、65頁。

る[26]。しかし、各人種グループの間に社会・経済的格差がある社会では、人種が個人の評価に重要な意味を持つ。ある人種がグループとして社会・経済的に不利な状況にある場合、そのグループは劣等視され、そのグループの成員は様々な場面で不当な評価を受ける。支持者の多くは、この状況ではカラー・ブラインドな社会は達成されていないと認識し、AAによって差別の影響を是正することで、それは達成されると考える[27]。支持者の多くは、カラー・ブラインドな社会を達成するために、差別の影響を是正するまで一時的に人種を意識する、と主張する。合衆国最高裁でも、差別の救済を理由とするAAが合憲であるための要件として、時間的制約があることが問われている[28]。

これに対し、多様性の価値は差別と無関係であるため、各人種グループに

---

24) Matsudaの主張に代表されるように（本章第5節第1項）、批判的人種理論の立場を採る学説は、人種やエスニックごとに異なる観点があることを理由に多様性に基づくAAを正当化する。批判的人種理論の主たる業績を挙げている文献として、Richard Delgado & Jean Stefancie, *Critical Race Theory: An Annotated Bibliography*, 79 VA. L. REV. 461 (1993) がある。批判的人種理論については以下の文献等を参照。大沢秀介「批判的人種理論に関する一考察」法学研究69巻12号（1996）67頁；木下智史「『批判的人種理論（Critical Race Theory）』に関する覚書」神戸学院法学26巻1号（1996）199頁；植木淳「人種平等と批判的人種理論（Critical Race Theory）」六甲台論集44巻3号（1998）19頁；桧垣伸次「批判的人種理論（Critical Race Theory）の現在」同志社法学63巻2号（2011）929頁参照。

25) Richard D. Kahlenberg, *Getting Beyond Racial Preferences: The Class-Based Compromise*, 45 AM. U.L. REV. 721, 723 (1996).

26) Kahlenberg, *supra* note 2, at 13-14.

27) *Id.* at 7.

28) *See* Wygant, 480 U.S. at 275; United States v. Paradise, 480 U.S. 141, 171 (1987); Croson, 488 U.S. at 498 ; Adarand, 515 U.S. at 238. AAが一時的な施策として支持されていても、「〔AAの〕支持者のほとんどは時間的制限を具体化しておらず、明らかにしている者はわずか」だと指摘される（Kahlenberg, *supra* note 2. at 27）。合衆国最高裁でAAの具体的な終期を述べる見解は少ない。

　Bakke判決Blackmun裁判官意見は、AAがほぼ10年以内に不要となることを自身が希望していたと述べている（438 U.S. at 403）。

　Grutter判決O'Connor裁判官法廷意見は、25年経てば今日承認した理由からAAを正当化することはないとする（539 U.S. at 343）。黒人と白人の学力の差は1980年代からGrutter判決が下されるまでの間に縮まっておらず、判決の後25年でAAが必要なくなる可能性は低いとの指摘がなされている（日吉和子「米国大学入学者選考におけるアファーマティブ・アクション・プログラム25年期限の実現可能性」城西大学語学教育センター研究年報4号（2010）37頁）。

いささかでも不均衡があれば、AA は永久に正当化されると批判される[29]。AA が永久に実施されるならば、人々は人種に基づいて評価され続け、カラー・ブラインドな社会は達成されない。この批判は、多様性に基づく AA が社会効用論に依拠し、利益が負担を上回れば正当化されるとの考えに基づく[30]。社会効用論に依拠する場合、人種の考慮が利益を作り出せば、人種は考慮され続ける。しかし、多様性に基づく AA は差別を意識している（第4章第5節）。合衆国最高裁では、多様性に基づく AA を合憲と判断する場合でも、AA に時間的制約があることが明示されている[31]。

多様性のもたらす利益とは、高等教育機関の入学者選抜の文脈では、マイノリティには特有の観点がないことを他者に分からせ、固定観念や偏見を減じることと指導者の正統性の確保である（本章第2節第2項(3)）。故に、人種ごとに特有の観点がないという理解が浸透し、固定観念や偏見が消滅し、指導者の正統性が確保されたと判断されたときに、AA は終了する。しかし、過小代表のグループがあれば、固定観念や偏見、指導者の正統性への疑義が再び生じる。それらの発生を防ぐには、過小代表のグループがある限り、そのグループが相当数を占めるように人種を考慮する必要がある。故に、多様性による正当化は時間的制約という要件を緩和し、場合によっては AA を永続させる。

第4項　能力主義の観点からの批判の回避

既存の基準で高い評価を獲得するための努力に報いるべきであり[32]、社会的評価の高い地位は最も資格のある者に与えられるべきとの考えが社会には浸透している[33]。AA が行われると、AA により地位を得られなかった者と比べて、学力などの既存の基準で評価の低い者が地位を獲得する場合があり、能力主義に反すると批判される。

---

29) Kahlenberg, *supra* note 2, at 40.
30) *Id.* at.56.
31) Metro Broadcasting, 497 U.S. at 594 (Brennan J jointed by White, Marshall, Blackmun & Stevens JJ., majority); Grutter, 539 U.S. at 342-43 (O'Connor J., majority).
32) Kenneth L. Karst, Belonging to America, Yale University Press 162 (1989).
33) Louis P. Pojman, *The Moral of Status of Affirmative Action* in Affirmative Action : Social or reverse discrimination?, Prometheus Books 176, 191 (1997).

AAの支持者は、AAの直接の受益者は地位の役割を果たすことができる資格を有しており、能力主義に反しないと主張する。例えば、高等教育機関の入学者選抜の文脈では、有資格者とは学業を問題なく修めることができることを証明した者である[34)]。しかし、有資格者数が地位の数よりも多い場合、有資格者が必ず地位を獲得できるわけではない。反対者は、直接の受益者が有資格者であるのかどうかを超えて、限られた数の地位を獲得できる水準の評価を得ていたのかを問題とする。反対者は、既存の基準で高い評価を得た者が地位を獲得すべきと反論する。これに対し、支持者は直接の受益者が高い潜在能力を有していると主張し、能力主義の観点からの批判に答える。この回答は、高等教育機関の入学者選抜のAAの正当性が問題とされた文脈で、合衆国最高裁により示されている。

　その見解は以下のように要約できる。不合格者の中には、AAの直接の受益者よりも学力で評価の高い者がいる。しかし、AAの直接の受益者は、差別により資質形成に不利な環境にあり、本来であれば学力でより高い評価を獲得していた。その評価は、AAがなくとも、通常の選抜過程で合格する水準にある。差別がなければ、直接の受益者は実力で合格し、AAにより不合格となった者は不合格になっていたのであり、前者は後者と比べて高い潜在能力を有している[35)]。

　この主張は「アメリカの公衆はこのような飛躍を決して認めなかった」と批判される[36)]。AAの直接の受益者となれるのは、学業を問題なく修めることができる資格を有している者である。上位の高等教育機関では、有資格者であるためには学力で相当程度高い評価を獲得していなければならない。その水準の学力を得るためには自己投資が必要であり、有資格者の多くは経済・教育的に優位な状況にあり、資質形成に不利な環境にない。故に、有資格者である直接の受益者の多くは、差別が資質形成に悪影響を及ぼさなければ、AAがなくとも合格していたとは考えられない。

　差別の救済によりAAを正当化する限り、能力主義の観点からの批判は避けられない。これに対し、多様性による正当化はこの批判を回避できる。多様性に基づくAAの支持者は人種をメリットの1つとして考慮し、多様性の

---

34)　*See* Grutter, 539 U.S. at 315.
35)　*See* DeFunis v. Odegaard, 416 U.S. 312, 331-32 (Douglass J. dissenting) (1974); Bakke, 438 U.S. at 365-66 (Brennan J. jointed White, Marshall & Blackmun JJ., opinion).
36)　Kahlenberg, *supra* note 2, at 18.

促進は利益をもたらすと主張する37)。この主張は、マイノリティは非マイノリティがもたらすことのできない利益を作り出すとの想定に基づく38)。利益をもたらす者がより資格があると考えると、多様性による正当化は能力主義からの批判を回避できる39)。しかし、後述するように、この想定に基づくことは害悪を生じさせる（本章第7節）。

第3節　グループ内部での多様性

　AAを正当化できる多様性は、差別を意識するものである（第4章第5節）。ここでは、別の視点から、この点を考える。

　合衆国最高裁の多数の裁判官は、高等教育機関の入学者選抜手続のAAの合憲性が問題とされた文脈で、学生構成の多様性による正当化を認めた。そこで言う多様性とは、単に在学生の人種構成が多様であるだけでなく、各人種グループは多様な個人で構成されていなければならない。この見解は、Grutter判決とGratz判決の手段審査に関する部分で、各裁判官が示している。双方の判決では、合憲の指針として、各志願者が人種やエスニックだけでなく、個人として評価される必要があるとしていた。

　Gratz判決では、過小代表のマイノリティの志願者に自動的に20点を割当てるMichigan大学文芸科学部（LSA）の入学者選抜手続の合憲性と合法性が問題とされた40)。Rehnquist首席裁判官法廷意見（O'Connor, Scalia, Kennedy, Thomas裁判官同調）は、多様性がAAを正当化するのかに関する審査をGrutter判決に譲る。そして、20点の加点を決定する際には、各志願者がマイノリティであるのかどうかだけが考慮されるため、この手続は個別の評価をしておらず、違憲と判断した41)。

---

37)　もっとも、人種をメリットとして考慮するといっても、地位の役割を首尾よくこなす能力があるのかについて判断する際、既存の基準は重要であると認識されている。直接の受益者となれるのは地位の役割を首尾よく行える者である（*See* Cass R. Sunstein, *Problems with Minimalism*, 58 STAN. L. REV. 1899, 1903 (2006)）。

38)　Kahlenberg, *supra* note 2, at 40.

39)　もっとも、マイノリティの包含による多様性の促進が利益をもたらすのかどうかについては、それを支持するあるいは支持しない社会学的証拠も存在し、予測が難しい（第4章第2節第2項(1)）。

同法廷意見は、ある人種の者が大学に貢献することは自動的に保障されないとしており[42]、人種は人々の持つ他の特性と関連する文脈でのみ考慮されるとしている[43]。当該手続に対しては、マイノリティの間で十分に各志願者の違いを考えていないことが批判されており、合衆国最高裁の多数の裁判官は「個別の考慮とは、〔マイノリティへの優先が〕数値化されていないことではなく、『〔マイノリティの各志願者の〕違いを考慮する優先』という意味を採用した」と考えられる[44]。

Grutter 判決 O'Connor 裁判官法廷意見（Stevens, Souter, Breyer, Ginsburg 裁判官同調）は、「ロー・スクールは、志願者が多様な教育環境に貢献する可能性のあるすべての点を十分に考慮して、〔選抜を〕個別に行い、各志願者の情報の全体的な審査を行う」と述べる[45]。そして、ロー・スクールはすべての

---

40) 当該判決で問題とされた入学者選抜手続の詳細は以下の通りである。

1998年、志願者が最大150点（学力110点：学力以外の要素40点）を獲得できる「選抜指標」を用いる入学者選抜手続が採用された。この手続は、点数によって志願者を、100-150点（合格）、95-99点（合格あるいは保留）、90-94点（保留あるいは合格）、75-89点（決定延期あるいは保留）、74点以下（決定延期あるいは不合格）に分類した。各志願者は、学力以外の要素について、州内に居住していること、同窓生との関係、自己紹介文、個人の業績に基づいて点数を獲得する。その中でも人種・エスニック的要素が重視され、志願者が過小代表のマイノリティであることを理由に20点を与えられた。ただし、1999年、大学は入学者選抜委員会を設立し、特定の志願者について補足的に選抜をする決定をした。そして、新制度の下では、入学者選抜の担当者がその裁量によって志願者を留保した場合には以下のことを判断する。第1に、学業で成功する見込みがあるか。第2に、学業を修める能力があると判断されるのに、必要な最低限の水準の点数を獲得しているか。第3に、新入生の組織にとって重要な特徴を有しているか。これらの審査をした後に、入学審査委員会が保留された志願者の合否を決定する。

41) 539 U.S. at 271-72. 法廷意見が当該施策を違憲としたのは、一律20点という加算点の大きさがポイントなのか（点数だけで入学を許可されるのに必要な点数の5分の1）、マイノリティであれば一律に加点するという機械的処理がポイントなのか、双方の要素を総合考慮して違憲判断に至ったのかは判然としない（安西文雄「雇用の分野におけるアファーマティヴ・アクション」戸波江二編『早稲田大学21世紀COE叢書　企業の憲法的基礎』（日本評論社、2010）165頁、174頁）。

42) 539 U.S. at 271.

43) Ian Ayres & Sydney Foster, *Don't Tell Don't Ask: Narrow Tailoring After Grutter and Gratz*, 85 TEX. L. REV. 517, 550 (2007).

44) *Id.* at 549. Gratz判決Rehnquist首席裁判官法廷意見が人種は他の特性と関連づけて考慮されなければならないとするが、その特性とは、社会・経済的に不利な状況である（*See id.* at 551 n.125）。

志願者を個別に考慮しており、1つの要素が合否を決定づけていないとする[46]。O'Connor 裁判官は、Gratz 判決 Rehnquist 首席裁判官法廷意見と同じように、人種は各人が持つ他の特性と関連づけて考慮されなければならないとの立場を採る。

O'Connor 裁判官は、Gratz 判決でもこの立場を示す。Gratz 判決 O'Connor 裁判官同意意見（Breyer 裁判官同調）は、ロー・スクールとは異なり、「学部の入学者選抜の担当者は、各志願者の特有の背景、経験、資格を考慮せずに、過小代表のマイノリティの各志願者に自動的に20点の加点」をしており、このような選抜では個別の評価はできないとする[47]。そして、各志願者の個別の考慮によって、様々な人種グループから構成され、非マイノリティも含めて各人種グループが多様な個人から構成された学生組織が作られる旨を述べる[48]。

高等教育の入学者選抜の文脈では、学生構成が多様であるためには、多様なグループから構成されるだけでなく、各グループが多様な個人から構成されなければならない。

第4節　Grutter 判決の射程——多様性の価値はどの分野で人種使用を正当化するのか

第1項　問題点

Grutter 判決 O'Connor 裁判官法廷意見（Stevens, Souter, Breyer, Ginsburg 裁判官同調）は AA に典型的な厳格審査を適用しながらも、学生構成の多様性により AA が正当化されるとした。

---

45)　539 U.S. at 337.
46)　*Ibid.*　Michigan 大学ロー・スクールの入学者選抜手続が個別の考慮をしたのかについては、批判的な見方もなされている（Ayres & Foster, *supra* note 43, at 552-53）。
47)　*Id.* at 276-77.
48)　*Id.* at 277.　Gratz 判決 Rehnquist 首席裁判官法廷意見では、マイノリティの中で各人の違いが考慮されねばならないことだけが触れられていた。非マイノリティの中でも各人の違いが考慮されるべきとの見解は、Gratz 判決 Thomas 裁判官同意意見でも示されている（*Id.* at 281）。

Grutter 判決 O'Connor 裁判官法廷意見と同意見の依拠する Bakke 判決 Powell 裁判官意見は、双方の意見ともロー・スクールとメディカル・スクールという各々の専門職大学院の持つ特有の性質を強調したものであった[49]。故に、多様性の価値はロー・スクールの入学者選抜の文脈以外でも AA を正当化できるのか疑問が残る。本節では、多様性がどの文脈で AA を正当化するのかを考察する。

第2項 教育の文脈

(1) 高等教育機関

合衆国最高裁は、Grutter 判決で、多様な学生構成がもたらす教育上の利益が人種の使用を正当化するとした。この理由は、学部の入学者選抜での人種の使用の合憲性が問題とされた合衆国最高裁の判決でも、踏襲されている[50]。

(2) 初・中等教育機関

Grutter 判決の後、合衆国控訴裁判所のレベルで、初等教育機関の生徒の転入手続での人種の使用の合憲性が問題とされた事例[51] と、中等教育機関の生徒の割当での人種の使用の合憲性が問題とされた事例[52] で、Grutter 判決を参照して、人種的に多様な生徒の構成がもたらす利益により人種の使用を正当化できるとした。Grutter 判決の後、裁判官の交代があり、合衆国最高裁は、初等・中等教育機関の生徒の割当での人種の使用の合憲性が問題とされた事例で、大学は学術的判断をする特別な地位を憲法上与えられた機関であることを理由に、多様性の価値が人種の使用を正当化するとの Grutter 判決の判旨は高等教育機関の文脈に限定される、とした[53]。

---

49) 539 U.S. at 332-33.
50) Gratz v. Bollinger, 539 U.S. 244 (2003); Fisher, 133 S. Ct. 2411.
51) Comfort v. Lynn School Committee, 418 F. 3d 1 (2005).
52) Parents Involved Community Schools v. Seattle School District, 377 F.3d 949 (9th Cir. 2004).
53) Parents Involved Community Schools v. Seattle School District, 551 U.S. 701, 724-25 (2007). 合衆国最高裁判決では、初等教育機関の生徒の割当での人種の使用の合憲性が問題とされた事例とともに判断が下された。この判断の部分は、4人の裁判官が示している (Roberts, Scalia, Thomas, Alito)。

第3項　雇用の文脈

(1) 雇用判断への適用可能性

ときとして、学説は、組織の多様性が利益をもたらすとの理由から、雇用判断の AA を正当化する主張を展開してきた[54]。合衆国最高裁は高等教育機関の入学者選抜の文脈で、多様性による AA の正当化を認めたが、多様性の価値は雇用判断の文脈で AA を正当化するのか。公的機関は憲法と市民権法の制限に服し、民間企業は市民権法の制限だけに服するため、この問題は公的機関と民間企業を分けて検討する必要がある。

(2) 公的機関の雇用判断

Grutter 判決の以前より、組織内で多様性が必要であることを理由に、雇用判断の AA を正当化した州裁判所と合衆国裁判所の下級審の判例がある。前者は大学教員の採用の AA に関する Farmer 判決[55]、後者は刑務官の採用の AA に関する Witmmer 判決[56] と警察官の昇進の AA に関する Reynold 判決[57] である。他方、合衆国裁判所の下級審では、高校教員のレイオフの AA に関する Taxman 判決[58] で、教員の人種構成の多様性の維持はレイオフに関する AA を正当化しないと判示された。

Grutter 判決は、多様性による AA の正当化を支持する際に軍隊といった公的機関の法廷助言書を参照し、多様性の価値の公的機関の雇用判断の文脈への適用可能性を示唆する[59]。Grutter 判決後の合衆国裁判所の下級審では、警察官の昇進判断の AA の合憲性が問題とされた Petit 判決で、多様性による AA の正当化が認められた[60]。これを受け、学説では、Grutter 判決の判旨は公的機関の雇用判断の文脈に適用されるとも主張された[61]。しかし、消防官

---

54) Robert K. Fullinwinder, The Reverse Discrimination Controversy, Rowman & Littlefield Pub. Inc. 78-83 (1982).
55) University and Community College System of Nevada v. Yvette Farmer, 113 Nev. 90 (1997).
56) Witmer v. Howard, 87 F.3d 916 (7th Cir. 1997).
57) Reynolds v. City of Chicago, 296 F.3d 524 (7th Cir. 2002).
58) Taxman v. Broad of Education of Piscataway, 91 F.3d 1547 (3d Cir. 1996).
59) See 539 U.S. at 328-32.
60) Petit v. City of Chicago, 352 F.3d. 1111 (7th Cir. 2003).

の昇進判断の AA の合憲性が問題とされた事例では、多様性による AA の正当化を否定する Lomack 判決 [62] もあり、公的機関の雇用判断の文脈への Grutter 判決の適用を否定する見解もある [63]。

Grutter 判決後の下級審判例は一貫しておらず、Petit 判決は多様性による正当化が警察の雇用判断にまで拡大することを示したにすぎないと分析されている [64]。Petit 判決は公共の安全を意識する。即ち、マイノリティの警察官はマイノリティの市民を良く理解し、信頼関係を構築できる。そのため、マイノリティが多数を占める地域の治安を守ることができる。Petit 判決では明示されていないが、安全に係る職種でも、固定観念や偏見の打破に関心がある。Lomack 判決の 1 審は多様性による AA の正当化を認め、その際、マイノリティの消防官はマイノリティが多数を占める地域の住民と信頼関係を構築し、首尾よく消火活動を行えることを理由とする。それに加え、異なる人種の隊員が協力し合う姿を市民に見せることで、人種相互の理解が促進されることを示す [65]。

安全に係る職種の雇用判断での人種の使用を多様性により正当化することには、ある人種のことは当事者である同じ人種の者がより理解できるとの考えが 1 つの基礎にある。これは人種ごとに特有の観点がないとする Grutter 判決の多様性の理解とは性質が異なるが、安全という利益により正当化される [66]。多様性により雇用判断の AA を正当化できるのか否かは、文脈ごとの検討が必要である [67]。例えば、公立の大学・高校教員の採用 [68] では、教員間および教員と学生間での人種相互の理解の促進を理由に、特殊教育の教員採用の文脈 [69] では、マイノリティ教員がマイノリティの生徒をより良く理

---

61) Rebecca Hanner White, *Affirmative Action in the Workplace: The Significance of Grutter?*, 92 KY. L.J. 263 (2003).
62) Lomack v. City of Newark, 463 F.3d 303 (3d Cir. 2006).
63) Mellot, Jared M., *The Diversity Rationale For Affirmative Action In Emplyment After Grutter*, 48 WM AND MARY L. REV. 1091 (2006).
64) Tumer, *supra* note 21.
65) Lomack, 2005 U.S. Dist. LEXIS 18892.
66) 安全は、古くから人種区分を正当化する利益だとされてきた (*See* Korematsu v. United States, 323 U.S. 214 (1944))。
67) Lorin J. Lapidus, *Diversity Divergence: A Post Grutter Examination of Racial Preferences in Public Employment*, 28 W. NEW ENG. L. REV. 199 (2006).
68) Suzanne E. Eckes, *Diversity in Higher Education: The Consideration of Race in Hiring University Faculty*, 2005 BYU EDUC. & L. J. 33.

解し、上手く接することができるとの理由から、多様性の価値は AA を正当化するとの主張が見られる。

(3) 民間企業の雇用判断

Grutter 判決の後、民間企業の雇用判断の AA が多様性により正当化されるのかを検討した判決はない。学説は、民間企業の雇用判断の AA に関する過去の判例を参照して、この点を検討している。

従来、民間企業の雇用判断の AA は差別の救済を理由に正当化された[70]。Grutter 判決では、AA を正当化する際に、アメリカの主要な民間企業の法廷助言書を参照した[71]。民間企業は市民権法に服し、Johnson 判決の法廷意見では、市民権法は使用者に憲法と同程度の制限を課していないとされた[72]。Petit 判決で多様性が公的機関の雇用判断の AA を正当化すると示されたこと、Grutter 判決で多様性の民間企業の雇用判断への適用可能性が示唆されていたこと、市民権法が憲法よりも制限を課さないことを理由に、民間企業の雇用判断でも多様性が AA を正当化できるとの見解が見られる[73]。

しかし、Grutter 判決の射程が民間企業の雇用判断に及ぶのかには注意が必要だとされる[74]。公的機関は公益の追求により AA を正当化できるが、民間企業は市民権法の下で企業利益の追求によって AA を正当化できなかった[75]。公的機関と民間企業の性質の違いから、多様性は民間企業の雇用判断の AA を正当化しないとも指摘される[76]。

現在の合衆国最高裁は Grutter 判決が下されたときよりも AA に批判的で、

---

69) Patrick Linehan, *Guarding the Dumping Ground*, 2001 BYU EDUC. & L.J. 179.
70) United Steelworkers of America v. Weber, 443 U.S. 193 (1979).
71) 539 U.S. at 330-32.
72) Johnson v. Transportation Agency of Santa Clara County, 480 U.S. 616, 627 n. 6 (1987). 当該判決では、郡の交通局の昇進に関する性別に基づく AA が問題とされた。憲法上の主張は提起されず、市民権法違反の主張だけが提起された。合衆国最高裁は、当該昇進策が能力主義に基づいており、性別を 1 つの要素として考慮するにすぎないことから、合法と判断した。詳しくは、第 7 章参照。
73) White, *supra* note 61; David A. Harvey, *A Preference for Equality: Seeking the Benefits of Diversity Outside the Educational Context*, 21 BYU J. PUB. L. 55 (2007).
74) Tumer, *supra* note 21.
75) Mellot, *supra* note 63.
76) Eric A. Tilles, *Lessons from Bakke: The Effect of Grutter on Affirmative Action in Employment*, 6 U. PA. J. LAB. & EMP. L. 451 (2004).

民間企業の雇用判断の AA を違法と判断していくとの予測もされている[77]。これに対し、多様性の価値が民間企業の雇用判断を正当化する可能性がすべて否定されたわけではなく、詳細な検討が必要との指摘もなされている[78]。しかし、この主張も Parents 判決が Grutter 判決の判旨を高等教育機関の入学者選抜の文脈に限定したことから、雇用判断の文脈で多様性が AA を正当化するのは難しくなったことを認識している。

第5節　マイノリティは特有の観点を有するのか
　　　　──学説の動向

第1項　特有の観点を有するとの想定に基づく正当化

　マイノリティは特有の観点を有するとの想定に基づいて AA を正当化する代表的な論者に Mari Matsuda がいる。Matsuda は、マイノリティの新たな知見を法学にもたらすために、AA が必要だとする[79]。

　Matsuda は、法学者の世界でマイノリティの業績が無視されていると認識する。Matsuda は Richard Delgado の "The Imperial Scholar" を参照し[80]、権

---

77) Corey A. Ciocchetti & John Holcomb, *The Frontier of Affirmative Action: Employment Preferences & Diversity in the Private Workplace*, 12 U. PA. J. BUS. L. 283 (2010).

78) Katherine M. Planer, *The Death of Diversity? Affirmative Action in the Workplace After Parents Involved*, 39 SETON HALL L. REV. 1333 (2009).

79) Mari Matsuda, *Affirmative Action and Legal Knowledge: Planting Seeds in Plowed-up Ground*, 11 HARV. WOMEN'S L. J. 1, 2 (1988).

80) Delgado に依れば、マイノリティの多くの学者が反差別法、平等原則、AA といった市民権に関する問題について優れた業績を出しているが、人種問題に関して、裁判所と著名な白人学者の論稿がそれらの業績をほとんど引用していない（Richard Delgado, *The Imperial Scholar: Reflections on a Review of Civil Rights Literature*, 132 U. PA. L. REV. 561, 562-63 (1984)）。Delgado に依れば、マイノリティに関連する問題は、当事者が論じることが有益だとされる（*Id.* at 566-68）。
　これに対し、Kennedy は、Delgado はマイノリティの業績の何が優れているのかを具体的に証明していない、と批判する（Randell Kennedy, *Racial Critique of Legal Academia*, 102 HARV. L. REV. 1745, 1774 (1989)）。Kennedy は、歴史学の分野でもマイノリティの業績が不当に排除されているとの主張がなされるが、その主張は「黒人と白人の著作を比較し、無視されている著作の注視する価値がある特性を描いている」と述べる（*Ibid*）。

威ある学者の論稿では有色人種の学者の業績がほとんど引用されておらず、法学ではマイノリティの有益な知識が欠けてしまっている旨を述べる[81]。

その理由について、Matsuda は以下のように述べる。「引用は学術的権威を測る1つの基準である。学者は脚注の軌跡に従って、調査と情報収集を行う。脚注に加えて、人々は自身が読んだものと学友と議論したことを引用する。彼らの読み込みと彼らの学友の輪が限定されているとき、彼らの引用は限定される。この過程は、人間の心理の基本的事実を無視する。人間は、自らが既に知っていることを繰り返すことによってではなく、異なる者との相互作用を通じて学び成長する。外部者の見解を無視する法学教育の体制は、学説の応用を人工的に制限し、無視する。」[82]

さらに、Matsuda に依れば、法学教育機関がマイノリティの豊かで生産的な知識を欠いている場合、「多様な観点が存在する男女から成る世界において、効果的な司法と政策形成を将来的に行う者を供給できていない」とされる[83]。

権威ある学説の人種分離が是正されれば、Matsuda は、法学の知識が豊かになり、法学教育機関は有能な人材を育成できると考えている。この考えには、被差別者はある事柄に有用な見解を示すことができる、という前提がある[84]。この前提に対しては、マイノリティの法学者の業績が非マイノリティの業績と何が異なるのか、両者が異なるとしても前者が優れている点とは何か、との疑問が生じる[85]。

以上の疑問に対して、Matsuda は、マイノリティは被差別の当事者であるため、その知見は個人の経験に基づいており、差別の問題に有用な見解を示すことができる旨を述べる[86]。この主張は、差別の犠牲者であることが一定の道徳的で知的な観点を生み出すと示していると言える[87]。

Matsuda に依れば、マイノリティの中にも様々な違いはあるが、「階層のように容易に洗い流されないものが、肌の色にはある」とされる[88]。Matsuda

---

81) Matsuda, *supra* note 79, at 2-3.
82) *Id.* at 3 (citation omitted).
83) *Ibid.*
84) Mari Matsuda, *Looking to The Botoom: Critical Legal Studies And Reparations*, 22 Harv. C.R.-C.L. L. Rev. 323, 324, 326, 346 (1987).
85) Kennedy, *supra* note 80, at 1778.
86) Matsuda, *supra* note 84, at 360.
87) Kennedy, *supra* note 80, at 1779.

の立場では、「階層、ジェンダー、他の区分を考慮しても、有色人種の経験には否定できない一定の関係が存在しうる」のであり、「即ち、裕福であっても貧困であっても、男性であっても女性であっても、教育を受けていても無知であっても、有色人種の者のいずれもが激しく人種を意識し、白人に圧倒的に支配されている社会では、ある程度『部外者』である」ことになる[89]。

Matsuda は、マイノリティは誰もが被差別の経験があり、そのことが意見形成に大きく影響をしているとする。そして、被差別の経験により形成されたマイノリティの見解は法学の知識を豊かにするのに必要だが、彼らの見解は排除されているため、その状況を是正するために AA が必要だと主張する。

第 2 項　特有の観点は存在するのか

マイノリティが差別の問題に有用な見解を示すことができる、とする考えは正しいのか。

Randell Kennedy は、Matsuda の見解に対し、すべてが誤りではなく、「黒人のアメリカ人の中には、人種的抑圧に伴う経験から導き出される、一定の道徳的および知的な観点を示している者がいることは疑いない」とする[90]。しかし、Matsuda の見解は「彼女の知っているものとは逆の重要な傾向を無視しており、現実を歪めている」とする[91]。

Matsuda は、マイノリティが差別の問題に関して有用な見解を示した例として、第 2 次大戦中の合衆国政府による日系人の収容に対して、黒人が示した見解を挙げる。Matsuda に依れば、黒人の中にはこの問題について政府を批判する「賞賛すべき態度」をとっていた者がいる[92]。これに対し、Kennedy は「NACCP や黒人が支配的であるいずれの他の機関も Korematsu 判決[93]で意見書を提出しておらず、また、政府による収容策に異議を唱え

---

88) Matsuda, *supra* note 84, at 360-61. 人種分離撤廃訴訟に係った法律家の多くは黒人であったとされる（和田英夫「ブラウン判決とその意義——アメリカ憲法と最高裁判所」法律論叢 39 巻 4・5・6 号（1966）1 頁、58 頁）。Matsuda の見解は、こうした社会的事情に基づいていると考えられる。
89) Kennedy, *supra* note 80, at 1784.
90) *Id.* at 1780.
91) *Ibid.*
92) Matsuda, *supra* note 84, at 360.

る他の事例についてもそうであ」り、「ほとんどの白人と同じように、ほとんどの黒人は日系アメリカ人の収容に対して消極的にしか答えていない」として、Matsudaの認識は誤りだとする[94]。Kennedyは、人種差別に従事するマイノリティもいることから、人種的抑圧という単純な経験では、Matsudaの主張は支持できず、「思想、経験、人種的地位との関係は彼女の描くほど予測できるものではない」とする[95]。

マイノリティは、社会的に成功していても、マイノリティであるが故に差別を受けることがあり、誰もが同じ経験を共有する面がある。しかし、人種グループは一枚岩ではなく、社会階層により人々の関心は異なる[96]。Matsudaは、マイノリティの見解が統一されていないことを認識している[97]。しかし、Matsudaは、マイノリティの学者は差別の問題に関して特有の見解を示すとしており、マイノリティの共同体の内部の意見の異質性を「最小限」にしている[98]。

Kennedyは、人種を横断する重要な変数が存在し、それが有色人種の経験を多様にしているとする[99]。Kennedyの言う他の重要な変数とは、階層である。Kennedyに依れば、奴隷制の時代や法的な人種分離が実施されていた時代でさえも、「人種的抑圧の構造と経験は、黒人の共同体の中の階層ごとに様々であった。」[100]。社会的に高い地位を得るのかは階層に大きく依拠し、階層は個人の意見形成に大きく影響する[101]。人々がどのような見解を有し、どのような行動をとるのかを推定する際に、階層は無視できない。

---

93) Korematsu, 323 U.S. 214 (1944). 第2次大戦中の日系アメリカ人の強制収容の合憲性が問題とされた判決。合衆国最高裁は、安全の確保という利益がやむにやまれぬ利益であり、人種区分を正当化するとして、合憲判決を下した。
94) Kennedy, *supra* note 80, at 1780.
95) *Id.* at 1780-81.
96) Kennedy, *supra* note 80, at 1782.
97) *See* Matsuda, *supra* note 84, at 352.
98) Kennedy, *supra* note 80, at 1782.
99) *Ibid.*
100) *Id.* at 1782, 1783.
101) Douglass C. Lawrence は、「同じ裕福な郊外地区で育った異なる人種の2人の志願者は、低収入の隣人と育った同じ人種の者よりも、おそらくは〔考え方が〕共通している」と述べる (Douglass C. Lawrence, *Does Diversity Justify Race-Conscious Admissions Program?*, 36 SUFFOLK U. L. REV. 83, 107 (2002) (citation omitted))。

第3項　特有の観点を有するとの想定から生じる害悪 [102]

(1) マイノリティ排除の危険性

多様性の価値は、例えば、マイノリティの従業員はマイノリティの顧客と首尾よく取引ができる、との理由からAAを正当化する。これは、人種ごとに特有の観点があり、マイノリティの従業員がマイノリティの顧客に対して有益な行動をとるという想定に基づく。この想定は、過去にマイノリティに不利益を及ぼしていた固定観念とは異なり、利益を与える。この想定は、マイノリティへの偏見や固定観念ではなく、蓄積された客観的データに基づいている、とされる [103]。

以上の見解は、マイノリティの特有の見解と行動が利益をもたらすとしており、社会効用論に基づく。この見解では、白人の特有の見解と行動がより多くの利益を及ぼすことが客観的データで証明された場合には、様々な分野で白人への優先が正当化される可能性がある。社会効用論だけに基づいて人種ごとに特有の観点があると想定することは、理論上、マイノリティの排除を正当化する可能性がある [104]。

合衆国最高裁の多数の裁判官が認めた多様性に基づくAAは、社会効用論だけでなく分配的正義論に依拠し、差別を意識する（第4章第3節）。差別や偏見はある分野であるグループが過小代表であることで生じる [105]。マイノリティに不利に作用する固定観念が客観的分析から導き出されたのであっても、差別や偏見が生じる程度にまでマイノリティを過小代表にする場合には、その固定観念は使用できない。

---

102) 第1に挙げた害悪についてはKahlenbergの議論を基に、そして第2に挙げた害悪についてはCarterの議論を基に分析した。
103) *See* Kahlenberg, *supra* note 2, at 56.
104) グローバル市場では、中南米や東南アジアなどの重要度が増しており、企業はこれらの地域の文化を理解できる人材（ヒスパニック、アジア系）を求めている。また、移民の増加によりアメリカのマイノリティ人口に占める黒人の割合は低下し続けており、国内市場で黒人の重要性は低下している。どのグループがAAによりどれ程の地位を得るのかは、市場で各グループがどれ程の重要性を持つのかによって左右される。
105) Kenneth L. Karst, *Forward: Equal Citizenship Under the Fourteenth Amendment*, 91 Harv. L. Rev. 1, 53 n.290 (1977).

(2) 役割の固定化

人種ごとに特有の観点があるとの想定が差別と関連している場合、AA の直接の受益者は、AA の実施者が期待する見解を表明し行動する、という「正しい道」をとることが想定されており、それに反した者は批判される。さらに、マイノリティが差別の問題に有益な見解を表明するとの想定は、白人がマイノリティの問題を理解できないという考えに結びつく。結果として、白人はマイノリティの問題について発言できなくなり、これは異なる人種の問題を理解しようとする者の努力を否定する[106]。また、白人がマイノリティの差別の問題を理解できないとの想定は、人種相互の理解の促進という目的に反する[107]。人種ごとに特有の観点が存在するという想定は、人々の役割を人種によって固定化し、自由な選択や発言を妨げる。

第 4 項　包含の理論による正当化

(1) 問題点

多様性の価値により AA を正当化する主張は、マイノリティは差別の経験から差別の問題に特有の見解を持ち、その問題に有用な見解を示すことができる、という想定に基づいていた（本章第 5 節第 1 項）。その主張に対しては、マイノリティのすべてのメンバーが差別の問題に特有の見解を持つとの想定が疑問視され（本章第 5 節第 2 項）、マイノリティが特有の観点を持つと想定することで生じる害悪が指摘された（本章第 5 節第 3 項）。学説の多くは、マイノリティの見解は一枚岩でなく、様々な見解があると理解する。つまり、人々の見解は自身の人種やエスニックによって決定されない、と理解している。このように理解すると、多様性により AA を正当化できるのか疑問が生じる。しかし、マイノリティの見解は一枚岩ではないと理解しながらも、多様性により AA を正当化できる、とする見解がある。

(2) Foster の見解

この見解を示すのが Foster である。Foster は、多様性の価値には、純粋に

---

[106]　Carter, *supra* note 1, at 30-43.
[107]　拙稿「多様性に基づく Affirmative Action の正当性(1)～(3・完)——多様性の価値の意味」法学 76 巻 1 号（2012）38 頁、4 号（2012）104 頁、77 巻 1 号（2013）35 頁第 4 章第 3 節第 2 項。

将来志向のものと差別を意識するものがあると理解する（第4章第5節第2項(1)(2)）。Foster は、前者に基づく AA は、マイノリティには特有の観点があると想定しているとする。Foster に依れば、この想定は本質主義を招く[108]。本質主義とは「人々の違いは、人々が感じ、考え、行動する方法を統制し、人々の本質的な性質を決定する、という概念」である[109]。Foster は、本質主義の主題は有色人種の経験をひとくくりにし、有色人種内部の見解の多様性を最小限にするところにあるとし、その有害さを指摘する[110]。

Foster は、マイノリティに特有の観点があるとの想定を批判するが、「人種は、合衆国では、人生経験の代用品」だと認める。そして、マイノリティは過去および現在に被差別の経験をしているため、自身が当事者である差別の問題に関して、マイノリティが非マイノリティとは異なる観点を持つ可能性を認める[111]。

しかし、Foster は、人種が合衆国で様々な経験の代用品であると認めることは、マイノリティが経験したことについて、マイノリティの観点が一枚岩であるという考えを必ずしも生じさせないとする。そして、Foster は、本質主義の否定は肌の色が合衆国の生活で持つ意味を否定しないとする[112]。

Foster は人種がアメリカで人生経験の代用品となることを認めるが、多様性の価値はマイノリティが特有の見解を持つと想定しない。この考えに従えば、人々の見解は各自が属する人種やエスニックに大きく左右されない。とすると、人種を考慮する必要はあるのか。

この疑問に対して、Foster は自己に関する事柄を自身で決定する力をマイノリティが持つために多様性の達成が必要だと回答する。マイノリティは社会の各機関で占める割合が少なく、マイノリティがどのような性質と観点を持ち合わせているのかの判断は、非マイノリティが行ってきた。各機関で歴史的に排除されてきたマイノリティの数が増え、多様性が達成されると、その判断はマイノリティ自身が行える[113]。自身のグループの性質が他者によ

---

[108]　Sheila Foster, *Difference and Equality: A Critical Assessment of the Concept of Diversity"*, 1993 WIS. L. REV. 107, 139.
[109]　*Id.* at 139 n.136.
[110]　*Id.* at 140. その害悪については、本章第5節第3項参照。
[111]　*Ibid.*
[112]　*Ibid.*
[113]　*Id.* at 141-42.

り決定されることは、マイノリティに不利益を及ぼし、平等は達成されない[114]。

(3) 欠　点

Fosterの見解は、多様性の価値に基づくAAが、マイノリティには特有の観点があるとの想定に基づいているという理解を否定することに成功している。そして、この想定に伴う問題を回避して、多様性による正当化に成功している。多様性が達成されたときに、マイノリティは自己の性質と観点を自身で決定する力を得る。多様性が達成されたのかどうかの判断は、マイノリティが各機関で相当数を占めているのかによって判断される。とすれば、どのグループもその力を持つために常に一定数が存在しなければならず、AAが永続する危険がある（本章第7節第4項）。また、マイノリティが自身の有する見解を定義する力を持つのに必要な数を如何に判断するのかも不明確である（本章第7節第3項）。

第6節　マイノリティは特有の観点を有するのか　——判例の動向

第1項　Metro Broadcasting判決

(1)　Brennan裁判官法廷意見

合衆国最高裁は、Metro Broadcasting判決とGrutter判決で、多様性の価値によりAAが正当化されることを法廷意見により認めた。多様性による正当化を認めるに際に、合衆国最高裁はマイノリティが特有の観点を有すると想定しているのか。

Metro Broadcasting判決Brennan裁判官法廷意見（White, Marshall, Blackmun, Stevens裁判官同調）は、当該判決で合憲性が問題とされた施策は放送の多様

---

114)　Id. at 160. Fosterは「黒人と他のマイノリティの物語は、主として白人によりつくられ、語られてきた」のであり、「言うまでもないが、黒人についての白人の物語は称賛するものではない」と述べる（Id. at 159 (citation omitted)）。

性を促進するため、合憲の判断を下した[115]。

　Brennan 裁判官法廷意見は各人種には特有の観点があると想定しているのか。

　同法廷意見は、「マイノリティの所有者の拡大と放送の多様性とが関連するとの判断は、許容できない固定観念に依拠」せず、「議会の施策は、いずれの場合にも、マイノリティによる所有と運営が電波を用いてよりマイノリティ本位の番組制作や『マイノリティの観点』の表明を導くとは想定していない」と判示する。同法廷意見は、問題とされた施策はマイノリティの所有する放送局がマイノリティに訴えかける番組を必ず作成するなどとは考えておらず、「議会とFCCは、単純に総体として、放送業界におけるマイノリティの所有者の増加が放送をより多様にする、と主張した」とする。そして、「マイノリティの代表者が参入している放送業界には、人種およびエスニック的に単一の同質のグループから選出された所有者が占める放送業界よりも、変化と多様性がもたらされる」とし、そのすぐ後に「放送業界へのマイノリティの参入の全体的な結果について予想された判断は、いずれ場合にマイノリティの所有者が如何なる行動をとるのかについての固定観念化された想定ではない」と判示する[116]。

　同法廷意見は、マイノリティが特有の観点を有するとの想定に依拠していないことを明確に示す。しかし、マイノリティが特有の観点を有していないのであれば、放送事業者のマイノリティによる所有の拡大が放送の多様性の促進につながるのは何故なのか疑問が残る。同法廷意見は、この疑問にどのように答えているのか。

　同法廷意見は、番組制作の判断は市場の要求にある程度左右されるが、マイノリティの所有する放送局が非マイノリティの所有する放送局と比べて、マイノリティの関心に時間を割いた放送をしていることが、客観的なデータにより証明されているとする。そして、その放送はマイノリティに対する固定観念に基づいてはいないとする[117]。

　これに加え、同法廷意見は、いくつかの研究がマイノリティの所有者は経営に携わる重要な地位にマイノリティを採用する傾向があることを証明して

---

115) 当該判決については、第 2 章第 3 節第 2 項参照。
116) 497 U.S. at 579.
117) *Id.* at 580-81.

いる旨を示す。そして、マイノリティ所有の放送局がマイノリティの問題を取り上げるのかは確実ではなく、非マイノリティ所有の放送局がそうでないことも確実ではないとする。しかし、マイノリティ所有の放送局が増えることで、マイノリティの問題がより取り上げられると推測することは、人種ごとに特有の観点があるという固定観念ではなく、客観的分析に基づいているとする[118]。

　以上のように、同法廷意見は、マイノリティが特有の観点を有し、マイノリティの所有者の拡大がそれを示す機会を増やすという意味で、放送の多様性が促進されるとは示していない[119]。同法廷意見は、マイノリティ所有の放送局はマイノリティの関心に目を向ける傾向があり、番組内でマイノリティに関連する放送をする際に固定観念に基づいていないという意味で、放送の多様性が促進されるとしている。

(2) O'Connor 裁判官反対意見

　O'Connor 裁判官反対意見（Scalia, Rehnquist, Kennedy 裁判官同調）は、連邦放送委員会（FCC）は人種ごとに特有の観点があると想定し、増進させたい観点をマイノリティが有していることを理由に、マイノリティの申請者が他の申請者よりも放送事業を営む資格がある旨を判示する。同反対意見は、問題とされた施策は「優先を保障する『必要かつ十分条件として人種を確立するため、考え方と行動を人種と同一視している』」と評する。そして、この想定に基づくことは、人種によって人々を評価することになり、民主主義の原則に反し、許容できないとする[120]。

(3) Carter による分析

　Brennan 裁判官法廷意見は、マイノリティは特有の観点を持つと想定していないが、マイノリティの所有者と非マイノリティの所有者は異なる問題に関心を向ける、と想定している。この想定は O'Connor 裁判官反対意見から

---

118)　*Id.* at 580-83.
119)　Kennedy 裁判官反対意見（Scalia 裁判官同調）は、「多数意見は主張していないが、〔AAの対象となった〕人種グループが他の市民の見解とは異なる一定の『マイノリティの見解』を生じさせるという概念に基づいているように見える」と判示する（*Id.* at 636）。しかし、同反対意見は、何らその理由を述べていない。
120)　*Id.* at 618.

批判されており [121]、社会学的証拠にはそれを支持するものも支持しないものもある。この想定が妥当か否かを判断することは筆者の能力を超えるが、この想定に内在する問題を指摘することは可能であり、多様性による AA の正当化の問題を明らかにするために必要である。その問題を指摘するにあたっては Carter による分析が参考となる。

Carter は、マイノリティによる所有が放送の多様性を強化するのかという問いに対して、「唯一可能な答えは、白人である所有者とそうでない所有者が放送する番組について異なる結論に達するとの想定にある」として、FCC の主張は「黒人と白人の思考方法に関する前提を必然的に含んでいる」とする [122]。Carter は、同法廷意見がマイノリティの所有者と放送番組の多様性とが関係するとの FCC の判断に言及していることに触れて、「経験上の関係は、言い換えるならば、FCC が作り出そうとする『マイノリティの所有者』はかつて放送を統制していた白人男性によって示されたものと同じ飽きられた古い見解をラジオとテレビにもたらさない」のであり、「〔マイノリティの〕

---

121) O'Connor 裁判官反対意見は、マイノリティの所有者が非マイノリティの所有者よりもマイノリティの関心に放送の時間をあてるとの考えは人種と行動が綿密に結びついているとの想定から成り立つが、「人種と行動とのこのような強力な関係は、特に市場の力で解決されるとき、Powell 裁判官が Bakke 判決の医療サーヴィスに関する彼の議論で否定した」と判示する (Ibid)。同反対意見は、Bakke 判決で州立のメディカル・スクールはマイノリティ・グループのメンバーが特に医療の必要な地域に努めそうであるため、彼らを優先することができたと主張したが、「Powell 裁判官は、その想定は支持されず、個人の選択はエスニックや人種から想定できないと結論づけて、この正当化理由を否定した」とする (Ibid)。そして、同反対意見は「市場は膨大な範囲にわたって番組を構成して」おり、「放送免許を持つマイノリティ・グループのメンバーは、他の所有者と同様に、所有者の好みと優先を反映する番組というよりも、視聴者を引きつけ、〔そう〕し続ける番組に努めようと考える」として、人種と行動との相関関係を否定する (Id. at 626)。もっとも、同法廷意見も「放送局の所有者のすべては、彼らの番組制作の判断において市場の要求にある程度左右される」と認識しているが (Id. at 580)、「ある程度」と示しており、市場の要求が番組構成に影響をもたらす程度が同反対意見の認識する程度よりも非常に弱く認識している。

同法廷意見はマイノリティの所有者の拡大が放送の多様性を促進するとしているが、「マイノリティの所有者の各々が多様性に貢献するという確実な証拠はない」としており、マイノリティの所有者の拡大が全体として多様性を促進することになる、としているにすぎない (Id. at 579)。つまりは、AA により免許付与された者が多様性に確実に貢献するわけではないと言っているのであり、AA が原因で免許付与を拒否された者にとっては、納得のいく理由ではない。

122) Carter, supra note 1, at 37.

新たな所有者は〔その所有者の人種グループの〕代表となる」とする 123)。そして、Carter は、マイノリティの所有者が非マイノリティの所有者と同じように市場の要求に左右される場合には、両者の関心が異なるという想定は不当だが、「おそらく、黒人〔の観点〕は、彼らが頻繁に敗者となる人種によって分断された社会の只中で形成され、多くの場合に、白人とは異なる施策を展開する」とする 124)。

同法廷意見は、マイノリティの所有者の各々が非マイノリティの所有者とは異なる関心に目を向けるのは確実でないが、マイノリティの所有者を拡大すれば、非マイノリティとは異なる関心に目を向ける放送事業所有者が増えると主張する 125)。これに対し、Carter は「ほとんどの場合で、あるいは少なくとも実質的な数に及ぶ場合で、問題とされた施策について、合衆国最高裁と FCC は、ほとんどの白人の所有者と黒人の所有者が異なる番組構成をすると想定したのは間違いない」と指摘する 126)。

Carter は、合衆国最高裁という権威のある機関がマイノリティの所有者が非マイノリティの所有者とは異なる関心に目を向けるという想定を認めた、とする。そして、このことが、所有者は自身の属する人種に従って、放送する事柄を決定せねばならないという、「大きな圧力」になると主張する 127)。人種ごとに関心が異なるという想定は、ある関心について各人種は特有の観点を示すべきとはしていないが、人種ごとに異なる関心に目を向けるべきとして、人種によって人々の行動を制限する危険もある。マイノリティの所有者は差別に起因する問題に目を向けることを政府から期待されるため、特に、行動を制限される危険がある。

第 2 項　Grutter 判決

Metro Broadcasting 判決では、O'Connor 裁判官は特定された差別の救済がやむにやまれぬ利益であり、放送の多様性の促進では AA を正当化できないとした 128)。しかし、他の判決で、O'Connor 裁判官は AA を正当化できる

---

123)　Id. at 38.
124)　Id. at 37, 38.
125)　497 U.S. at 579.
126)　Carter, *supra* note 1, at 39.
127)　Id. at 38.

のは過去の特定された差別の救済だけではない、と示していた[129]。そして、Grutter 判決で、O'Connor 裁判官はロー・スクールの学生構成の多様性が AA を正当化すると示し、多数の裁判官の同調を得て多数意見を形成した (Stevens, Souter, Ginsburg, Breyer 裁判官同調)。

　O'Connor 裁判官法廷意見は、ロー・スクールの施策の作成にかかわった、ロー・スクールの教授であった Richard Lempert と Kent Syverud の証言に言及する。同法廷意見は、Lempert が「当該ロー・スクールが、教室の内外での討議と教育的経験を増進する多様な関心と経歴を持つ学生を求めることを強調した」と示す[130]。そして、同法廷意見は「『歴史的に差別されてきたグループ出身の学生の包含に対して特別な考慮を伴う、人種・エスニック的多様性に貢献する』政策について尋ねられたとき、『Lempert は、この文書が、過去の差別の救済を求めるものではなく、むしろそのような差別の犠牲者でなかったグループのメンバーとは異なった観点を、ロー・スクールに与えるだろう学生を包含すると説明した』」とする[131]。

　Lempert の証言を見ると、ロー・スクールの入学者選抜が、人種やエスニックごとに異なる観点があると想定しているようにも思われる。しかし、次に、同法廷意見は Syverud が「十分に代表されていないマイノリティ・グループの相当数の学生が存在するとき、『マイノリティの観点』は存在せず、むしろマイノリティの学生の間に様々な考えがあると非マイノリティの学生が学ぶので、人種的固定観念はその強制力を失うことを示した」と判示する[132]。同法廷意見は「ロー・スクールの入学者選抜が、『人種相互の理解』を促進し、人種的固定観念の打破を助け、『学生に、他の人種の人々を一層理解できるようにする』」ことを理由に、学生構成の多様性のもたらす利益が「実質的」だと認める[133]。同法廷意見は、人種やエスニックごとに特有の観点があるとの想定には依拠せず、反対に、その想定の打破を理由に多様性の価値による AA の正当化を認める。

---

128)　497 U.S. at 610-12.
129)　Wygant 判決 O'Connor 裁判官法廷意見は、少なくとも高等教育の文脈では、人種的な多様性の促進が AA を正当化するやむにやまれぬ利益となる、と判示している (Wygant, 476 U.S. at 286)。
130)　539 U.S. at 319.
131)　*Ibid*.
132)　*Id*. at 319-20.
133)　*Id*. at 330.

以上のように、多様性の価値により AA を正当化できるとした合衆国最高裁の法廷意見は、人種やエスニックごとに特有の観点があると想定していない。合衆国最高裁の多数の裁判官は、放送免許の付与と高等教育機関の入学者選抜の文脈では、人種やエスニックごとに特有の観点があるという固定観念をなくすために多様性の価値による AA の正当化を認めた。

第 7 節　多様性の価値による正当化の欠点

第 1 項　問題点

　人種ごとに特有の観点があると想定してAAを正当化する学説もあるが（第5節第1項）、その想定が正しいのかは疑問視されている（第5節第2項）。仮に正しいとしても、その想定に基づいて多様性の価値により AA を正当化することには問題があり（第5節第3項）、それに基づかずに、包含の理論から多様性の価値による正当化を認めようとする試みが学説でなされた（第5節第4項）。合衆国最高裁も、多様性の価値により正当化をする際に、人種ごとに観点に違いはないと想定していた（第6節）。人種ごとに観点は異ならないと想定して、多様性の価値による正当化を認めることで、人種ごとに観点が異なるとの想定によって生じる問題を避けることができる。しかし、人種ごとに観点に違いはないと想定しても、筆者が判例と学説を分析した結果、多様性の価値により AA を正当化することには以下の 4 つの問題がある [134]。

---

134)　本書では、人種やエスニックごとに観点が異ならないと想定しても、多様性の価値により AA を正当化することの欠点を4つ挙げた。第1に被差別者に不利益を及ぼす危険、第2に相当数という概念の不明確性、第3にカラー・ブラインドの原則の侵害、第4に真に救済の必要な者が AA の直接の受益者になっていないことである。このうち、第1の欠点は Kahlenberg の議論から、第2の欠点は Grutter 判決 Rehnquist 首席裁判官反対意見から示唆を得た。第3の欠点も Kahlenberg の議論から示唆を得た。Kahlenberg は、多様性に基づく AA が社会効用論に依拠し、文化的違いが利益を作りだすことから AA が永続すると考える（Kahlenberg, *supra* note 2, at 27-33）。筆者も多様性に基づく AA がカラー・ブラインドの原則を侵害すると考えるが、その理由は異なる。第4の欠点は、筆者が判例と学説を分析した結果、独自に明らかにした。

第2項　被差別者への不利益

(1)　アジア系アメリカ人とユダヤ人

　多様性の価値による AA の正当化には、歴史上差別の犠牲となってきたマイノリティ——特にアジア系とユダヤ人——を排除する危険があるとの指摘が、Kahlenberg によりなされる。多様性の達成には、各グループが自身に対する固定観念や偏見を減じるのに必要なある一定の割合（相当数）で代表される必要がある。しかし、例えば、大学の入学者選抜の文脈では、GPA や SAT といった学力だけに基づくと、黒人は相当数に達しない。他方で、学力だけに基づくと、黒人と同程度の差別であったのかについては議論があるが、過去に差別の犠牲となってきたグループであるアジア系アメリカ人やユダヤ人は過剰代表となる [135]。当然ながら、アジア系アメリカ人やユダヤ人が合格に必要な学力は黒人よりも圧倒的に高くなる [136]。

　これは白人と比べても同じである。Kahlenberg に依れば、上位校である California 大学 Berkley 校では、アジア系の学生が州内の高校生に占める割合と比べて、3 倍ほど過剰代表である [137]。学生の人種構成が多様でなければならないとすると、アジア系アメリカ人は過剰代表であるため、合格に必要な学力は白人よりも高くなる [138]。そのことから、Kahlenberg は「実際に、多様性に基づく施策は、決して差別を受けてこなかったグループ（WASP）にときとして利益を与え、〔差別の犠牲となってきた〕グループ（アジア人、ユダヤ人）を侵害する」と指摘する [139]。多様性に基づく AA は、過去に差別を受けてきたグループの中でも社会的に成功を収めているアジア人やユダヤ人に不利益を及ぼす可能性がある [140]。

---

[135]　AA に伴う負担のほとんどを負うことになるのは、ユダヤ人となる危険があると指摘されている（*See* John Hart Ely, Democracy and Distrust: A Theory of Judicial Review, Harvard University Press 170-72 (1980)（佐藤幸治・松井茂記訳『民主主義と司法審査』（成文堂、1990）270-72 頁））。

[136]　Grutter 判決 Rehnquist 首席裁判官反対意見が示すところでは、Michigan 大学ロー・スクールの入学者選抜では、ヒスパニックでさえも入学を許可されるのに必要な学力が黒人と比べて高く設定されていた（539 U.S. at 382）。

[137]　Kahlenberg, *supra* note 2, at 76.

[138]　*Id*. at 76-77.

[139]　*Ibid*.

(2) 黒　人

　Kahlenberg は、多様性に基づく AA の最たる害悪の１つとして、最も差別の犠牲になってきた黒人を侵害する危険を指摘する[141]。

　近年、発展途上国から多くの移民が合衆国に来ており、黒人がマイノリティに占める割合は低下し続けている（本章第２節第２項(1)）。それらの移民も AA の対象者であり、今日では、黒人は AA の対象者の中で多数を占めていない[142]。近年の移民には被差別の経験から形成された観点はないが、彼らの文化から形成された観点が利益をもたらすことを理由に、彼らを AA の対象者にできる。しかし、社会効用論に依拠することは、彼らを排除する危険がある（第５節第３項(1)）。そのため、差別を意識した理由が必要となる。差別の発生を防ぐという理由に基づくと、それに必要な一定数が確保されなければならないため、黒人以外のマイノリティであっても過小代表であれば、彼らへの AA は正当化される。

　Kahlenberg は、黒人以外のマイノリティが黒人を排除するために AA を用いていると指摘する[143]。労働力に占める黒人の割合と比較して、黒人は公務員の分野で過剰代表であり、いくつかの都市ではその割合が顕著だとされる[144]。Kahlenberg に依れば、黒人が過剰代表の分野では、黒人以外のマイノリティが黒人を排除して自身がその地位を得るために、多様性の理論を使用しているとされる[145]。

　黒人が過剰代表の分野は、指導的地位ではなく、比較的社会的評価の低い分野だと考えられる。そのため、その分野で、多様性に基づく AA により黒人が不利益を被り、その数が減少しても、黒人に対して差別や偏見は生じないとも考えられる。しかし、指導的な地位を獲得するためには、社会的評価の低い地位であっても、安定した収入を得られ、子供に十分な教育環境を提供できる地位の獲得が必要である。黒人が過剰代表の分野で多様性に基づく

---

140) Foster は、マイノリティの十分な包含が達成された場合には、多様性という理由は非マイノリティを包含し、マイノリティの「排除に使用される可能性がある」と指摘する（Foster, *supra* note 108, at 132-33）。
141) Kahlenberg, *supra* note 2, at 77.
142) *Id.* at 78-79.
143) *Id.* at 78.
144) *Ibid.*
145) *Id.* at 79. 特にヒスパニックが黒人を攻撃するために多様性を用いているとされる（*Id.* at 78）。

AA によって黒人が排除されることは、結果として指導的な地位に就く黒人の数を減らすことになる。

第 3 項　相当数の不明確さ

多様性は、黒人をはじめとするマイノリティが過小代表の分野で相当数 (critical mass) を占めることで達成される。現在のところ、合衆国最高裁は高等教育機関の入学者選抜の文脈で多様性に基づく AA の正当性を審査し、その文脈でクォータ制を禁止してきた。故に相当数の数値を確定してしまうと、クォータ制に陥る危険がある [146]。そのため、相当数は数値を特定しない。高等教育機関の入学者選抜の文脈では、相当数とは、マイノリティの学生が教室での討議に参加し、孤独を感じず、所属する人種の代表者だと感じない人数だとされる [147]。相当数が達成されることで、白人はマイノリティの中にも意見の多様性があることを理解し、マイノリティがある問題に関して同一の意見を持つといった固定観念が払拭される。

以上のように相当数を定義すると、各グループの相当数は同じになる。Grutter 判決を見ると、AA の対象となる各グループの合格者数は異なり、多い順に黒人、ヒスパニック、ネイティヴ・アメリカンである。とすれば、ネイティヴ・アメリカンの合格者数が相当数であり、それを超える選抜では人種は考慮されず、学力等の要素が重視されるはずである。しかし、黒人の合格者の試験の点数や成績を見ると、合格に必要な学力のハードルはヒスパニックよりも非常に低い。故に、反対意見で、相当数とは単に人種構成のバランスをとったに過ぎないと批判される [148]。

合衆国最高裁は、人種構成のバランスをとることを明確に禁止してきた [149]。グループごとに相当数が異なる場合、人口構成比を意識しているのは明らかである。合衆国最高裁では明言されていないが、下級審では、大学の入学者選抜の文脈で、どのグループが過小代表であるのかを判断する際には、各グループが関連する地域の人口に占める比率と在学者に占める比率を比較すべきとの見解が示されている [150]。この見解の背景には、白人に意見

---

146)　Grutter, 539 U.S. at 329-30, 334.
147)　Id. at 318-19.
148)　Id. at 381-84 (Rehnquist C. J jointed by Scalia, Kennedy & Thomas JJ., dissenting).
149)　Id. at 330.

の多様性を理解させることの他に、グループ間の格差の是正によりグループ全体の地位を向上させていくという考えがある。つまりは、大学は将来指導者となるための登竜門であり、AAにより入学者を増やすことで、社会で指導的な立場で活躍するマイノリティが増える。それにより白人はマイノリティを劣った存在としてみなさなくなり、マイノリティも指導的な地位を目指すようになる。このことから、多様性による正当化は、差別の救済による正当化の議論で否定されたロール・モデルの議論と極めて似ているとも評される[151]。ただし、大学の入学者選抜の文脈では、すべての人種に指導者となる道を開くことで、指導者の正統性を確保することが意識されていることから、多様性は学生が目指すべきロール・モデルを提供するものではないとの指摘もある[152]。

関連する地域の人種構成と在学者の人種構成が比較される場合、マイノリティが劣等視されなくなるのに必要な相当数は文脈ごとに異なる[153]。この比較を認める場合には、相当数が数を明確にしていなくとも、実質的にクォータ制と同じように作用する可能性がある。

第4項　カラー・ブラインドの原則の侵害

AAはカラー・ブラインドな社会に移行するための過渡的な手段であり、終期がなければならない（第2節第3項）。

多様性の価値が人種ごとに特有の観点があると想定し、正当化の理論的根拠を社会効用論だけに置く場合には、AAは永続する。人種ごとに異なる観点が利益をもたらすと証明されるならば、人種は考慮され続けるからである[154]。

人種ごとに特有の観点があるとの想定が差別を意識し、マイノリティは差別の問題に有用な見解を示すことができると想定する場合、理論上、偏見や

---

150) Fisher v. University of Texas at Austin, 645 F. Supp. 2d 587, 607 (2009); Fisher, 631 F. 3d 213, 237-38 (5th Cir.2011).
151) Earl M. Maltz, *Ignoring The Real World: Justice O'Connor and Affirmative Action in Education*, 57 CATH. U.L. REV. 1045, 1054 (2008).
152) Tilles, *supra* note 76, at 461.
153) *See* Fisher, 645 F. Supp. 2d at 607-08; Fisher, 631 F.3d. at 243-45.
154) Kahlenberg, *supra* note 2, at 34-35.

固定観念がなくなった時点でAAは終了する（第2節第3項）。しかし、偏見や固定観念はあるグループが過小代表であるときに生じる。それらの発生を防ぐには、人口の人種構成比に照らして判断された一定数をマイノリティに確保する必要があり、AAが永続する可能性がある[155]。

第5項　社会・経済的に不利な状況にあるマイノリティの排除

　多様性に基づくAAの主たる関心の1つは、固定観念や偏見の打破、あるいはそれらの発生の防止にある。それらはあるグループが過小代表であるときに生じ、多様性に基づくAAの支持者にとっては、人種グループ間での格差の解消が重要である。直接の受益者が不当な理由から地位の獲得に不利な状況にあるのかは問題ではない。

　多様性に基づくAAの直接の受益者のほとんどは社会・経済的に不利な状況になく、不当な理由から地位の獲得に不利な状況にないことが多い。多様性に基づくAAの支持者に依れば、マイノリティの中でも社会・経済的に優位な状況にある者がAAによって社会的評価の高い地位に就くことで、マイノリティに対する固定観念や偏見を打破し、あるいはそれらの発生を防ぐ。そのため、多様性の価値による正当化も、差別の救済による正当化と同じく、不当な理由から地位の獲得に不利な状況にある真に救済の必要な者が対象となっていない、と批判される[156]。

　真に救済の必要な者を救済することと多様性の達成の両立は難しい。真に救済の必要な者を対象としていると言うためには、直接の受益者は、不当な理由から地位の獲得に不利な状況になければ、AAがなくとも通常の選抜で地位を獲得していた者でなければならない。社会・経済的に不利な状況は資質形成に悪影響を及ぼすため、その状況にあるマイノリティの多くは既存の基準で評価が低い。その状況にあるマイノリティにAAにより地位を与え、相当数を達成しようとすると、直接の受益者が獲得する評価の水準は社会・経済状況を考慮しない場合と比べて相当低くなる。既存の基準で獲得した評価が低いが、AAにより地位を獲得した者は、不当な理由から地位の獲得に

---

155)　もっとも下級審判例の反対意見ではあるが、合衆国最高裁はAAが負担を負う者にもたらす影響が最小限でなければならないと判示したのであり、AAが一時的でなければならないとは示していないと解釈する見解もある（Taxman, 91 F. 3d at 1575）。

156)　Kahlenberg, *supra* note 2, at 229 n.4.

不利な状況になければ、AAがなくとも通常の選抜で地位を獲得していたとは言えない。また、直接の受益者が獲得した評価の水準が低ければ、そもそも地位の役割を果たす資格があるのかも疑問視される。

真に救済の必要な者が直接の受益者だと言うためには、既存の基準で相当程度の評価を獲得した者が直接の受益者になっていなければならない。しかし、社会・経済的に不利な状況にある者の中でその水準に達しているのはわずかである。これらの者に地位を与えても、相当数に至らず、多様性は達成できない157)。

第8節 小 括

以上、多様性に基づくAAの問題を考察した。差別の救済ではなく、多様性の価値によりAAを正当化すると、差別を立証する必要がなく（本章第2節第2項）、AAは一時的でなければならないという時間的制約を緩和できる（本章第2節第3項）。さらに、人種やエスニックを地位の役割を果たすために必要な資格として捉えることで、AAは能力の劣る者に地位を与えるとの能力主義の観点からの批判を避けることができる（本章第2節第4項）。多様性の価値は、差別の救済によるAAの正当化に伴う問題を解決できるため、広く主張されていった。

合衆国最高裁の多数の裁判官は多様性によりAAの正当化を認め、そこで言う多様性は差別を意識している（第4章第5節）。また、単に組織の人種構成が多様であることではなく、各人種グループが多様な者から構成されることを意味する（本章第3節）。そして、合衆国最高裁は多様性の価値が高等教育機関の入学者選抜の文脈でやむにやまれぬ利益だと認めたが、その他の教育機関の生徒の割当では多様性による人種の使用の正当化は認められないとした（本章第4節第2項）。雇用判断の文脈では、多様性の価値による正当化

---

157) 多様性を確保しながらも、真に救済の必要な者が直接の受益者になっていると主張するには、社会・経済的に優位な状況にあるマイノリティも、人種が原因となり、地位の獲得に不利な状況に置かれているとの主張を説得的に展開する必要がある（*See* Daborah C. Malamud, *Affirmative Action, Diversity, and the Black Middle Class*, 68 U. COLO. L. REV. 939 (1997)）。

を認めるか否かについて下級審の判断は分かれている。どの文脈で多様性の価値による正当化が認められるのかは、文脈ごとの検討が必要である（本章第4節第3項）。

多様性に基づくAAには、欠点もある。マイノリティは特有の観点を有し、特有の行動をとるという想定に基づいて、多様性の価値によりAAを正当化する見解が主張されるが（本章第5節第1項）、その想定自体が疑問視される（本章第5節第2項）。仮に、その想定が正しいとしても、それに基づくことには問題がある。非マイノリティがマイノリティの問題を論じた場合、非マイノリティは自身が示した見解の内容ではなく、マイノリティのことを論じたこと自体を批判される。当事者でない限りマイノリティの問題を理解できない、というのである。マイノリティが非マイノリティの問題を論じたときにも同じ批判がされる。人種ごとに観点が異なるとの想定には、人々は自身の属しない人種やエスニックの問題を理解できないとの考えと結びつく（本章第5節第3項(2)）。

高等教育機関の入学者選抜の文脈で、合衆国最高裁は、偏見や固定観念の打破、あるいはそれらの発生の防止、指導者の正統性を確保するために多様性が必要だとして、多様性による正当化を認める（本章第2節第2項(3)）。偏見や固定観念は、あるグループが過小代表であることで生じる。あるグループが過小代表であると、そのグループのある成員が発言すると、周りの人々は発言者の意見がそのグループを代表していると考える。しかし、実際には、過小代表のグループの内部には様々な意見がある。合衆国最高裁は、グループ内部での意見が多様であり、人種ごとに特有の見解がないことを周囲に理解させ、固定観念や偏見をなくすために多様性が必要だとする。また、指導者の正統性への疑義はあるグループが過小代表であることから生じる。上位の大学は指導者を育成する。マイノリティの在学者が少ないと、マイノリティは指導者への道が閉ざされていると考え、指導者の正統性に疑いを向ける。また、マイノリティは他のグループから劣等視されることにもなる。この状況を改善するためには、多様性の達成が必要である（本章第6節）。

多様性の達成には、過小代表のグループの者の一定数を包含する必要がある。一定数は相当数だと説明されるが、その概念は不明確である（本章第7節第3項）。また、多様性に基づくAAは差別や固定観念がなくなったときには終了するとして、理論上は終期があるが、差別や固定観念の発生を防ぐにはどのグループも過小代表になってはならず、常に相当数を占めなければなら

ず、永続する危険がある（本章第7節第4項）。

　救済の対象となる差別を広く捉えても、人種間の格差が差別により生じたことを証明する必要があるが、格差の発生要因は様々で、その証明は難しい（本章第2節第2項(1)）。他方、多様性の価値は格差の存在自体を問題にし、格差の是正により、グループ全体の地位を向上させることに関心があり、格差と差別の因果関係を証明する必要がないといった利点がある。多様性に基づくAAの直接の受益者は、不当な理由から本来であれば獲得できた地位を得られていない者ではなく、個人の救済に焦点を当てる見解から真に救済の必要な者が救済されていないと批判される。真に救済の必要な者の数は少なく、AAがその者達だけに直接的に利益を与えると多様性は達成されず、個人の救済とグループの地位向上の両立は難しい。多様性の価値は、個人の救済に焦点を当てる見解からの批判を払拭できていない（本章第7節第5項）。

第6章
階層に基づく Affirmative Action

第1節　序

第1項　問題の所在

　本章の目的は、社会・経済的に不利な状況にあることを理由に優先をする階層に基づく（class-based）AA に関する議論を考察し、その利点と問題を明らかにすることにある[1]。

　AA の直接の受益者の多くは社会・経済的に不利な状況にない。差別の救済による正当化は、直接の受益者は差別の影響をほとんど受けていないと批判された（第3章第3節）。多様性による正当化は、真に救済の必要な者が救済されていないと批判された（第5章第7節第5項）。AA の中核的な批判は、直接の受益者の多くが社会・経済的に優位な状況にあるところにある。その批判は如何にして回避できるのか。本章では、その点を検討するために、階層に基づく AA に着目する。

　階層に基づく AA は、選抜の際に、不利な社会・経済的状況にある者の中

---

1)　筆者が見た限りでは、階層に基づく AA めぐる議論を論じた日本の業績は見当たらない。それを認識する文献として、清水健太郎「アファーマティブ・アクションの展開——日本から見た米社会」東京大学法学政治学研究科専修コース年報（1993年度版）166頁；高橋正明「新しいアファーマティブ・アクションの台頭——反アファーマティブ・アクション法の生成と展開を素材に」同志社アメリカ研究47号（2011）95頁、111頁が挙げられるのみである。

でも、地位の役割を果たすことのできる有資格者を優先する。有資格者の中でも資質形成などに不利な状況にある者は、その状況になければ、通常の選抜過程で地位を獲得していたと考えられる。階層の考慮は AA の中核的な批判に答える1つの方法である。しかし、階層に基づく AA には問題もある。

第 2 項　構　成

　本稿では、以下の手順により階層に基づく AA の利点とそれに伴う問題を考察する。まず、階層に基づく AA の法的性質を考察する（第2節）。そして、1960 年代にリベラル派により支持されていた階層に基づく AA が 1990 年代に再び注目を集めるようになった経緯を概観して、階層に基づく AA の利点を明らかにする（第3節）。階層に基づく AA の支持者は、その利点として、人種に基づく AA により達成される多様性をある程度維持すると主張するが、それを維持できないとも批判される。双方の主張を検討し、階層に基づく AA が人種的多様性を維持するのかを考察する（第4節）。階層に基づく AA は既存の基準で評価の劣る者に地位を与えることがあり、能力主義の観点から批判が提起される。故に、階層に基づく AA が能力主義と如何なる関係にあるのかを考察する（第5節）。階層に基づく AA は人種に基づく AA で生じた問題を回避できているが、それには問題と限界があることを明らかにする（第6節）。最後に、第1節〜第6節で考察した議論をまとめ、階層に基づく AA をめぐる議論が示唆することを示す（第7節）。

第 2 節　階層に基づく Affirmative Action の性質

第 1 項　反貧困策との区別

　人種に基づく AA は、優先の対象を人種で判断し、社会・経済的に優位な状況にあるマイノリティもその対象となる。他方、階層に基づく AA は、優先の対象を社会・経済的地位によって判断し、社会・経済的に不利な状況にある者を優先の対象とする。ここで、階層に基づく AA は反貧困策と異なるのか、といった疑問が生じる。階層に基づく AA の目的は、人々が自身の生

来の能力を十分に発展させられるようにすることにある[2]。階層に基づくAAは、社会・経済的に不利な状況が人々の生来の能力の十分な発展を阻害する原因と考え、その状況にある者を優先の対象とする。他方、反貧困策の目的は、各人が自身の生来の能力を十分に発展させられるようにすることにある。反貧困策は、社会・経済的に不利な状況が人々の生来の能力の十分な発展を阻害している原因と考え、社会・経済的に不利な状況にある者に利益を与える。この点で、両者は同じである。

しかし、両者は以下のように区別できる[3]。アメリカでは、食糧、医療、住居、教育の機会、職業訓練等々に関わる多くの反貧困策が実施されてきた[4]。反貧困策が問題とするのは、最低限の教育、医療、栄養、住居、地位の役割の遂行にあまり高い資格を要求しない雇用機会、といった人間が生活する上で最低限必要な基本的な財である。この利益の分配は、個人の資格ではなく、それを必要としているか否かによって判断される。

他方、階層に基づくAAは、必要性ではなく資格に基づいて利益を分配する。階層に基づくAAが問題とするのは、政府契約、地位の役割の遂行に高い能力を要求する教育や雇用の機会といった希少な機会の分配である（本章第3節第2項）。直接の受益者は、地位の役割を果たす資格のある者でなければならない。有資格者であるためには、既存の基準で一定水準の評価を獲得していなければならない。つまり、社会・経済的に不利な状況にある有資格者が地位を得る。また、階層に基づくAAの目的は真に才能のある者を救済するところにある。社会・経済的に不利な状況は人々の才能を伸ばす機会を妨げる。その状況にありながらも、既存の基準で一定水準の評価を得た者は、潜在能力が高い。階層に基づくAAは彼らに地位を与え、真に才能のある者を救済する。

---

2) Richard D. Kahlenberg, The Remedy: Class, Race, and Affirmative Action, Basic Books 43 (1996).

3) *See* Richard H. Fallon, Jr, *Affirmative Action Based on Economic Disadvantage*, 43 UCLA L. Rev. 1913, 1918 (1996); Kahlenberg, *supra* note 2, at 122.

4) *Ibid.*

第2項　どの文脈で実施されるのか[5]

(1) 高等教育機関の入学者選抜

　Kahlenberg は「我々が結果の平等よりも、真の機会の平等の付与を試みる場合、階層に基づく AA は比較的人生の早い時期の『能力を危険にさらす時点』で強力に適用される」と述べる[6]。Kahlenberg に依れば、「大学に志願、あるいは職業の応募段階にある 10 代後半の者にとって経済的に不利な状況にあることは、彼らの失敗ではなく、彼らの真の潜在能力を隠す」ことになる[7]。

　Kahlenberg は、階層に基づく AA が大学や専門職大学院の入学者選抜の場で実施できると述べる。その理由について、志願者が若く、その志願者の置かれている社会・経済的状況が本人の責任ではなく、「大学が志願者の背景にある財産に関する情報にアクセスしている」ことを挙げる[8]。高等教育機関は将来の社会・経済的地位を左右する分岐点であるため、階層に基づく AA は主として高等教育機関の入学者選抜に焦点を当てる[9]。

　高等教育機関では、階層に基づく AA が実際に実施されている[10]。しかし、階層に基づく AA による入学者と通常の選抜での入学者の間には学力差があるため、両者の学力差を縮めるために、前者には入学前の補習等が必要だとされる[11]。さらに、高等教育機関の入学者選抜の文脈で階層に基づく AA が効果的に実施されるためには、社会・経済的に不利な状況にある者を入学させる動機を大学に与えることが必要だとされる[12]。というのも、社会・経済的に不利な状況にある者は授業料を負担し、大学に寄付をする資力が乏しいからである。社会・経済的に不利な状況にある者を入学させることで政府からの支援が増額されれば、階層に基づく AA は効果的に実施される[13]。

---

5)　以下の 3 つの文脈は Kahlenberg の論稿に挙げられているものである。
6)　*Id.* at 123.
7)　*Ibid.*
8)　*Ibid.*
9)　*Ibid.*
10)　*See id.* at 123-24.
11)　*Id.* at 124.
12)　*Ibid.*

(2) 雇 用

　Kahlenberg は、雇用判断での階層に基づく AA の実施について、以下の旨を述べる[14]。使用者は応募者の社会・経済的背景に必ずしもアクセスしないため、雇用判断の場での階層の考慮は難しい。しかし、階層に基づく AA を大学の入学者選抜に限定すると、高卒の就職希望者を無視するため、採用段階で階層を考慮すべきである。

　Kahlenberg は、階層に基づく AA は採用段階で実施すべきとし、昇進判断には触れない。これは、採用者はすべて同じ階層となり、同じ機関の就業者間では社会・経済的状況に差はなく、資質形成環境に差が生じないことにある。また、Kahlenberg は高卒者の採用に言及するが、大卒者や院卒者の採用には言及しない。おそらく、Kahlenberg は、高等教育機関で教育を受けた時点で、資質形成に不利な状況にあった者は自身の才能を伸ばす機会を与えられ、もはや資質形成に不利な状況にない、と考えていると思われる。

(3) 公共契約

　Kahlenberg は公共契約における階層に基づく AA について以下の旨をと述べる[15]。入札に参加する企業経営者は下層や中間層の下位にはない。しかし、階層に基づく AA の直接の受益者となる企業は比較的不利な競争環境にある者によって経営されている。その企業の多くの所在地は低い社会・経済階層の者が多数を占める地域であり、その地域の住民を雇用する傾向にある。

　Kahlenberg に依れば、多くの連邦の施策は既に小企業に優先をしており、実際に、公共契約における人種に基づく AA はその対象者を判断する1つの基準として不利な状況にあることを用いている[16]。

---

13) アメリカのいくつかの大学では、入学者選抜の際に、同窓生の子弟への優先が行われている。この優先は社会・経済的に不利な状況にある者を傷つけるため廃止すべき、と Kahlenberg は主張する。そのために、同窓生の子弟への優先を実施する大学には、政府支援を減額すべきとする (*Ibid*)。
14) *Id.* at 125-26.
15) *Id.* at 126.
16) *Ibid*.

第3節　階層に基づく Affirmative Action が注目されるのは何故か

第1項　階層に基づく Affirmative Action への支持

　Kahlenberg は、市民権運動の従来の流れは、人種に基づく AA ではなく、社会・経済的に不利な状況を意識する施策を支持するところにあったと指摘する。以下、主として、Kahlenberg の記述に沿って、その点を考察する。

　1965 年 6 月 4 日の Howard 大学での Johnson 大統領による演説は、現在では、人種に基づく AA を支持するものとして言及されているが、Kahlenberg に依れば、Johnson は人種に基づく AA を実施する可能性に言及していなかった。Johnson は、その演説で「自由は〔人種的平等の達成にとって〕十分ではない」と述べることで[17]、1964 年市民権法では平等の達成には不完全であったと認識している[18]。そして、Johnson は「あなたは長年にわたって鎖につながれてきた者を自由にし、ある人種のスタートラインにまで彼を持っていかないで、その次には、まさに、あなたは〔鎖につながれた者を自由にすることが〕公正であったと信じている」と述べる[19]。Kahlenberg に依れば、Johnson は「『市民権に関する論争の次の、そしてより重要な段階』をアメリカ人が『まさに法的な平等ではなく人間の能力、まさに権利と理論としての平等ではなく、事実上の平等と結果としての平等』を求める段階として定義」している、とされる[20]。

　Johnson の演説は、Richard Goodwin と Daniel Patrick Moynihan 労働副大臣によって執筆されたと言われている。そして、この演説の内容は、1965 年 3 月に書かれた、The Negro Family と題される Moynihan による報告書に依拠していると言われている[21]。この報告書で、Moynihan は、奴隷制と人種

---

17)　Lyndon B. Johnson, Commencement address at Howard University, June 4, 1965, Public Papers of Presidents: Lyndon B. Johnson 636 (1965).
18)　Kahlenberg, *supra* note 2, at 3.
19)　Johnson, *supra* note 17, at 636.
20)　Kahlenberg, *supra* note 2, at 3 (quoting Johnson, *supra* note 17, at 636).

分離の歴史から黒人は劣悪な状況にあることから、反差別法とは異なる特別な取組がなければ、各人種グループに平等な結果は生じない旨を述べる[22]。

Johnson の演説は、能力は生まれもってのものではなく、環境によってその発展が左右される旨を述べ[23]、社会・経済的に不利な状況はその発展を妨げることを明確にする。この考えは、Moynihan によって書かれた Johnson の演説の下書きに明示されている。その下書きで、Moynihan は以下の旨を述べる[24]。人々の能力は生まれもってのものではなく、その発展は環境によって左右される。潜在能力は同じだが、その能力が完全に異なる環境で発展させられた場合、良い環境にあった者の能力は高くなり、劣悪な環境にあった者の能力は低くなる。両者に同じ試験をしたとき、その試験結果は不平等である。

Johnson は人種に基づく AA に否定的であり[25]、Johnson の中核的な狙いは「不平等な出発点を正すところにあった」とされる[26]。Johnson は不利な状況が階層に起因し、すべての黒人が社会・経済的に不利な状況にあるわけではないことを認識していたとされる[27]。

Kahlenberg は、市民権運動の指導者であった Martin Luther King Jr. も Johnson や Moynihan と同じ見解を採っている、とする。King は、過去の差別のある種の補償は必要だと示し、その著書である Why We Can't Wait で、インドの不可触賤民への大学の入学者選抜での優先の付与といった例に言及す

---

21) *See id.* at 6.
22) Daniel Patrick Moynihan, The Negro Family, University of Michigan Library 3 (1965).
23) Johnson, *supra* note 17, at 638.
24) Kahlenberg, *supra* note 2, at 6 (citing Daniel Patrick Moynihan, Rough draft of President Lyndon Johnson's Howard University commencement address, June 2, 1965).
25) Philadelphia の建設業界における連邦契約に関する人種のみに基づくクォータが、Johnson 政権の労働大臣である Willard Wirtz によって提案されたが、Johnson はこの提案に否定的な見解を採り、この提案は Johnson が政権を去る前に事実上廃案となった。

また、Johnson 大統領命令 11246 号は、連邦との契約者に対して「応募者の人種、信条、肌の色、あるいは出身国を考慮することなしに、応募者が採用され、被雇用者が採用期間中差別なく取扱われることを確実にするために、AA」の実施を要求するが、それは時を経て人種のみに基づく AA を要求するものへと変化した、とされる（*Id.* at 9）。
26) *Id.* at 12.
27) *Ibid* (citing Johnson, *supra* note 17, at 638-39).

る[28]。しかし、Kingは、黒人は補償に特別な権利を持たず、不利な状況にある者が救済されるべきとする。Kingは黒人の救済は白人の貧困層の救済につながる旨を示す[29]。このことから、Kahlenbergは「Kingもまた、真に平等な出発点の創造を意図する補償的な取扱いは階層に基づく必要がある、と見ている」と述べる[30]。

第2項　人種に基づくAffirmative Actionへの移行

　1960年代において、大統領や市民権運動の指導者は、人種に基づくAAではなく、社会・経済的階層を意識する施策を支持していた。KingとJohnsonは人種差別の影響を認識していたが、「偉大な社会を創造する取組に関する広い文脈でアメリカの黒人への補償を述べていた」のである[31]。しかし、その後採られた道は「Kingが結合することに努めたグループを互いに反目させ、多くのアメリカ人が認めなかった補償の理論に従って、狭義のゼロサム的な取組に焦点を当てていった」とされる[32]。

　Kahlenbergに依れば、社会・経済的地位を意識する施策から人種に基づくAAへの移行は、Kingの暗殺とRichard Nixon大統領の当選が1つの契機であったとする。Kahlenbergは「彼〔King〕の死と続発する暴動に対応して、アメリカの大学、新しい大統領〔Nixon〕、市民権運動の指導者は、KingのPoor Campaignの要求に答えず、むしろ、人種を明確に意識する制度の実施を決定した」と述べる[33]。例えば、「大学は、都市の暴動者の大多数が貧困者である事実を無視して、ときとして、暴動とは完全に距離を置いていた〔マイノリティの〕中間層を利することにしかならない施策」を実施し、「連邦政府は、白人労働者の利益と黒人労働者の利益を対立させることになる、雇用判断における人種に基づく優先の制度を推し進め始めたため、この施策の下での各黒人の獲得は各白人の犠牲を生じさせた」のである[34]。

---

28)　Martin Luther King, Why We Can't Wait, Harper & Row 135 (1964).
29)　Id. at 137-38.
30)　Kahlenberg, *supra* note 2, at 13.
31)　Id. at 16.
32)　Ibid.
33)　Ibid.
34)　Id. at 16-17.

Johnsonの後任の保守派のNixon大統領は、Johnsonによって否定されたPhiladelphiaプランを支持した。Johnson大統領命令は労働省内に連邦平等雇用委員会（Office of Federal Contract and Compliance）を新設し、連邦政府との契約者に対してAAを採り、黒人雇用の増進に努めた[35]。連邦平等雇用委員会がその具体策として示したのがPhiladelphiaプランであり、それはあくまでも民間企業の自主的な努力の要請を強調しつつも、黒人の雇用率の達成目標値と期限を決めさせるもので、実質的には「半強制的」だとされる[36]。1968年秋に会計検査院から当該計画が市民権法に違反するとの見解が示されると、Johnsonは1969年1月に引退を決めていたこともあり、その反対を覆す熱意をもち合わせておらず、この計画は廃案となったように思えた[37]。

しかし、Nixon大統領は1969年6月29日にPhiladelphiaプランを正式に発表し、9月29日に発効した。その内容は、黒人が市の労働人口の30%を占めているPhiladelphia市で、建設業の特に黒人排除が顕著な6業種に関し、1年毎の黒人雇用率引き上げ目標を設定し、4年間でどの種目でも黒人が20%を占めることを達成しようとするものであった。この計画では、厳格な定数枠と受け取られないように、目標値に幅をもたせるという配慮もされていた[38]。

保守派の大統領が人種に基づくAAを支持したことは、現在では、疑問に感じられる。その1つの背景は、George Schulz労働長官の強い支持にある。労働経済学者であったSchulzは、アメリカの経済発展にとって、インフレや生産性低下よりも、10代の黒人の失業率の方がより深刻な問題であると認識していたとされる[39]。もう1つの背景は、民主党の支持基盤である黒人と労働者階層の分断にあったとされる[40]。AAにより地位を失うのは白人の労働者であり、獲得するのは黒人である。それにより両者は反目しあう。Phila-

---

35) 葉山明「アメリカにおける黒人（アフリカ系アメリカ人）と雇用平等問題――『フィラデルフィア計画』をめぐって」東海大学文明研究所紀要17号（1997）37頁、41頁。
36) 葉山・前掲注35）41-42頁。
37) 葉山・前掲注35）42頁。
38) 葉山・前掲注35）42頁。KahlenbergはNixon大統領の支持したPhiladelphiaプランは公共契約分野のクォータ制であったと評する（Kahlenberg, *supra* note 2, at 22）。
39) 葉山・前掲注35）42頁。
40) Kahlenberg, *supra* note 2, at 22. Kahlenbergは、「皮肉を言えば、AAの支持者の何人かは、超党派的な支持としてNixonの役割を誇らしげに参照している」と述べている（*Id.* at 222 n.35）。民主党の支持基盤を分断するNixonの試みは、労働者層をベトナム戦争の支持派に取り込むことで一定の成功を収めたとされる（*Id.* at 23）。

delphia プランにより地位を得た黒人は共和党の支持者となる、Nixon にはこのような政治的思惑があった[41]。

　Nixon が人種に基づく AA を支持したことに、当初、リベラル派は疑いの目を向け、Philadelphia プランへの支持が黒人への支持獲得には必ずしも結びつかなかったとされる[42]。しかし、リベラル派は、徐々に、人種に基づく AA を支持するようになる[43]。それとは反対に、Nixon は Philadelphia プランへの支持を縮小し、1972 年には、一転して人種に基づく AA に反対するようになった[44]。この時から、リベラル派が人種に基づく AA を支持し、保守派がそれに反対する一般的図式が成立した[45]。

第3項　人種に基づく AA への支持が困難になったのは何故か[46]

(1)　政治的反対

　Kahlenberg は、「AA の支持者のほとんどは AA の終期を定めておらず、実際に、多くの者が優先の永続を疑っている」とする[47]。例えば、Carter 政権における AA の熱心な支持者である Joseph Califano は AA を一時的な施策として支持し、1989 年には、AA を実施すべきときは過ぎ去ったとする旨を述べる[48]。Nixon 政権の労働副大臣であり、Philadelphia プランを支持した

---

41) 葉山・前掲注35) 42頁。
42) 同論文、56頁注17。
43) Kahlenberg, *supra* note 2, at 23.
44) *See id.* at 24-25. Kahlenberg は、その後 Nixon が一転して人種に基づく AA を否定した理由を述べていない。また、リベラル派が人種に基づく AA を支持するようになったのは何故かも詳細には述べていない。Kahlenberg は 1972 年に Nixon が一転して人種に基づく AA への支持を縮小していったとするが、何を根拠にそう述べているのかは彼の著作からは明らかでない。この点の考察は、他日に行う。
45) 「〔人種に基づく AA の〕支持者が階層の重要性を無視することで、古典的な左翼の最も基本的な想定を無視している」ことを考えると、「AA が1つの施策として左翼により伝えられている」ことは異常である、との指摘もなされている（Richard Rodriguez, Hunger of Memory: The Education of Richard Rodriguez, Bantam Books 151 (1981)）。
46) 人種に基づく AA を支持するのが難しくなったのは数多くの理由がある。ここでは、階層に基づく AA が注目に値するのは何故かを考察する際に、関連する理由を述べる。本文中の3つの理由のうち、政治的反対は Kahlenberg が指摘している。他の2つの理由は、判例と学説を分析し、筆者が独自に示した。
47) Kahlenberg, *supra* note 2, at 112-13.
48) *See id.* at 113.

Schultz は、1995 年に、AA を終わらせるのは今だとする旨を述べる[49]。そして、人種分離の遺産といった不平等を AA の正当化理由とすることに、若い世代のアメリカ人は飽き飽きしていることが指摘される[50]。1996 年には、California 州で州民投票により人種に基づく AA の廃止が決定された。

高学歴の上層や中間層の白人は人種に基づく AA に比較的寛容であったが、白人の労働者階層が激しく反対した、とされる[51]。白人の労働者階層は民主党の支持基盤であったが、1980 年代には、「労働者階層の白人の多くが、市民権法に反対の Regan 政権に投票し、〔人種に基づく AA を支持する〕民主党を永久に捨て去った」とされる[52]。人種に基づく AA への政治的反対は「保守的な大統領の選出を助け、それにより合衆国最高裁に保守派の裁判官が任命され」たため、「合衆国最高裁は、従来、人種に基づく優先の補償的な概念に寛大であったが、ときを経て益々慎重になった」とされる[53]。

(2) 司法審査基準の影響

司法審査基準の問題は、合衆国最高裁が人種に基づく AA の承認に慎重になったことを最もよく示している。人種に基づく AA に緩やかな厳格審査を適用するのか、それとも典型的な厳格審査を適用するのかについて、合衆国最高裁で争いがあった（第 2 章第 2 節）。Croson 判決[54]と Adarand 判決[55]を通じて、典型的な厳格審査を適用することが法廷意見により確立した（第 2 章第 3 節）。Adarand 判決以前に、人種の使用がこの審査基準の下で合憲とされたのは、第 2 次大戦中の日系人の強制収容の合憲性が問題とされた Korematsu 判決[56]だけである。その後、典型的な厳格審査はマイノリティに不利益を課す差別的な施策を違憲とするために用いられ[57]、「理論上厳格だが、

---

49) *See ibid*.
50) *Ibid*. 例えば、1992 年に実施された 15 ～ 24 歳を対象とする調査で、10 代の白人は、黒人が古いタイプの差別の犠牲者となるよりも、自身が逆差別の犠牲者になる確率が高いと考えていることが示されたとされる（*Ibid*）。
51) Kahlenberg, *supra* note 2, at 186.
52) *Id*. at 187.
53) *Id*. at 106.
54) City of Richmond v. J. A. Croson, Co., 488 U.S. 469 (1989).
55) Adarand Constructor, Inc. v. Pena, 515 U.S. 200 (1995).
56) Korematsu v. United States, 323 U.S. 214 (1944). 当該判決では、市民の安全の確保を理由に、日系アメリカ人の強制収用を合憲と判断された。

事実上致命的」な審査基準であると評された[58]。その後、典型的な厳格審査は、それが適用されるとすべての施策を違憲とするものだとの理解は否定されたが、例えば、Croson 判決では、典型的な厳格審査の下で、社会的差別の救済による AA の正当化が否定され、特定された差別の救済だけが AA を正当化できるとし、差別の認定が非常に厳格に行われた（第 3 章第 8 節）。Kahlenberg は、典型的な厳格審査は Adarand 判決の文脈を超えて AA の核心を脅かすと指摘するが[59]、これは以上の背景を念頭においてのことだと思われる。そして、Kahlenberg は「かつて、合衆国最高裁は市民権の活動家が向かう避難所であったが、今日では、人種に基づく優先に敵意ある反応を示しそうである」と述べる[60]。

しかし、Adarand 判決の後、Grtutter 判決 O'Connor 裁判官法廷意見は典型的な厳格審査の下で多様性による AA の正当化を認め、問題とされた入学者選抜を合憲とした[61]。O'Connor 裁判官は目的審査と手段審査で大学の判断を尊重するものとして典型的な厳格審査を柔軟に理解した（第 2 章第 4 節）。しかし、これは合衆国最高裁の多数の裁判官の立場ではない（第 2 章第 5 節）。

その後、Fisher 判決 Kennedy 裁判官法廷意見は、O'Connor 裁判官による典型的な厳格審査の理解が合衆国最高裁の立場でないことを明確にした[62]。同法廷意見は、大学の判断への尊重は目的審査だけで認められるとし、典型的な厳格審査をより厳格に理解した（第 2 章第 6 節）。

(3) 理論的問題

人種に基づく AA の直接の受益者の多くは、社会・経済的に優位な状況にある。差別の救済による正当化は差別の影響をほとんど被っていない者が直接の受益者になると批判された（第 3 章第 3 節）。多様性による正当化は、真に救済の必要な者が直接の受益者となっていないと批判された（第 5 章第 7 節第 5 項）。人種に基づく AA の反対者は、直接の受益者が不当な理由から地位

---

57) *See* Loving v. Commonwealth of Virginia, 388 U.S. 1 (1967).
58) Gerald Gunther, *The Supreme Court 1971 Term Foreword: In Search of Evolving Doctrine on a Changing Court: A Model for a Newer Equal Protection*, 86 HARV. L. REV. 1, 8 (1972).
59) Kahlenberg, *supra* note 2, at 106.
60) *Ibid.*
61) Grutter v. Bollinger, 539 U.S. 306 (2003). 当該判決については、第 2 章第 4 節参照。
62) Fisher v. University of Texas at Austin, 133 S. Ct. 2411 (2013). 当該判決については、第 2 章第 6 節第 3 項参照。

の獲得に悪影響を受け、それがなければ、AAがなくとも通常の選抜で地位を獲得していたことが明確であれば、AA は正当だとする(第3章第9節)。反対者は、人種に基づく AA が個人を救済するものであればその正当性を認める。人種に基づく AA への批判の核心は、個人の救済に焦点が当てられていないところにある。

この批判に対し、差別の救済による正当化を広く肯定する者は、個人の救済よりもグループの地位向上に焦点を当てる。この立場からは、マイノリティ全体に及ぼされる差別があり、社会・経済的に優位な状況にあるマイノリティも不利益を受けるため、差別の救済を理由に AA を正当化できる、との見解が判例[63]と学説[64]で示されている。その種の差別は存在するが、それはタクシーの乗車拒否等であり[65]、資質形成などに不利に作用せず、地位の獲得に直接的な悪影響はない。

この種の差別により AA を正当化する議論では、直接の受益者が差別によって地位の獲得に不利な状況にある必要はない。つまり、直接の受益者は、差別がなければ、AA がなくとも通常の選抜で地位を得た者でなくともよい。差別により生じたグループ間での格差を是正することで、グループ全体の地位を向上させることに関心がある[66]。

もっとも、グループの地位向上に焦点を当てるとはいっても、個人の救済とも関連する[67]。例えば、同じ経済階層でも黒人は白人などと比べて試験の

---

63) Regents of the University of California v. Bakke, 438 U.S. 265, 400 (Marshall J., concurring in part and dissenting in part) (1978).

64) Kenneth L. Karst, *Forward: Equal Citizenship Under the Fourteenth Amendment*, 91 HARV. L. REV. 1, 8 (1977); Frederick A. Morton Jr., *Class-based Affirmative Action : Another Illustration of America Denying the Impact of Race*, 45 RUTGERS L. REV. 1089, 1130-31 (1993); Cass R. Sunstein, *The Anticaste Principle*, 92 MICH. L. REV. 2410, 2431 (1994).

65) Richard D. Kahlenberg, *Getting Beyond Racial Preferences: The Class-Based Compromise*, 45 AM. U.L. REV. 721, 726-27 (1996).

66) *See* Randell Kennedy, *Persuasion and Distrust: A Comment on the Affirmative Action Debate*, 99 HARV. L. REV. 1327, 1333-34 (1986). もっとも、AA はそれがなければ対象者は成功できないとの偏見を生じさせ、グループ全体の地位の低下を招くとの見解も示されている (Fullilove v. Klutzunick, 448 U.S. at 545 (Stewart J jointed by Rehnquist C.J., dissenting); Metro Broadcasting Inc. v. FCC, 497 U.S. 547, 636 (Kennedy J jointed by Scalia J., dissenting) (1990))。

67) 修正14条は個人の権利を保障していることに基づき、判例でAAを不当だとする議論が展開された (Croson, 488 U.S. at 493 (O'Connor J jointed by Rehnquist C.J, White, Stevens & Kennedy JJ., majority) (1989); Metro Broadcasting Inc. v. FCC, 497 U.S. 547,

点数が低く[68]、上位の大学の入学者選抜でAAを廃止すると黒人の合格者数は著しく減るが、その1つの原因は、卒業後に黒人が勉強に費やした努力に見合った地位を得られないことを知っているからだとも言われる[69]。また、黒人は黒人の成功者がいないと、そもそもその地位を目指さないともされる[70]。しかし、AAによって社会的評価の高い地位に就く黒人が増えると、黒人にはロール・モデルができ、その地位を獲得する努力をするようになる[71]。つまり、社会的評価の高い地位を目指す動機づけをグループ全体に及ぼして、人々に機会の平等を実質的に保障する[72]。この見解は、AAの対象者の中でも直接的に利益を受けない者に間接的に利益を及ぼし、個々の間接的な受益者に差別が存在する前にあった状況を回復させようとする。しかし、この見解は、差別による正当化を狭く捉える者から、あまりにも漠然としておりAAを永続させる、と批判される[73]。

第4項　階層に基づくAffirmative Actionの再登場

(1)　超党派の政治的合意形成

市民権運動の初期には階層に基づくAAが支持されたが、1960年代後半には人種に基づくAAが支持されるようになった。しかし、人種に基づくAAへ

---

608 (O'Connor J jointed by Rehnquist C.J, Scalia & Kennedy JJ., dissenting) (1990))。学説でも同じ議論が展開された (Charles Fried, *Metro Broadcasting, Inc. v. FCC: Two Concepts of Equality*, 104 HARV. L. REV. 107, 108 (1990))。AAを正当化する議論で、修正14条が個人の権利を保障していることを否定するものは見当たらない。

68)　Tung Yin, *Class-Based Affirmative Action*, 31 LOY. L.A. L. REV. 213, 233 (1997).

69)　John Obgu, Minority Education and Caste: the American System Cross-cultural Perspective, Academic Press 2 (1978).

70)　Green C. Loury, *Why Should We Care About Group Inequality?* in Equal Opportunity, Blackwell for the Social Philosophy and Policy Center, Bowling Green State University 249, 250 (1987).

71)　*See* Wygant v. Jackson Board of Education, 746 F.2d 1152, 1156-57, 1159 (1984).

72)　もっともAAがそのような波及的な効果を及ぼすことを疑問視する見解もある (William Julius Wilson, The Truly Disadvantaged: The Inner City, the Underclass, and Public Policy, University of Chicago Press 116 (1987))。

73)　Wygant, 476 U.S. at 276 (Powell J jointed by Burger, Rehnquist & O'Connor JJ., plurality); Croson, 488 U.S. at 497 (O'Connor J jointed by Rehnquist C.J, White, Stevens & Kennedy JJ., majority); Adarand Constructor, Inc. v. Pena, 515 U.S. 200, 220 (O'Connor J jointed by Rehnquist C.J, Scalia, Thomas & Kennedy JJ., majority) (1995).

の政治的反対、典型的な厳格審査の適用が確立した影響、人種に基づくAAに伴う理論的問題から、人種に基づくAAを支持するのは難しくなった（本章第3節第3項）。階層に基づくAAはそれらの問題を回避できる手段として、再び主張された。

現実的にAAを実施するには、党派を超えた政治的合意形成が必要となる。しかし、人種に基づくAAには強い政治的反対があり、超党派の合意形成が難しい（本章第3節第3項）。1980年代から人種に基づくAAへの政治的批判は強まったが、1990年代になるまでそれが維持されたのは、批判者が支持者に説得的な代替策を提示できなかったからだと指摘される[74]。批判者が代替策を提示しても、支持者はその代替策を疑わしいと考え、超党派の合意形成はなされない[75]。

しかし、人種に基づくAAの反対者が階層に基づくAAを提示した場合、支持者は否定しない。1991年、Thomasの合衆国最高裁の裁判官への任命が問題とされ、上院の司法委員会で公聴会が開かれた際、Thomasは、上院の司法委員会に対して、自身は人種に基づく優先に反対だが、すべての人種の不利な状況にある者への優先を支持すると説明した。これに対し、民主党は彼を批判せず、沈黙した[76]。

階層に基づくAAに超党派の合意形成がなされたのは、階層に基づくAAが道徳上公正であること、人種的多様性をある程度維持できること、社会・経済的に不利な状況にある者の中でも不均衡な割合で白人に利益を与えることから、人種に基づくAAの主たる反対者であった労働者階層の白人に利益をもたらすことである（本章第5節）。

人種に基づくAAは道徳上不公正だと広く考えられてきたが、社会・経済的状況に基づく優先は道徳上不公正だとはみなされてこなかったのであり、この点で、人種に基づくAAと階層に基づくAAは異なる[77]。その1つの理由は、階層に基づくAAが「自身の経済的な立場について道徳的に批判されない貧しい若者に向けられている」ことにある[78]。人種に基づくAAの直接の受益者の多くが社会・経済的に優位な状況にある者になるのとは異なり、

---

74) Kahlenberg, *supra* note 2, at 117.
75) *Ibid.*
76) *Id.* at 117-18.
77) Fallon, *supra* note 3, at 1923.
78) Kahlenberg, *supra* note 2, at 120.

階層に基づく AA の直接の受益者は社会・経済的に不利な状況にある。そのことから、階層に基づく AA には、真に救済の必要な者が AA の直接の受益者となっていないという批判は生じない。

人種に基づく AA の支持者は、平等を達成するには人種的多様性が重要だと考えている。これは、過小代表の人種グループに偏見や固定観念が生じ、それに起因する害悪からそのグループは自身の生来の才能を十分に発展させることができないとの理由に依る。階層に基づく AA の支持者は、階層に基づく AA が不均衡な割合でマイノリティを利するため、人種に基づく AA 程ではないが、ある程度の人種的多様性を維持すると主張する。人種に基づく AA の支持者は、階層に基づく AA はマイノリティではなく、下層の白人に不均衡な割合で利益を与えるが、何もしない場合よりも、人種的多様性を確保できると認める。人種に基づく AA の実施が難しい状況にあっては、人種的多様性を少しでも維持するため、人種に基づく AA の支持者は階層に基づく AA を代替策として支持する（本章第 5 節）。また、人種に基づく AA の主たる反対者は、下層の白人であった。階層に基づく AA は彼らに直接に利益を与えるため、彼らから政治的支持を得る。

(2) 階層と疑わしい分類

階層に基づく AA は、司法審査基準によって、その実施が難しい状況に置かれない。

Kahlenberg は「法的問題として、〔人種に基づく〕AA の支持者も、異なる救済に目を向ける必要があ」り、「新たな理論に向かい、合衆国最高裁の裁判官の多数を説得する無駄な時間を待つよりも、階層に基づく施策を真剣に考える必要がある」と述べる [79]。人種は疑わしい分類であり、人種に基づく AA には典型的な厳格審査が適用される。他方、かつて、左翼の法律家は疑わしい分類のリストに階層を加えようとしたが失敗しており [80]、階層は疑わしい分類ではない [81]。人種が疑わしい分類であることは、マイノリティに不

---

79) Kalenberg, *supra* note 2, at 107.
80) John Hart Ely, Democracy and Distrust : A Theory of Judicial Review, Harvard University Press 148 (1980). 邦訳として、佐藤幸治・松井茂記訳『民主主義と司法審査』（成文堂、1990）242 頁）。
81) Kahlenberg, *supra* note 2, at 108 (citing James v. Valitierra, 402 U.S 137 (1971); Harris v. McRae, 448 U.S. 297, 316-17).

利益を及ぼす施策を違憲とするのには有効であったが、AA に関しては逆にそれが仇となった。他方、階層は疑わしい分類でないため、「保守派が貧困者に対する利益を無効にできる両刃の剣ではない」のである[82]。

第 5 項　裁判官の認識

(1) リベラル派

　優先を与える際に社会・経済的状況を考慮するという考えは、学説や政治的言説だけでなく、裁判官によっても採られている。合衆国最高裁では、リベラル派、中間派、保守派の裁判官に至るまで、この考えが認識されている。

　リベラル派で知られる Douglass 裁判官は、DeFunis 判決[83]で、優先付与の考慮要素として社会・経済的状況を認めている。Douglass 裁判官反対意見は、DeFunis が「人種中立的な方法によって自身の個人的メリットに基づいて志願を評価される憲法上の権利を有する」と判示する[84]。しかし、同反対意見は LSAT と学部での成績が法学での成功を測るのに最良の基準だと認めるが、確実な予測をするものではなく、それらが唯一の選抜の基準ではないとする[85]。

　同反対意見は、平等保護条項は、「志願者が過去に克服した障害を考慮して、志願者の過去の業績を評価することを、ロー・スクールに禁じていない」と判示する[86]。志願者が過去に克服した障害とは何か。同反対意見は、この点について、「ゲットーから自力で抜け出し、2 年制大学に進学した黒人の志願者は、それにより、Harvard 大学で優秀な成績を収めた裕福な同窓生の子弟よりも、法学教育で〔成功する〕約束を証明したと、入学者選抜委員会を公正に導く熱意、忍耐、能力の水準を論証できる」と判示する[87]。社会・経済的に不利な状況にある志願者と優位な状況にある志願者を対比していることから、同反対意見の言う「志願者が過去に克服した障害」とは、志願者の置

---

82)　Kahlenberg, *supra* note 65, at 725.
83)　DeFunis v. Odegaard, 416 U.S. 312, 337 (1974). 　当該判決については、第 1 章第 3 節第 2 項(5)参照。
84)　*Id*. at 337.
85)　*Id*. at 331-32.
86)　*Id*. at 331.
87)　*Ibid*.

かれていた社会・経済的に不利な状況だと分かる。

　しかし、同反対意見の言う「志願者が過去に克服した障害」が社会・経済的地位だけを指し、志願者の人種を一切考慮していないのか疑問が残る。この点、Frederick A. Morton Jr. は、同反対意見は、志願者の人種にかかわらず、既存の評価基準で一定水準の評価を獲得することで、自身の置かれている不利な状況を克服したと証明した者が AA の直接の受益者となる資格を有すると判示したと理解している[88]。しかし、同反対意見は、黒人に対する差別が黒人の社会・経済的地位の前進を大きく遅らせてきたことを認めている[89]。Douglass 裁判官は人種差別が各志願者の能力の発展にとっての有害だと認めており、志願者の人種を一切考慮しないわけではない。

(2) 中間派

　O'Connor 裁判官は、人種に基づく AA を支持するかしないかについて、事例ごとに異なる判断をする。O'Connor 裁判官は、優先をする考慮要素として社会・経済的状況を考慮できるとの考えを示す。Croson 判決 O'Connor 裁判官法廷意見（Rehnquist, White, Stevens, Kennedy 裁判官同調）は以下の旨を判示する[90]。差別の証拠がなくとも、市は、どの人種によって所有されていても、小規模業者に対して、市と公契約を締結する機会を増やすために、広範囲にわたって人種中立的な手段を行える。それらの手段は、公契約を求める競争で不利な立場にあった者に機会を開く。

　同法廷意見は、公契約の文脈では、人種に基づく AA ではなく、社会・経済的に不利な状況にある者に対する優先が救済として適切だと述べている。

(3) 保守派

　Scalia 裁判官、Thomas 裁判官、Rehnquist 首席裁判官は人種に基づく AA に否定的である。これら保守派の裁判官も、優先を与える考慮要素として社会・経済的状況を考慮できるとの考えを採る。

　Scalia 裁判官は、合衆国最高裁の裁判官に任命される前に Bakke 判決を考察した論稿を公刊した。この中で、「私は、原理上および事実上の理由から、

---

88) Morton, *supra* note 64, at 1115.
89) 416 U.S. at 336.
90) 488 U.S at 509-10.

人種に基づく AA に反対する」と述べるが、「他方で、私は、AA という語が過去に用いられた文脈で要求された色合いではなく、貧困者や不利な状況にある者への多くのタイプの支援が AA と呼ばれる場合には、それに反対せず、実際に、強く支持する」と述べる [91]。

　Thomas 裁判官は、合衆国最高裁裁判官に任命される前に人種に基づく AA を検討した論稿を公刊した。この中で「いずれの優先の付与は、人種やジェンダー、あるいはときとして真に不利な状況にあるということの代用品にするには乏しい他の特性に基づくというよりも、人々の人生に不公正に課されてきた障害と直接的に関連すべき」と述べる [92]。Thomas 裁判官の合衆国最高裁裁判官への任命については連邦議会で争いが生じ、上院の司法委員会で公聴会が開かれた。この公聴会で、Thomas 裁判官の Yale 大学への入学が AA によるものであったのではないかとの疑問が呈された。Thomas 裁判官は、公聴会で、この疑問に対して、AA が人種に関係なく、社会・経済的に不利な状況にありながらも、一定水準の資格を持つ者を利するならば、それを支持する旨を述べた [93]。

　Rehnquist 首席裁判官は、Gratz 判決で、優先の対象者を判断する際に社会・経済的状況が考慮される、との考えを明らかにしている。Gratz 判決 Rehnquist 首席裁判官法廷意見（O'Connor, Scalia, Kennedy, Thomas 裁判官同調）は典型的な厳格審査の下で学部の入学者選抜が密接に仕立てられていないとして違憲とした。そして、同法廷意見は「〔Bakke 判決で〕Powell 裁判官が描いた入学者選抜は、いずれのただ 1 つの特性が大学の多様性への具体的に特定できる貢献を自動的に保障するとは考えていなかった」と判示する [94]。このことから、「Rehnquist 首席裁判官にとっては、いずれの 1 つの特性——少なくとも、その特性が人種であるときには——は、一定した考慮を事前に決定できない」と考えられる [95]。即ち、Gratz 判決 Rehnquist 首席裁判官法廷意見は、人種は人々が持つ他の特性と関連する文脈でのみ考慮されるとして

---

91) Antonin Scalia, *THE DISEASE AS CURE: "In Order to Get Beyond Racism, We Must First Take Account of Race"*, 1979 WASH. U. L.Q. 147, 156.

92) Clarence Thomas, *Affirmative Action Goals and Timetables: Too Tough? Not Tough Enough!*, 5 YALE L. & POLY REV. 402, 410-11 (citation omitted) (1987).

93) Hearing of the Senate Judiciary Committee, Federal News Service, Sept. 10-13, 1991. Thomas 裁判官は社会・経済的に不利な状況にある家庭に生まれながらも成功を収めた人物である。

94) 539 U.S. at 271.

いる。

　人種と関連づけて考慮される各志願者の違いとは具体的には何か。同法廷意見は、Bakke 判決 Powell 裁判官意見で示された 2 人の仮想の志願者に関心がある。即ち、成功を収めている黒人医師の子供であり、優れた学業上の遂行を約束する志願者 A と、低学歴の親を持つが、自発性や指導力を論証しており、ゲットーで育った黒人志願者 B である。同法廷意見は、問題とされた入学者選抜が A と B の「異なる背景、経験および特徴」を考慮せず、「それらの志願者が、自らがアフリカ系アメリカ人であることを理由に、A と B に 20 点を与えるにすぎない」との理由から、「個別の選抜」をしていないとした[96]。同法廷意見が示す 2 人の仮想の志願者は、同じ人種だが、親の学歴、親の職業の社会的地位、世帯の収入等で差がある。同法廷意見は、人種とともに考慮すべき要素が階層だと考えている[97]。

　同法廷意見は、高等教育機関の入学者選抜の文脈で、社会・経済的状況と関連づけられている場合には、AA の対象者を判断する 1 つの要素として人種を考慮できると判示する。この意見には Scalia 裁判官と Thomas 裁判官が同調しているが、上記に引用した両裁判官の主張を見ると、AA の対象者を判断する際に人種は考慮できず、社会・経済的地位だけで判断されるべきと示しているように見える。しかし、例えば、先の Scalia 裁判官の主張を見ると、「人種に基づく AA に反対する」と述べるが、「許されない行為とは、単純に人種を理由として選抜あるいは否定すること」だと述べている[98]。Scalia 裁判官の「人種に基づく AA に反対する」との主張と、同法廷意見に同調したことに整合性があるとすると、Scalia 裁判官は社会・経済的状況という要素を無視して、AA の対象者が人種だけで決定されることに反対していると考えられる[99]。また、同法廷意見には O'Connor 裁判官も同調している。上記のように、O'Connor 裁判官は Croson 判決で人種に基づく AA を違憲とし、その理由として、社会・経済的に不利な状況にある者への人種中立

---

95) Ian Ayres & Sydney Foster, *Don't Tell Don't Ask: Narrow Tailoring After Grutter and Gratz*, 85 TEX. L. REV 517, 550 (2007).
96) 539 U.S. at 273.
97) Ayres & Foster, *supra* note 95, at 551 n.125.
98) Scalia, *supra* note 91, at 156.
99) 実際には、Scalia 裁判官は、人種に基づく AA に関連するすべての事例で否定的な判断を下している。

的な救済策が代替策としてあることを挙げていた。しかし、O'Connor 裁判官は、Gruuter 判決では、問題とされた AA を合憲と判示する。それ故、O'Connor 裁判官は、高等教育機関の入学者選抜の文脈では、社会・経済的状況に基づく人種中立的な救済策だけを支持しているわけではない。

　階層に基づく AA の代表的な支持者である Kahlenberg は、人種を一切考慮せず、社会・経済的に不利な状況にある者への救済策を支持していた。合衆国最高裁でも、公契約の文脈では、人種に基づく AA を認めず、社会・経済的に不利な状況にある者への人種中立的な救済策を示す意見が見られる。しかし、合衆国最高裁の裁判官は、高等教育機関の入学者選抜の文脈では、AA の対象者を判断する際に人種の考慮を一切認めないのではなく、社会・経済的に不利な状況を考慮する場合には、人種の考慮を認めている。社会・経済的に不利な状況を AA の対象者を判断する際の要素として意識する裁判官は、人種だけに基づく AA に反対しており、人種に基づく AA のすべてに反対しているわけではない。

第 4 節　階層に基づく Affirmative Action は人種的多様性を維持するのか

第 1 項　支持される理由

　階層に基づく AA の支持者には 2 つのタイプがある。前者は、階層に基づく AA を差別解消のための最良の施策として支持する者。後者は、人種に基づく AA が差別解消のための最良の施策だと考え、階層に基づく AA を次善の代替策として支持する者である。

　AA の 1 つの性質は、自身の才能を十分に伸ばすことができない不利な状況にある者に、その原因となっている要素を考慮して優先をすることである。前者は、その原因を主として社会・経済的状況だと理解する。後者は、その原因を主として人種だと理解する。前者にとって、階層に基づく AA が人種的多様性を達成するのかどうかは重要でない。自身の才能を十分に伸ばすことができない不利な状況にある者が救済されているのかが重要である。前者は、人種はその不利な状況を測る指標ではないと考える。

他方、後者は、人種的多様性の達成が平等にとって重要だと考える。これは、ある分野である人種グループの占める割合が著しく少ないと、そのグループに対して固定観念や偏見が生じ、それに起因する害悪からそのグループに属する者は自身の才能を十分に伸ばすことができない不利な状況に置かれることに理由がある。しかし、人種に基づくAAを維持するのが法的および政治的に難しい状況にあって（本章第3節第3項）、後者は、少しでも人種的多様性を維持する施策として、階層に基づくAAに注目する。後者は人種に基づくAAの実施が不可能な場合には、階層に基づくAAが不完全でも、何も行わない場合よりも人種的多様性を改善するため、階層に基づくAAの実施が必要だと認識する[100]。

前者は、社会・経済的に不利な状況が機会の平等を形骸化させると考え、社会・経済的に不利な状況にある者が救済されることが重要だと考える。しかし、前者は、階層に基づくAAがマイノリティに不均衡な割合で利益を与え、人種的多様性をある程度維持すると主張する[101]。彼らがこう主張するのは、後者に対して、階層に基づくAAを支持するように説得する意図がある[102]。人種に基づくAAの維持が法的および政治的に難しい状況では、これは効果的な説得であった。

第2項　人種的多様性を維持しないとの批判

階層に基づくAAはマイノリティに不均衡な割合で利益を与え、人種的多様性を維持するのか。AAが開始される前と比べて、一部の黒人の社会経済的地位が大きく向上したのは否定できないが[103]、黒人はグループとして不均衡な割合で貧困であり続けている[104]。このことから、階層に基づくAAは黒人をはじめとするマイノリティに不均衡な割合で利益を与え、人種的多様性を維持すると主張されている。

---

100)　Fallon, *supra* note 3, at 1948-49.
101)　*See* DeFunis, 416 U.S. at 332 (Douglass J., dissenting); Scalia, *supra* note 91, at 156; Kahlenberg, *supra* note 65, at 724.
102)　階層に基づくAAの代表的な支持者であるKahlenbergは、「理論的に重要で、実行可能な施策でも、政治的に採択される可能性がなければ、単に空想を語っているだけ」だと述べる。そして共和党政権でも実行可能な施策が必要であり、現在では人種に基づくAAの反対者を政治的に説得する必要がある旨を述べる（Kahlenberg, *supra* note 2, at 122）。

しかし、社会・経済的に不利な状況の指標を世帯収入とすると、低収入者の数は白人が圧倒的に多い[105]。そのため、階層に基づく AA は黒人よりも多くの白人を対象とすると批判される[106]。

また、能力主義の観点からも批判される。階層に基づく AA とは、社会・経済的に不利な状況にある者に無条件で利益を与えない。階層に基づく AA の直接の受益者は、社会・経済的に不利な状況にある者の中でも将来的には地位の役割を十分に遂行できる潜在能力があると判断された者である[107]。それを判断する際には、既存の基準での評価が重要となる。社会・経済的に不利な状況の定義として、まず、考えられるのは親の収入である。学力は、親の収入とともに上昇する[108]。収入の多寡により、人々の学習環境が充分であるのか、劣悪であるのかを判断できる[109]。あらゆる収入のレベルで、白人の学力は黒人の学力を上回っているため、教育機関の入学者選抜の文脈では、階層に基づく AA の直接の受益者の多くは白人になると主張される[110]。

---

103) Kahlenberg, *supra* note 2, at 46. Kahlenberg は黒人の社会・経済的な地位の向上について以下のことに言及する。1965 年には、黒人は 10 分の 1 しか中間層に属しなかったが、1990 年には黒人の 3 分の 1 が中間層に属するようになった。1960 年代から 80 年代にかけて、黒人男性が経済的なエリートになる可能性は 10 倍となった。1967 年から 1991 年の間に、年収 5 万ドルを得る可能性が黒人に関して 2 倍以上になった。1970 年代から 1990 年の間に、黒人の経営者は 138％、大学教員は 45％、医師は 64％、法律家は 162％増加した（*See id.* at 45-46）。

1970 年代から 80 年代における一部の上位の職種での黒人の増加は、白人よりも早いことが指摘されている（Wilson, *supra* note 72, at 75）。法的および政治的に AA が否定される傾向が 1980 年代から 90 年代にかけて強まったのは、一部の黒人の社会・経済的地位が向上したという背景がある。また、高学歴の黒人の地位は向上したが、低い階層にある黒人と白人の社会・経済的状況は悪化した（*Id.* at 110-11）。AA は社会・経済的に優位な状況にある者を直接的に利することから、このことも AA への反対を強める一因となった。

104) Kahlenberg, *supra* note 2, at 102. 黒人がグループとして貧困である証拠として、Kahlenberg は以下のことに言及する。1990 年において、黒人の世帯収入の中央値は白人の世帯のそれの 58％である。1990 年において、黒人の子供の貧困率（44.8％）は白人の子供の貧困率（15.3％）の 3 倍である（*See Ibid*）。

105) 例えば、1995 年において、白人世帯の 6.8％に比して、黒人世帯の 21％が年収 1 万ドル未満の世帯に属する。しかし、この収入のカテゴリーにある白人の世帯の数は黒人の数の 2 倍である（Yin, *supra* note 68, at 231-32）。

106) Fallon, *supra* note 3, at 1947.

107) *Id.* at 1933.

108) Yin, *supra* note 68, at 249.

109) Kahlenberg, *supra* note 2, at 128.

この批判に対して、階層に基づく AA の支持者はどのように答えるのか。Kahlenberg は、同じ収入の区分にある白人と黒人の学力に差があることを認める [111]。しかし、高い学力のマイノリティの学生も少なからず存在し、また、黒人と白人の学力差が縮まっていると認識し、上位の教育機関にある程度の割合でマイノリティが在籍することになると主張する [112]。

Kahlenberg は、AA がなくとも、どのくらいのマイノリティが上位の教育機関に合格するのかについて、何か証拠を提示して、具体的な人数を示しているわけではない。Kahlenberg の主張するように、黒人と白人の学力差が以前と比べて縮まっているのは事実かもしれないが [113]、それでも学力差は依然として存在する。階層に基づく AA が不均衡な割合で白人に利益を与えるとの主張は、黒人と白人に依然として学力差があることを根拠としており、Kahlenberg の主張はそれに対する反論になっていない。階層に基づく AA の支持者は、選抜に際して規格化されたテストといった既存の基準を重視する。とすれば、階層に基づく AA は不均衡な割合で白人に利益を与える。

第3項　階層の精巧な定義による批判の回避

収入によって社会・経済的に不利な状況を定義すると、高等教育機関の入学者選抜の文脈では、階層に基づく AA は不均衡な割合で白人に利益を与える。これに対し、Kahlenberg は以下の旨を述べる [114]。同じ収入区分にある

---

110) Yin, *supra* note 68, at 233-35. *See also* Paul Brest & Miranda Oshige, *Affirmative Action for Whom?*, STAN. L. REV. 855, 898 (1995). 黒人と白人の学力差について、Yin は以下のことに言及する。年収1万ドル未満の世帯では、白人の平均点は 977 点であり、黒人の平均は 798 点である。この収入の区分にある黒人の中で同じ収入の区分にある白人の平均点を超えるのは 15% にすぎない。そして、この収入の区分にある白人の中で白人の平均点を超える人数は、黒人の5倍以上である（*See* Yin, *supra* note 68, at 233-34）。
　潜在能力を有していると判断するのに必要な点数をどの水準にするのかにより、階層に基づく AA の対象となる黒人と白人の比率は異なってくるが、Yin の分析に依れば、収入を不利な状況の定義として用いている、階層に基づく AA の対象となる黒人の数はかなり少なくなる。

111) Kahlenberg, *supra* note 2, at 298 n.66.
112) *Id.* at 165-66.
113) もっとも、AA が開始されてから、白人と黒人の間で学力差は縮まっていないとの指摘もなされている（Carl Bankston III, *Grutter v. Bollinger: What Foundations?*, 67 OHIO ST. L.J.1, 3-4 (2006))。

白人と黒人には学力差があるが、その理由を考える必要がある。黒人と白人の貧困者の総体的な違いを反映し、階層の定義がより洗練されれば、上位の大学に多くのマイノリティが合格する。

　Kahlenberg は、貧困な黒人と白人の総体的な違いを反映させるために、3 段階に分けて階層を定義する。最も単純なものは、収入によって階層を定義する方法である。この定義では貧困な黒人と貧困な白人の総体的な違いを反映できない。階層に基づく AA の批判者は、同じ収入区分にある黒人と白人の学力差を指摘して、階層に基づく AA は不均衡な割合で白人に利益を与えると主張した（本章第 4 節第 2 項）。

　2 番目に精巧な階層の定義は「社会学者が人生の可能性について判断する 3 つの重要な要素——親の収入、親の学歴、親の職業——を考慮するもの」である[115]。いくつかの研究は、親の学歴が子供の学力と密接に関連していることを示す[116]。また、親の職業は、親の財産よりもその子供の職業をより予測するとされる[117]。Kahlenberg に依れば、世帯収入が同じでも、父親が年収 6 万ドルの弁護士であり母親が主婦である家庭の出身者の方が、父親が年収 4 万ドルの板金工で母親が年収 2 万ドルの秘書である家庭の出身者よりも、社会的評価の高い職業に就く可能性が高い[118]。親の職業が子供の地位に影響を与えるのかを疑問視する見解もあるが、「成人者は親の収入を滅多に思い出せないため、流動性に関する社会学者の研究は、通常、親の職業に焦点を当て」ており、親の職業は時間の経過に左右されない要素だとされる[119]。

　最も精巧な階層の定義は、2 番目に精巧な定義で考慮された 3 つの要素に加えて、初・中等教育の質、隣人の質、家族構成といった要素を考慮する[120]。Kahlenberg に依れば、「同級生の質も含めて、子供の受ける初・中等教育の質は、その者の人生の可能性に大きな影響を及ぼすことを示す広範囲にわたる証拠が存在」し、「家庭環境は学力向上にとって非常に重要だが、高い割合

---

114)　Kahlenberg, *supra* note 2, at 165-67.
115)　*Ibid* (citation omitted).
116)　*Ibid*.
117)　*Id.* at 130.
118)　*Id.* at 130.
119)　*See ibid.*
120)　*Id.* at 128.

で貧困者が集中している学校は、貧困な家庭の出身者以外にも深刻な影響を及ぼす」121)。事実、「貧困率の高い学校に在籍する貧困でない子供が、貧困率の低い学校に在籍する貧困な学生よりも平均して成績が悪い」ことが示されている122)。黒人は貧困率が高い地域に居住する傾向にあり、学習環境が白人と比べて劣悪だと考えられる123)。高等教育機関の入学者選抜の担当者が在籍者の貧困率の高い学校出身の志願者に特別な考慮を与える場合には、黒人が不均衡な割合でその対象者となる。

　家族構成についても、「シングルマザーの世帯は、他のすべてのアメリカの世帯と比べて、貧困に陥る確率が6倍であるため、片親の世帯で成長した者は、明らかに、世帯収入に不利な影響を及ぼされている」とされる124)。学力は収入の増加に伴って向上するため、片親の世帯の出身者は不利な学習環境に置かれる。片親の世帯で生活する黒人の子供の比率は、白人と比べて圧倒的に高い125)。また、世帯の規模も学力に大きな影響を与えるとされる。統計上、大規模世帯の子供は経済的に困窮し、低い学歴しか得られない。マイノリティは白人と比べて出生率が高く、大規模な世帯を構成する可能性が高い126)。社会・経済的に不利な状況を定義する際に、家族構成を考慮すると、階層に基づくAAの対象者は不均衡な割合で黒人となる127)。

---

121)　*Id.* at 132.
122)　*Id.* at 133.
123)　法的な人種分離が廃止されて以降、事実上の人種分離が問題となり、それの解消のために様々な取組がなされた。初・中等学校での人種分離の解消のために、生徒の割当に人種を考慮する施策などはその例であり、現在でも裁判で問題とされている。事実上の人種分離解消の取組がなされる背景には、黒人をはじめとするマイノリティが在学者の貧困率の高い学校に在籍し、結果として学力が低くなる現状がある（Kahlenberg, *supra* note 2, at 169, 214 n.43）。
124)　*Id.* at 134 (citation omitted).
125)　*See id.* at 218 n.21.
126)　*See ibid.*
127)　Fallonは、AAは利益とともにその費用が考慮されなければならないことを以下のように述べる（Fallon, *supra* note 3, at 1933-34）。各志願者の背景を調査し、それと潜在能力の関連を評価することは費用がかかる。上位の大学では各志願者の背景の調査が実施されており、志願者の経済的背景を調べるのに追加的にかかる費用はわずかである。志願者の経済的背景を調べることはメリットに基づく選抜を改善するが、改善から得られる利益よりも、その費用があまりにも大きい文脈もある。

第 4 項　精巧な定義に基づく主張への批判

　階層の精巧な定義は、貧困な黒人と貧困な白人の総体的な違いを反映する[128]。しかし、Tung Yin は、これを用いても、階層に基づく AA は不均衡な割合で黒人に利益を与えないと批判する[129]。親が低学歴の世帯の白人と黒人の子供の学力差は、世帯収入だけが考慮された場合よりも縮まる。しかし、その差は直接の受益者の多くが白人になると予測するのに充分である。Yin の批判は、Kahlenberg による階層の 2 番目に精巧な定義への批判にとどまっており、さらに、学歴という要素だけを検討しており、批判として十分ではない。

　Yin は以上の批判を展開するが、階層に基づく優先がいくらか緩やかな程度の人種的多様性を維持できることを認識する[130]。

　Yin は以下の旨を述べる。各学校でその数値は異なるが、現行の人種に基づく AA が実施されている場合には、上位の学校の合格者に占める黒人の割合は 6％である。いずれの優先がなくとも、上位の学校に合格する黒人が合格者に占める割合は 1％である。現行の AA の対象は、志願者の 20％である[131]。低収入の区分にある黒人の中で、収入について同じ区分の白人の SAT の平均点を超えるのは 15％である[132]。AA の対象者となるためには、既存の基準である水準の評価を獲得していなければならない。その水準は、同じ収入区分の白人の平均点を超える者である。現行の AA の枠を変えずに階層に

---

[128]　Christopher Jencks は、黒人と白人の親が、学歴、社会的地位、収入、家族構成について同じであっても、白人の子供の学力が高いとする。Jencks に依れば、その違いは、平均的に、黒人が質の悪い学校に在籍していること、黒人に対する教員の態度からいくらか説明される、とされる。Jencks はそれらの理由に加えて、同じ階層の黒人と白人は人種ごとに卒業後の到達点が違うことを知っており、それが学力差を生じさせることになるとする（Christopher Jencks, Rethinking Social Policy, and the Underclass, Harvard University Press 138-40 (1992)）。親の学歴、社会的な地位、収入、家族構成、在籍する学校の質といった要素は、階層に含めることができる。しかし、Jencks が最後に挙げた理由は階層によっては黒人と白人の違いを反映できず、この違いを反映させるためには優先の要素として人種を考慮する必要がある。

[129]　Yin, *supra* note 68, at 235-36.
[130]　*Id.* at 242.
[131]　*See id.* at 243.
[132]　*See id.* at 234-35.

基づく AA を実施した場合には、上位の学校の合格者に占める黒人の割合は、現行の AA の対象者（志願者の20%）のうち水準を超える15%であり、3%となる。いずれの優先がなくとも合格する黒人が合格者に占める割合は1%であるため、それを足した数値は4%となる。

　以上は仮定であり、階層に基づく AA が実施された場合に、合格者に占める黒人の割合は文脈ごとに異なる。ただ、階層に基づく AA は人種に基づく AA と比べて人種的多様性を減少させるものの、ある程度の割合は維持しそうである。ただ、階層に基づく AA によって達成されるこの数値は、合格者であり、入学者ではない。Yin は階層に基づく AA をさらに批判する[133]。

　階層に基づく AA がある程度の人種的多様性を維持するとの想定は、黒人の合格者全員が入学すると想定するが、現実は違う。マイノリティの構成が相当数をはるかに下回る場合、合格者は入学を選択しづらい。Yin に依れば、マイノリティは自身の人種に属する者がその機関にわずかしか在籍しない場合には、その大学への進学を選択せず、志願さえしない。階層に基づく AA は相当数を下回る割合しか維持できないため、人種的多様性は減少し、最終的には、マイノリティの入学者がゼロになる可能性もある。

　階層に基づく AA に対する批判は、その批判者が十分だと考える人種的多様性を確保できていないところにある。しかし、人種に基づく AA が完全に廃止された場合、階層に基づく AA を実施しなければ、階層に基づく AA が維持する人種的多様性さえも維持できない。故に、人種に基づく AA の支持者は、階層に基づく AA に引き付けられている。

第5節　能力主義との関係

第1項　問題点

　AA の1つの性質は、通常の選抜過程で、地位を獲得するのに要求される既存の基準における評価の水準よりも低い評価しか獲得していない者に対して、その原因だと考えられる特性を考慮することで、優先して地位を与える

---

[133] *Id.* at 244-45.

ことである。人種に基づく AA はその原因を人種だと考え、階層に基づく AA はその原因を社会・経済的に不利な状況だと考える。両者とも、既存の基準で評価の劣る者に地位を与える。それ故、人種に基づく AA は能力主義に反すると批判された。階層に基づく AA にも、この批判は当然に提起される[134]。

第 2 項　能力主義への回答

(1)　階層の多様性がもたらす利益

　能力主義の観点からの批判に対して、差別の救済による正当化は潜在能力の観点から（第 3 章第 9 節）、多様性に基づく AA は多様性がもたらす利益の観点から回答を試みた（第 4 章第 5 節第 4 項(2)）。筆者が判例と学説を分析したところでは、階層に基づく AA は、潜在能力の観点から回答できる。

　Kahlenberg は以下の旨を主張する[135]。階層に基づく AA は人種に基づく AA よりも、大学に教育的利益をもたらす。人種に基づく AA は社会・経済的に優位な状況にあるマイノリティを入学させるだけである。貧困な白人を入学させる方が、中間層の黒人を入学させるよりも真の多様性が生じる。社会・経済的に優位な状況にある学生が労働問題で議論しても、無益である。

　他方、Richard H. Fallon, Jr. は以下の旨を主張する[136]。階層ごとに政治的見解は異なり、ある者の不利な社会・経済的状況は職務の遂行に役立つことがある。しかし、階層に基づく AA の直接の受益者は階層が変わり、それとともに変更後の階層の価値観を受け入れる。

　社会・経済的地位は人種とは違って流動的である。社会・経済的地位が向

---

134)　*See* Fallon, *supra* note 3, at 1923.
135)　Kahlenberg, *supra* note 2, at 171.　Kennedy もまた、階層が人々の見解を形成するのに重要な変数となるとする。Kennedy は、マイノリティは階層に関係なく差別の経験があるとの理由から、差別の問題に共通した観点を持つとし、マイノリティの間での階層に基づく見解の相違をほとんど意識しない見解に対して（Mari Matuda, *Looking to The Botom: Critical Legal Studies And Reparations*, 22 Harv. C.R.-C.L. L. Rev. 323 (1987))、その見解が「人種的な犠牲を装って、6 万 5000 ドルの給与を得ている中間層の法学教授と、失業しゲットーに囚われている黒人とをひとまとめにしている」と批判し、「奴隷制の時代や法的な人種分離〔が実施されていた〕時代でさえも、人種的抑圧の構造と経験は、黒人の共同体の階層ごとに様々であった」と述べている（Randell Kennedy, *Racial Critique of Legal Academia*, 102 Harv. L. Rev. 1745, 1782-83 (1989))。
136)　Fallon, *supra* note 3, at 1932.

上あるいは下降した者が、自身の元の社会・経済的地位の立場を採ることは少なく、1つの階層として貧困者を結びつけるものは壊れやすい。故に、能力主義の観点からの批判に対して、社会・経済的に不利な状況の出身であることが地位の役割の遂行に役立つという観点から回答することは、階層に基づくAAでは説得的でない。

(2) 潜在能力

Fallonは以下の旨を主張する[137]。階層に基づくAAの直接の受益者は、社会・経済的に不利な状況にありながらも、既存の基準で地位の役割を十分に果たせる水準の評価を獲得している。それは、直接の受益者が将来的に与えられた地位で卓越した遂行をすることを示している。直接の受益者は、不利な資質形成環境になければ、通常の選抜過程で地位を獲得していた。

人種に基づくAAが潜在能力の観点からの回答を説得的に展開できなかった理由は、直接の受益者の多くが、社会・経済的に不利な状況になかったことにある。人種に基づくAAの直接の受益者は人種差別を受けているが、彼らの受けている種の人種差別が、資質形成に悪影響を及ぼすのかは疑わしい（本章第3節第3項(3)）。他方、階層に基づくAAは社会・経済的に不利な状況にある者を対象としており、社会・経済的に不利な状況は資質形成に悪影響を及ぼす。階層に基づくAAの直接の受益者は、既存の基準で地位の役割を果たせる水準の評価を獲得しており、資質形成に悪影響を受けながらも、その水準の評価を獲得していることは、潜在能力を示せている。

階層に基づくAAの直接の受益者には潜在能力があるとの主張は説得的であり、その観点から階層に基づくAAは能力主義に適合している。

第3項　対象枠の拡大による悪影響

階層に基づくAAは、将来的に地位の役割をより十分に果たせる潜在能力がある者をAAの直接の受益者とし、受益者を判断するにあたり、既存の基準での評価を重視する。そうすることで、階層に基づくAAは能力主義の観点からの批判の回避に努める。既存の基準が重視されるのは、完璧ではないが、地位の役割の遂行を予測するのに重要だからである[138]。

---

137)　*Id.* at 1932.

階層に基づく AA の直接の受益者には高い潜在能力があると示し、能力主義の観点からの批判を回避するには、AA の直接の受益者と AA なしに地位を獲得した者との既存の評価基準での評価の差が最小限である必要がある。人種に基づく AA の支持者は、階層に基づく AA は、人種に基づく AA と比べて、直接の受益者が既存の評価基準で獲得する評価の水準を下げる、と批判する。

　人種に基づく AA の支持者は、マイノリティに対して、機会の平等を形骸化させないためには、人種的多様性が必要だと考える。修正 14 条は、ある分野であるグループの占める割合が著しく少ないと、そのグループに属する者は当該分野には不向きであるとの固定観念や偏見が生じる、と解釈する（第 1 章第 3 節）。人種に基づく AA の支持者は、人種に基づく AA が生じさせる程度には達しないが、階層に基づく AA がある程度の人種的多様性を達成させることを認める（本章第 4 節）。しかし、人種に基づく AA の支持者は、階層に基づく AA が人種に基づく AA と同じ規模で行われた場合には、人種的多様性が、マイノリティに対して、形骸化した機会の平等を実質的に保障するのに必要なところにまで達しない、と考えている（本章第 6 節第 5 項）。そのため、人種に基づく AA の支持者は、人種に基づく AA が生じさせるのと同程度の多様性を生じさせるために、階層に基づく AA がどの程度の規模で実施されねばならないのかを論じる。

　Yin に依れば、人種に基づく AA を実施した場合、上位の高等教育機関の合格者に占める黒人の割合は 6% であり、階層に基づく AA を実施した場合には 4% である（本章第 4 節第 4 項）。階層に基づく AA によって人種に基づく AA と同程度の人種的多様性を達成するためには、階層に基づく AA の対象となる枠を人種に基づく AA の規模（志願者の 20%）よりも拡大しなければならない。階層に基づく優先の対象となる枠を志願者の 30% に拡大した場合、階層に基づく AA により上位の教育機関に合格する黒人の割合は合格者の 4.5% となり、いずれの優先がなくとも合格する黒人が合格者に占める割合（1%）

138）　黒人をはじめとするマイノリティが既存の基準において非マイノリティよりも高い評価を獲得できないのは、既存の基準に文化的バイアスがかけられ、マイノリティに不利に作用しているとの主張が、ときとしてなされる（Thomas Sowell, Race and Culture, Basic Books 179 (1994)）。Kahlenberg は、既存の基準による地位の役割の遂行の予測が完璧でないことを認めながらも、現時点ではそれが最良の測定基準だとする（Kahlenberg, *supra* note 2, at 157-58）。

と足して、上位の教育機関において黒人の占める割合は5.5%となり、人種に基づくAAが生じさせる黒人の割合（6%）に近い水準を達成できる。

　階層に基づくAAによって、人種に基づくAAが生じさせる規模の人種的多様性を達成しようとすると、AAの対象枠を拡大しなければならない。当然ながら、AAの直接の受益者が既存の基準で獲得する水準は低下する。そのため、人種に基づくAAの支持者は、人種に基づくAAと比べて、階層に基づくAAは能力主義に適合するのが難しいと主張する。

　しかし、階層に基づくAAの支持者は、自らの潜在能力を十分に発展させることができない者への救済が必要だと主張し、人種的多様性の達成は人々が自らの能力を発展させるのに必要な要素だと考えていない。階層に基づくAAの支持者が、人種に基づくAAが生じさせるのと同程度の規模の人種的多様性を達成するために、階層に基づくAAの対象となる枠を拡大するとは考えにくい。

第4項　連鎖的影響

　Yinは、階層に基づくAAは能力主義にとって有害である旨を以下のように述べる[139]。

　上位の学校は、社会・経済的に不利な状況にある志願者に対して合格に必要な学力の水準を下げることで、本来であれば、自校よりも下位の学校の枠を求めて競争するはずであった学生を入学させる。下位の学校も、社会・経済的に不利な状況にある志願者に対して、地位の獲得に必要な既存の基準の水準をさらに下げる。結果として、階層に基づくAAによる入学者は低い学力で入学するため、学年の成績下位を不均衡な割合で占める。人種に基づくAAは基準を引き下げていると批判されるが、階層に基づくAAは装いを異ならせているにすぎない。

　階層に基づくAAの直接の受益者には潜在能力があるというためには、直接の受益者が学校で下位の成績にあることは望ましくない。そのため、Kahlenbergは、階層に基づくAAの直接の受益者は入学に備えて厳しいサ

---

[139]　Id. at 249-50. Thomas裁判官は、黒人やヒスパニックの学生が下位の成績にあるために、技術職といった第1志望の進路を諦めており、AAはその直接の受益者に利益をもたらさないと述べる（Fisher, 133 S.Ct. at 2340-42）。

マー プログラムをこなすことが要求される、との解決策を提示する[140]。

この解決策に対して、Yin は、短期間のうちに高校までの12年にわたる教育的に不利な状況が解消されるのかは疑わしく、それが可能であれば、「現在、AA を通じてマイノリティの学生を入学させている大学と専門職大学院は偉大な成功を収めている『厳しいサマープログラム』を実施する」と批判する[141]。詳細なデータを参照したわけではないが、サマープログラムによって教育の格差を解消できるとする Kahlenberg の提案よりも、短期間では教育格差の是正は難しいとする Yin の指摘の方が説得力を持つことは、容易に想像できる。

階層に基づく AA の直接の受益者が入学した学校で成績の下位を占める事態が生じた場合には、階層に基づく AA の直接の受益者には潜在能力があると主張するのは難しくなる。在学期間中は潜在能力を示すことができないが、直接の受益者が卒業後に卓越した仕事をすると主張することも可能ではある[142]。しかし、潜在能力を示す期間をそこまで長期に捉える主張は説得力がない。直接の受益者が入学した学校で下位の成績を占める事態に陥らないためには、直接の受益者の学力は相当程度高くなければならない。階層に基づく AA の支持者は、有資格者でなければ、階層に基づく AA の直接の受益者としない。階層に基づく AA の支持者と批判者との違いの1つは、有資格者だと判断する学力などの既存の基準の水準の違いにある。

第5項　保守派の裁判官の姿勢

(1) 既存の基準の重視

AA の直接の受益者を判断する際には社会・経済的に不利な状況を考慮す

---

140) Kahlenberg, *supra* note 2, at 180.
141) Yin, *supra* note 68, at 250-51.
142) DeFunis 判決 Douglass 裁判官反対意見は、人種を優先の区分として用いる場合には、社会・経済的な状況を結び付けて考慮しなければならないとの立場を採っており、「〔差別により不利な社会・経済的な状態に置かれている〕黒人志願者がロー・スクールの初年度、あるいは〔在学する〕3年の間でさえも、自らの能力を示すことができなかったとしても、長きにわたる法的職業の中でのその者の業績は、伝統的な基準によって優秀であると早い段階で示した同級生をはるかにしのぐ」と判示する (416 U.S. at 331)。Douglass 裁判官反対意見がこのように判示しているのは、AA により入学した者の在学中の成績が良くないことを考慮してのことであろう。

るべきとの見解を採る論者は、リベラル派として知られるDouglass裁判官からRehnquist首席裁判官とScalia裁判官といった保守派まで幅広い。階層に基づくAAの直接の受益者は、AAなしに地位を獲得した者よりも既存の基準で獲得した評価が低い。階層に基づくAAの支持者はこれを受け入れねばならない[143]。保守派の支持者がこのことに厳しい見解を示していることに注意が必要である。

　Mortonに依れば、Scalia裁判官によるBakke判決への批評は、その厳しい見解を示しているとされる[144]。問題とされたAAの対象となるマイノリティはマイノリティの中でも社会・経済的に不利な状況にあり、AAの対象者の決定に際し社会・経済的に不利な状況が考慮されている[145]。Scalia裁判官は、Bakke判決当時、裁判官に任命されていなかったためBakke判決で直接意見を執筆していないが、Bakke判決を批評している。Scalia裁判官は「Bakke判決を読んだとき、最も印象に残った事実上のデータは、Bakkeが不合格にされた年度に、Davis校メディカル・スクールに通常の入学者選抜による合格者と特別な入学者選抜による合格者（マイノリティ）との大学での成績とテストの平均点での顕著な差である」と述べる[146]。以上の批評について、Mortonは「このことは、伝統的な基準への強調の弱まりが階層に基づくAAの効果的な運用にとって本質的であるとしても、Scalia裁判官が伝統的な選抜基準への強調を弱めることに反対である、ということを明確にしている」と評する[147]。

　階層に基づくAAの目的が真に潜在能力を有する者の救済にあり、既存の基準がその潜在能力を測る重要な指標となることを考えると、階層に基づく

---

143)　Morton, *supra* note 64, at 1127-28. Stephen L. Carterは以下のように述べる。「この点はときとして見過ごされているが、大学の入学者選抜における人種や階層に基づくAAの消滅は、最も不利な状況にある白人を助けない。というのも、最も不利な状況にある黒人と同様に、彼らは高等教育を受けられる境遇にないからである。……合衆国最高裁が優先的な入学者選抜に制限を課すとき、現実の勝利者はこの国で経済的あるいは教育的に優位な状況にある者であった」(Stephen L. Carter, Affirmative Action Baby, Basic Books 80 (1996))。CarterはAAに否定的な見解を採る論者として知られるが、そのCarterでさえ、以上のように認識していることにMortonは注目している (Morton, *supra* note 64, at 1128)。
144)　当該判決については、第2章第2節第1項参照。
145)　See Morton, *supra* note 64, at 1127.
146)　Scalia, *supra* note 91, at 154.
147)　Morton, *supra* note 64, at 1127-28.

AAの支持者が、その直接の受益者の獲得している既存の基準における評価の水準が低いことを認めるにしても、それは一定の程度であり、「顕著な差」は認められない。

(2) 既存の基準の絶対視

上記のScalia裁判官の批評は「顕著な差」を問題としており、これによって能力主義の観点から厳しい批判を採っていると結論づけられない。Scalia裁判官が階層に基づくAAに能力主義の観点から厳しい批判をしていることは、Johnson判決[148]から推測できる。当該事例では、性別に基づくAAが市民権法に違反するのかどうかが問題とされており、人種に基づくAAの文脈とは異なるが、Scalia裁判官は能力主義の観点から厳しい批判を展開した。

当該事例では、AAの直接の受益者とAAによって地位を獲得できなかった者の既存の基準における評価の差はわずかであった(第7章第2節)。Scalia裁判官は、当該事例でのAAの直接の受益者が地位の役割を果たす資格があることを認める。しかし、有資格者であることが認められれば、使用者が好きなように地位を獲得する者を決定できるため、能力主義に反するとする。両者の評価の差がわずかであるにもかかわらず、このような見解を採っていることは、Scalia裁判官は既存の基準で最も評価の高い者が地位を獲得すべきと考えていると言える(第7章第4節第1項)。

第6項 潜在能力の特定とその不明確性

Kahlenbergは「都市部の出身で、SATで1000点を獲得している、貧困な志願者は、家庭教師の助けを借りて1050点を獲得した、裕福な志願者よりも、確実に潜在能力がある」と述べる[149]。社会・経済的に不利な状況は、既存の基準での評価の獲得に悪影響を及ぼす。社会・経済的に不利な状況に置かれながらも、既存の基準において一定の水準の評価を獲得している者は、将来的に、与えられた地位の役割を十分に遂行する潜在能力を有する、という

---

148) Johnson v. Transportation Agency of Santa Clara County, 480 U.S. 616 (1987). 当該判決の詳細は第7章参照。当該判決におけるAAと能力主義との関係について考察した文献として、中林暁生「アファーマティヴ・アクションとメリット」辻村みよ子編『世界のポジティヴ・アクションと男女共同参画』(東北大学出版会、2004) 321頁参照。

149) Kahlenberg, *supra* note 2, at 100.

議論は説得的である（本章第 5 節第 2 項(2)）。

これに対し、Yin は Kahlenberg の主張は真実だが、人種とは異なり、「社会・経済的な地位は 2 項対立で」はなく、「中間層の学生は貧困な学生と比べて優位な状況にあるが、裕福な学生に対しては不利な状況」にあるとする[150]。Yin は SAT での 50 点の差は潜在能力を予測するのに重要な意味を持つと認識し、「中間層の学生により達成された 1050 点は、裕福な学生により達成された 1050 点よりも偉大な達成を示しており、おそらくは、貧困な学生によって達成された 1000 点よりも偉大な達成であ」り、中間層と上層の差も比較しなければならないとする[151]。

Kahlenberg は下層と上層、あるいは下層と中間層との社会・経済的な状況の差は考慮するが、中間層と上層の間の社会・経済的状況の差が資質形成に影響を及ぼすのにもかかわらず、その差について言及していない。Kahlenberg が中間層と上層の社会・経済的状況の差に言及しないのは、Kahlenberg の関心が、自身の生来の能力を十分に発展させられない者に対して、その機会を保障するところにあるからだと思われる。Kahlenberg は、能力主義的制度とは、人々が、人種、ジェンダー、出身国、出身階層といった「無関係」な要素ではなく、「メリット」に基づいて判断されるという点で形式的な機会の平等を与える制度であり、「この制度は、階層の違いに備わっている『不公正な背景』の矯正に失敗して」おり、「能力主義的な制度は『才能に対して開かれたキャリア』として言及されるが、要求されるのは開かれた道ではなく、平等な出発点」だとする[152]。Kahlenberg は、中間層と上層との社会・経済的な状況の差は「不公正」ではなく、中間層は平等な出発点が保障されている、と理解していることになる。

以上の理解では、中間層と上層の社会・経済的状況の差が考慮されないのは何故かについて、Kahlenberg は十分に説明できていない。中間層の者が、自身の生来の能力を発展させる機会を保障されているというのであれば、階層に基づく AA の対象となる下層の者は、中間層の地位にまで引き上げる必要があるだけであり、指導的な地位や上位の教育機関で地位を与える必要はないのではないか、と思われる。階層は人種とは異なり 2 項対立でないため、

---

150) Yin, *supra* note 68, at 252.
151) *Ibid.*
152) Kahlenberg, *supra* note 2, at 84.

どの階層をAAの対象とするのかの判断は非常に難しい。

第6節　欠　点

第1項　公正さへの疑問

　階層に基づくAAに対しては、人種とは異なり、階層は変化し、一時的な性質にすぎないとの観点に基づいて、以下の批判がなされる[153]。社会・経済的に不利な状況にあっても成功者は存在し、それは階層が本人の選択の問題であることを示している。既に、政府は、毎年、平等な出発点を人々に与える施策に数百万ドルを費やしており、そのことから公教育は充実し、州立大学は拡充されており、社会的流動性は増している。それ故、階層に基づくAAは不平等な出発点の修正に必要ない。

　社会・経済的に不利な状況が本人の責任によって生じたのであれば、その状況が資質形成に悪影響を及ぼしていたとしても、それは不公正ではない。しかし、この批判に対して、Kahlenbergは「統計的には、社会的流動性は限られており、特権がそれ自体として永続する傾向があるとの証拠は非常に強固」だとする[154]。そして、「我々は、何も持たずに出発し、成功を収めた者、教育を受けず、資力を持たずにアメリカにやって来て、大きな成功を収めた子や孫を持つ移民について常に耳にしてきた」が、「我々はありふれた失敗よりも例外的な成功の話の方を聞いている」と述べる[155]。

　アメリカで社会的流動性が低いのか高いのかについては、おそらく、双方を支持する社会学的証拠が数多く存在する。どちらの証拠が正しいのかを検討するのは筆者の能力を超えているが、社会・経済的に不利な状況にある者

---

153) *See id.* at 86-87.
154) *Id.* at 88.
155) *Id.* at 90. この点につき、Mortonも以下のように述べる。「社会は、伝統的にしてこなかったやり方で貧困者を見るようにすべきである。我々は、アメリカの貧困者が自らの選択で貧困になったという浸透している態度を止めるべきである。無一文の者が金持ち（あるいは中間層）になるのは、アメリカでは望みが薄い」(Morton, *supra* note 64, at 1139)。

はそれが本人の責任であるにしてもないにしても、雇用や教育で一定の機会が保障される。

　Fallon は、階層に基づく AA は「誰もが自身の才能を発展させ、それを行使する際に、貧困によって不合理に不利な状況に置かれるべきでない」との前提に基づいており、その前提は「すべての者が身体と知性の発展にとって基本的なものを受け取ることの要求として好意的にも解釈される」と述べる [156]。アメリカ合衆国憲法には日本国憲法の社会権に相当する規定はない。しかし、修正14条は各人が共同体に参加し、共同体の一員として扱われることを保障するものとして解釈されており（第1章第3節）、人々は共同体に参加し、共同体の一員として扱われるために必要な教育の機会や雇用の機会を保障されている。そのため、社会・経済的に不利な状況が共同体に参加できず、共同体の一員として扱われない程度にまで達している場合には、社会・経済的に不利な状況が不合理な理由により生じたのでなくとも、その状況に置かれている者は共同体に参加し、共同体の一員として扱われるのに必要な教育や雇用の機会を保障される。

　しかし、階層に基づく AA は上位の高等教育機関の入学者選抜もその実施の範囲に含めており、その機会は共同体から排除されないために必要な機会の範囲を超えている。この点につき、Fallon は「貧困者を含めて、すべての者が最低限の水準の基本的な教育を受ける権利を持つとしても、Harvard や UCLA といった上位の教育機関に在籍するために、優先的な入学者選抜を受ける道徳的な権利はない」と述べる [157]。そして、Fallon は「要するに、自らの才能を実現し、行使する際に、不合理な状況におかれない権利とは、上位の教育機関に在籍し、望ましい職種に就く権利を含んでない」のであり、「それに関連する権利は、いくらか競争力の要求されない教育や雇用の機会」だと述べる [158]。

　以上のように、Fallon は、不利な社会・経済的状況にある者は上位の高等教育機関に在籍し、指導的な地位に就く道徳的な権利を有しない、とする。しかし、不利な社会・経済的状況が不合理な理由により生じたのであれば、その状況にある者は、共同体から排除されないために必要な機会を保障され

---

156)　Fallon, *supra* note 3, at 1941-42.
157)　*Id*. at 1942.
158)　*Ibid*.

るだけでなく、既存の基準で一定の水準の評価を獲得していれば、優先によって上位の高等教育機関への入学を許される場合があると考える。階層に基づくAAは、不利な社会・経済的状況にある者が上位の高等教育機関に在籍し、指導的地位に就く道徳的な権利を有しないと批判される。人種に基づくAAは、直接の受益者が受益者たる資格があるのかが批判されるが、マイノリティのメンバー全員が受益者たる資格がないという批判はほとんど見られない。この違いが生じる理由はどこにあるのか。

　Kahlenbergは階層が本人の責任でないとしており、これに従えば、本人の責任ではないという点で階層から生じる不利な状況と人種から生じる不利な状況は同じである。双方の違いは、人種が原因となり生じた不利な状況は差別という不合理な理由によって生じたが、社会・経済的な地位が原因となって生じた不利な状況は不合理な理由によって生じたのかについて疑問が残るところにある。しかし、人はどの人種に属するのであっても、生まれる環境を選べない。不利な社会・経済的状況に生まれた者は本人の責任でない不当な理由から資質形成に不利な状況にある。その状況にありながらも、一定の水準の学力のある者は、自身の潜在能力を証明している。この者は社会・経済的理由から資質形成に不利な状況になければ、通常の選抜で合格する水準の学力にあったとの主張を説得的に展開できる。故に、不利な社会・経済的状況にありながらも、一定の水準の評価を獲得した者に対し、高等教育機関の入学者選抜で優先的に取扱うことは公正である。

　しかし、階層に基づくAAによって指導的な職種で試験の点数などについて優先的取扱をするのは公正でない。その職種に就こうとする者は、上位の高等教育機関の在籍者であり、資質形成に不利な状況にはない。指導的な職種における階層に基づくAAの直接の受益者は、上位の高等教育機関に入学するまでは資質形成に不利な状況にあったが、その機関に在籍したことで資質形成に不利な状況は改善された。階層に基づくAAの代表的な支持者であるKahlenbergは、階層に基づくAAが実施される文脈として、大卒・院卒者の雇用の文脈には言及していない（本章第2節第2項(2)）。

第2項　限　界

　階層に基づくAAは、高等教育の入学者選抜の文脈と雇用の文脈で実施される。Kahlenbergに依れば、階層に基づくAAが実施される雇用の文脈は高

卒者の採用である。そして、Kahlenberg の論稿には、昇進や大卒・院卒者の採用には言及がない（本章第3節第2項(2)）。

　階層に基づく AA は、資質形成に不利な状況にありながらも、既存の基準で一定の評価を獲得し、潜在能力を有すると証明された者に対し、機会の平等を実質的に保障することを目的とする。階層に基づく AA が正当であるか否かの1つの焦点は、AA の直接の受益者が資質形成に不利な状況にあるのかどうかにある。個々の状況に差はあるが、在職者は同じ職場で働いている同僚と同じ状況にある。そのため、上の階級に就くために必要な能力を身につけるのに、不利な状況にない。故に、階層に基づく AA は昇進の場で実施されない。また、上位の高等教育機関に入学した者は、地位の高い職種に就くのに必要な能力を身につける機会を得たと言える。その者は上位の職種に就く資質を形成するのに不利な状況にないため、大卒・院卒者の就職の場では、階層に基づく AA は実施されない。

　階層に基づく AA によって資質形成に不利な状況にある者は救済できるが、不当な理由から地位の獲得に不利な状況にある者はそれだけではない。資質形成に不利な状況にないが、その能力が公正に評価されていないことから地位の獲得に不利な状況にある者を救済できない。例えば、ある職種の役割を果たす能力のある者に占める黒人の割合と新規採用者や昇進者に占める黒人の割合との間に不均衡があったとする。これは、黒人の能力が不公正に評価されたと言える。というのも、黒人の能力が公正に評価されていれば、有資格者に占める黒人の割合とその地位に新たに就く黒人の割合に不均衡は生じないとも考えられるからである。

第7節　小　括

　人種に基づく AA は、政治的反対が強まったことや AA への典型的な厳格審査の適用が確立した影響から、維持するのが難しくなっていた（本章第3節第3項）。これに対し、不利な社会・経済的状況にある者への救済は誰もが否定できないことから、階層に基づく AA は政治的支持を確立し、さらに、階層に基づく AA は人種中立的な手段であり、階層は疑わしい分類ではないため、典型的な厳格審査は適用されない（本章第3節第4項）。また、階層に基

づく AA は、人種に基づく AA には及ばないが、何らの優先をしなかったときよりも人種的多様性を維持し、人種に基づく AA の維持が難しい状況にあっては、人種に基づく AA の支持者を引きつけており、そのことが階層に基づく AA への政治的支持をより強くしている（本章第 4 節）。そして、階層に基づく AA は、能力主義の観点からの批判に対して、その直接の受益者が潜在能力を有するという観点から回答している。不利な社会・経済的状況が資質形成に悪影響を及ぼすのは明らかであり、その回答は説得的である（本章第 5 節第 2 項(2)）。

　階層に基づく AA は、人種とは異なり、社会・経済的地位が 2 項対立でないため、対象とする範囲の特定が難しいとの問題はあるが(本章第 5 節第 6 項)、人種に基づく AA と比べて、説得的に正当化の議論が展開できている。不利な社会・経済的状況にある者が、指導的な職種に就くための資質を形成するために上位の高等教育機関に入学を許可されることは公正だが、指導的な職種の採用については、それの志願者は上位の教育機関の在籍者であり、その地位に就くために必要な資質を形成するのに不利な状況にないため、階層に基づく AA の実施は公正でない（本章第 6 節第 1 項）。しかし、資質形成に不利な状況になくとも、不当な理由から地位の獲得に不利な状況にある者は存在する。不公正な評価体系に置かれ、自身の能力を公正に評価されていない者がそれに該当する。階層に基づく AA はこのような者を救済できない（本章第 6 節第 2 項）。

第7章
性別に基づく Affirmative Action の正当性 ── Johnson 判決の考察を通じて

第1節　序

第1項　問題の所在

　本章の目的は、性別に基づくAAが問題とされたJohnson判決[1]の考察を通じて、人種に基づくAAに関する議論のどの部分が性別に基づくAAに適用できるのかを考察することにある。

　本書は、これまで、人種に基づくAAが如何なる理由から正当化されるのかを考察した。第6章では階層に基づくAAを考察したが、それはあくまでも人種に基づくAAとの関連においてである。その理由は、Johnson判決を除いて、AAに関連するすべての判決で人種に基づくAAが問題とされ、それに関する議論の蓄積が圧倒的に多いことにあった。確かに、アメリカで最も問題とされているのは人種に基づくAAだが、性別に基づくAAも大きな問題を生じさせている。性別に基づくAAには先例がないことから、Johnson判決の各意見では、人種に基づくAAが問題とされた判決を基に議論が展開されている。Johnson判決を考察することは、人種に基づくAAの議論のどの部分が性別に基づくAAに適用できるのかを、限定的だがある程度知ることができる。

---

[1]　Johnson v. Transportation Agency of Santa Clara County, 480 U.S. 616 (1987).

第 2 項　構　成

　以下では、まず、Johnson 判決の概要を示す（第 2 節）。Johnson 判決で問題とされた AA は差別の救済を理由に正当化されている。差別の救済が AA を正当化するとの見解は、Johnson 判決のどの意見でも採られているが、救済の対象の範囲が違う。各意見を考察し、当該判決で問題とされた性別に基づく AA を正当化する差別の救済とは具体的に何かを明らかにする（第 3 節）。また、Johnson 判決では、問題とされた施策が合法なのかを判断するにあたり、能力主義との関係が大きく取り上げられている[2]。どのような性別に基づく AA が正当とされるのかを考察するにあたり、能力主義との関係が重要であるため、これを考察する（第 4 節）。次に、性別に基づく AA を正当化する際に、Johnson 判決が示す理論と問題を考察する（第 5 節）。最後に、本章の議論をまとめる（第 6 節）。

第 2 節　Johnson 判決の概要

　California 州 Santa Clara 郡交通局が採択した AA は、女性が伝統的に就いてこなかった職種への昇進を判断する際には、その地位に昇進する資格のある志願者については性別を 1 つの考慮要素とすることを認めていた。Road Dispatcher は伝統的に女性が就いてこなかった地位であり、その地位に就くためには一定の実務経験が要求された。Road Dispatcher の地位に欠員が生じた際、女性である Diana Joyce は他の 11 人の男性の志願者とともにその地位への昇進に志願した。志願者のうち Joyce を含む 9 人に昇進の資格があるとされ、1 次面接試験を受けた。面接委員会では、面接試験で 70 点を超える志願者が昇進の資格があると判断され、Joyce を含め 7 人が 70 点以上を獲得した。1 次面接での Joyce の点数は 73 点であり、最高得点ではなかった。そ

---

[2]　Johnson 判決での AA と能力主義をめぐる議論に着目した文献として、中林暁生「アファーマティヴ・アクションとメリット」辻村みよ子編『世界のポジティヴ・アクションと男女共同参画』（東北大学出版会、2004）321 頁。

の後、2次面接が実施され、面接官達は、1次面接で 75 点という 2 番目の点数を獲得した Paul Johnson を Road Dispatcher の地位に昇進させるべきとの勧告を行った。2次面接の前に、Joyce は郡の AA 局に接触し、AA 局は交通局の AA コーディネーターに接触した。AA コーディネーターは、交通局において、交通局の定める AA 計画の目標を達成する機会を交通局長に勧告することを任務としており、Joyce を昇進させるべきと交通局長に勧告した。交通局長は、Johnson を昇進させるべきとする2次面接官達の勧告と、Joyce を昇進させるべきとする AA コーディネーターの勧告とを考慮し、Joyce の昇進を決定した。Johnson は、この決定が市民権法第 7 編に反するとして California 州北地区合衆国地方裁判所に提訴した。

合衆国地方裁判所は、Johnson が Joyce よりも Road Dispatcher の役割を果たす資格があったこと、Joyce の性別が昇進を決定づける要素となったことを示した。さらに、当該裁判所は、交通局の採択する AA 計画が一時的でないことを示して、Johnson 勝訴の判決を下した[3]。

これに対し、控訴審において、第9巡回区合衆国控訴裁判所は、計画が郡の労働力に占める女性の割合を維持するのではなく、その達成を目的としていると繰り返し主張しているため、計画には明確な終期があり、マイノリティや女性に固定的な数を留保していないことを示した。そして、当該裁判所は、計画は交通局の従業員の著しい不均衡を是正するために採択され、他の従業員を不必要に侵害しておらず、その者らの昇進に絶対的な障害を作り出していないとして、当該計画は合法だと示した[4]。

第 3 節　過去向きの Affirmative Action との関係

第 1 項　Brennan 裁判官法廷意見

Brennan 裁判官法廷意見（Marshall, Blackmun, Powell, Stevens 裁判官同調）は、問題とされた AA の合法性の評価は Weber 判決から導かれるべきとする[5]。

---

3) Johnson v. Transportation Agency, 41 FEP Cases 476 (N.D.Ca., 1982).
4) Johnson v. Trans. Ag., Santa Clara County, Calif., 748 F.2d 1308 (9th Cir., 1984).

Weber 判決 Brennan 裁判官法廷意見（Stewart, White, Marshall, Blackmun 裁判官同調）は、市民権法第 7 編が AA を全面的に禁止していない旨を示し、AA の対象となる職種が「伝統的に黒人が差別され、隔離されてきた職種」だと認められれば、個別具体的な差別行為の認定がなくとも AA を実施できる、とした[6]。同法廷意見は Johnson 判決に関連すると自らが考える Weber 判決の部分に言及する。

　我々は、〔Weber 判決で問題とされた〕人種の考慮が「人種分離とヒエラルキーの古いパターン〔を壊す〕」という第 7 編の目的に一致していたと示しているため、我々は、白人の被上訴人よりもシニオリティのない黒人の志願者を選抜する使用者の判断を支持した[7]。実際に、人種分離とヒエラルキーの伝統的なパターンをなくす、自発的な民間の人種を意識する取組のすべてが法的に禁止されているならば、それは皮肉である[8]。〔Weber 判決で問題とされた〕計画は一時的であり、人種的均衡の維持ではなく、「明白な人種的不均衡の是正」を意図していた[9]。〔Weber 判決〕Blackmun 裁判官同意意見が明らかにしたように、計画の採択の正当化に努める使用者は、自らの過去の差別行為を指摘する必要がない[10]。使用者は「伝統的に分離されてきた職業区分での不均衡」だけを指摘する必要がある[11]。

　Brennan 裁判官法廷意見は、Weber 判決は「使用者による自発的な行為が労働市場での差別の影響の是正という第 7 編の目的を促進するのに決定的な役割を果たす、および第 7 編がその取組を脅かすように読まれるべきでないという認識に基づいている」と述べる[12]。そして、「〔Johnson 判決で〕問題とされた雇用判断を審査する際、我々は、第 1 に、この判断が Weber 判決の使用者と同じ関心によって促進された計画に従っているのかを審査すべき」とする[13]。

---

5)　480 U.S. at 627.
6)　United Steelworkers of America v. Weber, 443 U.S.193 (1979). 当該判決については第 3 章第 5 節参照。
7)　443 U.S. at 208.
8)　*Id.* at 204.
9)　*Id.* at 208.
10)　*Id.* at 212.
11)　*Id.* at 204.
12)　480 U.S. at 630.
13)　*Id.* at 631.

同法廷意見は、Johnson 判決では、「熟練工の志願者の性別の考慮が『伝統的に分離されている職業区分』での女性の過小代表を反映した『明白な不均衡』によって正当化されたのかどうか」が問題になるとする[14]。同法廷意見は、「マイノリティや女性がその職種に占める割合と使用者の労働力に占める割合との比較は、特別な専門技術を要求しない職業を分析する際に適切であり、また専門技術の提供を意図する訓練プログラムを分析する際に適切であった」とする[15]。他方、「特別な資格を要求する職業の場合には、〔女性とマイノリティが〕有資格者と〔使用者の労働力に占める割合〕とが比較されるべき」とする[16]。そして、「『明白な不均衡』と『伝統的に分離されている職業』を関連させる要求は、雇用差別の影響を是正する第 7 編の目的と一致するやり方で性別や人種が考慮されるということ、計画から利益を受けない従業員の利益が不必要に侵害されていないということを保証する」と述べる[17]。

　交通局は、問題とされた計画で、主たる職業区分で労働市場に占める女性の割合を反映するという長期目標を設定していた。同法廷意見は「計画が地区の労働力の母集団に従ってあらゆる区分での不均衡を計算するにすぎず、採用がそのような数値だけで統制されると規定されているとしたら、その正当性は相当に疑わしい」と述べる[18]。しかし、同法廷意見は、長期目標を設定しているとしても、「交通局は、計画はそれ自体〔長期目標〕によってあらゆる職業区分での志願者の性別の考慮を必ずしも正当化しないことを認識していた」とする[19]。それは、特別な訓練と経験が要求される地位について、計画は女性の有資格者は数的に「限られていた」と認識していたこと、計画は特定の地位を充足する際に、性別が考慮されるべき程度についてより現実的な指標を与える、年度ごとの短期目標がつくられていたこと、に基づいている[20]。そして、同法廷意見は「交通局の計画は、長期目標を雇用判断の事実上の指針とせず、採用者が AA の目的の達成に努める際に、ある職業区分

---

14)　*Ibid.*
15)　*Id.* at 631-32 (quotation omitted).
16)　*Id.* at 632.
17)　*Ibid.*
18)　*Id.* at 636.
19)　*Id.* at 635.
20)　*Ibid.* 実際には、この短期目標は当該判決で問題とされた職業区分に関して、Joyce の昇進の判断がなされた 1979 年の時点では設定されていない。当該機関は、この職業区分で採用予定の 55 人のうち女性を 3 人採用するという短期目標を 1982 年に設定した。

において、女性の有資格者の数が労働力に占める〔女性の〕割合に匹敵するほどでなかったという事実を含めて、数多くの事実上の要求を考慮していた」とする[21]。同法廷意見は、「計画が事実上の採用判断に指針を示す際に資格の違いを考慮していないのであれば、計画は『経営状況や〔その地位を〕獲得できる資格のあるマイノリティの志願者の人数にかかわらず……マイノリティの採用や〔マイノリティが〕構成員に占める一定の割合の達成』に採用者を縛ることになる」が、「交通局の計画はそのような盲目的な採用を断固として許さなかった」とする[22]。

第 2 項　O'Connor 裁判官同意意見

　O'Connor 裁判官同意意見は、Johnson 判決で問題とされた施策の合法性を審査するにあたり、Wygant 判決[23]に基づくべきと主張する[24]。同同意見は、Wygant 判決について以下のことを述べる。
　Wygant 判決で、本法廷は、過去および現在の人種差別の救済が人種の使用を正当化できるとしたが、社会的差別の救済は人種の使用を正当化できないとした[25]。使用者は、自らの差別行為を認める必要はないが、Wygant 判決では、使用者は救済的な行為であることを示す確たる証拠を確立するために、十分な証拠を指摘すべきとされた。その証拠とは、黒人が学校教員と有資格者に占める割合との不均衡である[26]。
　同同意見の見解では、一見すると、Weber 判決で問題とされた AA は正当化できない。というのも、Weber 判決で問題とされた AA は、マイノリティが熟練工と有資格者に占める割合の不均衡ではなく、マイノリティが熟練工と労働市場に占める割合の不均衡により動機づけられているからである。しかし、同同意見は、Weber 判決の黒人の熟練工の少なさは熟練工組合からの黒人の排除であったことにほぼ疑いないとの理由から、Weber 判決で問

---

21)　*Id.* at 636.
22)　*Id.* at 636-37 (quotation 478 U.S. at 495).
23)　Wygant v. Jackson Board of Education, 476 U.S. 267 (1986).　当該判決については、第 2 章第 2 節第 3 項参照。
24)　480 U.S. at 650.
25)　476 U.S. at 276.
26)　*Id.* 292.

題とされた AA は差別の救済を目的としているとする[27]。

しかし、同同意意見は、Johnson 判決では、差別の証拠が Weber 判決よりも複雑だとする。女性の有資格者が非常に少なく、女性が労働力全体と問題とされた職種に占める割合に不均衡があっても、それは差別を証明しないとした[28]。同同意意見は、この職種に就くことに対して直接的な排除はなく、差別が証明されるためには、女性が労働力全体と当該職種に占める割合に不均衡があるだけでは不十分だとする[29]。

問題とされた施策は、その長期目標として、女性があらゆる職階と職業で占める割合と郡の労働力に占める割合が同じになることを設定しているが、同同意意見は「この長期目標が交通局の雇用判断に適用された場合には、私見では、AA 計画は第 7 編を侵害する」と示す[30]。

同同意意見は、計画は長期目標が非現実的であると認識し、この目標は昇進判断で適用されていないとする[31]。同同意意見は、計画は短期目標を設定し、その目標は女性とマイノリティが関連する職業と有資格者に占める割合との不均衡を考慮しているとする[32]。Joyce の昇進が判断された時点で、問題とされた職種に短期目標は設定されていなかったが、当該機関は長期目標が非現実的であったことを既に認識しており、交通局の選抜は女性が関連する職種と有資格者に占める数を比較して判断すべきとしており、昇進判断は短期目標の考え方と完全に一致していたとする[33]。

第 3 項　性別に基づく Affirmative Action の差別の救済による正当化

人種に基づく AA の事例で、AA に肯定的な Brennan 裁判官らは社会的差別の救済による正当化を認め、O'Connor 裁判官ら中間派の裁判官はそれを否定し、特定された差別の救済だけが AA を正当化できるとした（第 3 章第 7

---

27)　480 U.S. at 651.
28)　*Id*. at 651-52.
29)　*Id*. at 654.
30)　*Ibid*.
31)　*Ibid*.
32)　*Ibid*.
33)　*Id*. at 654-55.

節)。性別に基づく AA についても見解は変わらないと思われるが、Johnson 判決では、Brennan 裁判官法廷意見と O'Connor 裁判官同意意見は、問題とされた AA が、女性が有資格者と当該職種に占める割合の不均衡を意識していれば、差別の救済を目的としているとした。使用者自身による差別行為の立証は求めていない。

　人種に基づく AA の事例でも、合衆国最高裁の多数の裁判官が、AA の実施者に自身が過去に差別を行ったという立証を要求していない (第3章第5節)。それは、次の理由による[34]。逆差別訴訟では、使用者による差別行為について、いずれの訴訟当事者も立証したがらない。被告である使用者は、自らの差別行為を認めれば、それに対する損害賠償責任を問われるおそれがある。また、原告である非マイノリティは、使用者の差別行為の存在が認められれば、AA が正当化されてしまう[35]。

　Johnson 判決では、使用者自身による差別の認定は使用者による自発的な AA への取組を遅らせるため、問題とされた施策が救済的であるために必要でないとの見解が、合衆国最高裁の多数の裁判官によって採られている。そして、合衆国最高裁の多数の裁判官は、問題とされた AA が救済的であるためには、当該 AA が、有資格者と当該職種に占める女性の割合との間の不均衡を意識する必要があるとの見解を採る。ただし、すべての場合に、この不均衡を意識する必要はない。同法廷意見は問題とされた職業区分が特別の資格を要求するため、この不均衡を意識する必要があると認識する。また同同意意見は、Weber 判決では、マイノリティが熟練工と地区の労働力全体に占める割合の不均衡を意識しても、問題とされた AA は救済的だとしている。AA が救済を目的としていると証明するために、どのような不均衡が意識されるべきなのかは事例ごとに異なる。Johnson 判決を考察した結果として言えるのは、問題とされた地位がそれを獲得する者に特別な資格を要求する場合には、問題とされた施策が救済的であると言うためには、女性が有資格者と当該職種に占める割合の不均衡を意識する必要があり、使用者自身の差別行為の立証は要求されない、ということである。

---

34)　西村裕三「Affirmative Action をめぐる合衆国最高裁判例の動向」アメリカ法 1989-2・237 頁、246 頁。
35)　この理由は、Johnson 判決 O'Connor 裁判官同意意見でも述べられている (480 U.S. at 652)。

第 4 節　能力主義との関係

第 1 項　能力主義の概念の相違
　　　　――Brennan 裁判官法廷意見と Scalia 裁判官反対意見

　AA の 1 つの性質は既存の基準で評価の劣る者に地位を与えることであり、AA は能力主義に反すると批判される[36]。Johnson 判決でも、AA が能力主義に反するのかが大きな争点となった。本節では、性別に基づく AA と能力主義の関係を考察する。

　Brennan 裁判官法廷意見は、問題となった職種では最も資格のある者を選抜するのは難しく、有資格者のうち誰を昇進させるのかは人事担当者の裁量である旨を判示する[37]。これに対し、Scalia 裁判官反対意見は、法廷意見が能力主義に自覚的であったと認めながらも、それは全く無資格の者がいないのを保証するにすぎないと批判する[38]。同法廷意見は、Johnson と Joyce の間に能力差があるとしてもそれは最小限であり、無資格の者を昇進の対象から除くにすぎないとする Scalia 裁判官の批判は誤りだとする[39]。

　双方のやり取りを見ると、同法廷意見は、地位を与えられたのは有能な者であったとしている。同法廷意見は、AA と能力主義の問題に、自覚的であった[40]。

　しかし、有資格者が地位を得るにしても、その者よりも既存の基準で高い評価を得ながらも地位を獲得できなかった者がいる。Louis P. Pojman は「伝統的に、我々は、社会的評価の高い地位は最も資格のある者に与えられるべき、と考えている」[41]と指摘する。

---

[36]　AA と能力主義の関係については、拙稿「Affirmative Action と能力主義」GEMC Journal 1 号（2009）138 頁参照。

[37]　480 U.S. at 641.

[38]　*Id*. at 674-75.

[39]　*Id*. at 641 n.17.

[40]　中林・前掲注 2）329 頁。

[41]　Louis P. Pojman, *The Moral of Status of Affirmative Action* in Affirmative Action: Social or reverse discrimination?, Prometheus Books 176, 191 (1997).

同反対意見は、この考えに基づき、既存の基準で高い評価を得た者が地位を獲得すべきだとして、同法廷意見を厳しく批判する[42]。この考えを採ると、タイ・ブレーカーには正当化の余地があるが、それ以外のAAの正当化は事実上相当に難しい。事実、Scalia 裁判官はAAに関連するすべての判決でAAを正当化していない。

これに対し、同法廷意見は、問題となった職種では、最も資格のある者がいるという前提自体が疑問だとする[43]。この見解では、AAは「能力の劣る者を優遇する措置である、とする議論が形式的には成立しつつも、その内実が相対化されている姿をみることができる」[44] と指摘される。この捉え方は実践的に重要な意味を持つが[45]、同法廷意見と同反対意見の議論が平行線を辿っていることを見ると、後者を説得できない。

第2項　性別を評価対象として捉えることの問題点

「社会的評価の高い地位は最も資格のある者に与えられるべき」との考えを採る限り、AAは能力主義と調和できないのか。

資格の最も一般的な理解は、試験等の既存の基準での評価である。Scalia 裁判官反対意見は、既存の基準で最も高評価の者が最も首尾よく地位の役割を果たせる、という考えに基づく。

しかし、資格が最も首尾よく地位の役割を果たすことができることを意味すれば、資格は既存の基準に限定されず、性別の考慮は「社会的評価の高い地位は最も資格のある者に与えられるべき」との考えに矛盾しない。

この点につき、中林暁生が指摘している。中林は Richard H. Fallon, Jr. が示す資格の概念のうち、「その性能が、社会に有用であると一般に看過される

---

42)　480 U.S. at 675. 実際には、面接試験で70点以上獲得した者が当該職種の適格者とされ、Johnson と Joyce はそれぞれ75点と73点を獲得していた。Scalia 裁判官はわずか2点の差から当該AAに反対しており、このことから、Scalia 裁判官は既存の基準において最も評価の高い者が地位を獲得すべきと考えているように思われる。Scalia 裁判官が既存の基準を絶対視していることについては、第6章第5節第5項(2)参照。

43)　*Id.* at 641 n.17.

44)　中林・前掲注2) 331頁。

45)　愛敬浩二「リベラリズムとポジティブ・アクション」田村哲樹・金井篤子編『ポジティブ・アクションの可能性――男女共同参画社会の制度デザインのために』(ナカニシヤ出版、2007) 41頁、51頁。

特質に由来しているか否かに関わりなく、特定の文脈においては、価値のある帰結を生じさせる性能としてのメリット」が興味深いとする[46]。中林に依れば、Fallon がこの資格の概念として指摘するのは、政府のインディアン問題部（Bureau of Indian Affairs: BIA）で、インディアンに対し、雇用上の優遇措置を認めることの可否が争われた Mancari 判決[47] である。中林は、合衆国最高裁が当該判決で問題とされた施策の合憲性を支持するにあたり、「当該優遇措置は、インディアンの自己統治という目標を促進し、BIA を、その構成要素である諸集団の必要性に対しより敏感にさせることが合理的に意図された雇用基準である」[48] と述べていたことを示す[49]。中林は「これに類する発想が、アファーマティヴ・アクションを導入する雇用者から示されることがあ」り、その例として、「黒人警察官の雇用・昇進を図るアファーマティヴ・アクションを擁護する理由の1つとして、黒人警察官の方が、白人警察官よりも、黒人との意思疎通を図りやすいため、黒人警察官の数を増やすことは警察の実効的な任務遂行に仕えること」を挙げている[50]。そして、中林は「将来において、有用な活動を遂行することを示すものがメリットであるとすれば、限定的な局面においてではあるにせよ、メリットを重視することと、アファーマティヴ・アクションが調和しうる」のであり、「その限りにおいて、アファーマティヴ・アクションはメリットにもとづいていない、とする議論を相対化させることが可能となるであろう」とする[51]。

中林の指摘のように資格の概念を捉えると、AA は「社会的評価の高い地位は最も資格のある者に与えられるべき」との考えに反しない。つまり、女性であることが職務遂行に役立つと証明すれば、性別に基づく AA は最も資格のある者に地位を与えていると主張できる。実際に、Johnson 判決 Stevens 裁判官同意見は女性であることが就業上の資格になりうることを示唆している[52]。この考えは性別に基づく AA の理論的根拠を社会効用論に置いたも

---

[46] Richard H. Fallon, Jr., *To Each According to His Ability from None According to His Race: Concept of Merit in the Law of Antidiscrimination*, 60 B. U. L. Rev. 815, 826-27 (1980).
[47] Morton v. Mancari, 417 U.S. 535 (1974).
[48] *Id.* at 544.
[49] 中林・前掲注2) 333 頁。
[50] 中林・前掲注2) 333 頁。雇用判断の文脈で、人種が資格として評価できるのかに関しては、第5章第4節第3項参照。
[51] 中林・前掲注2) 333 頁。
[52] 480 U.S. at 645-46.

のであり、女性の排除を生じさせる危険がある[53]。つまり、男性であることが職務遂行に役立つと証明されれば、女性が過小代表の職種の雇用判断で、男性であることを考慮する施策が容易に正当化され、女性に対して不利に作用する可能性も否定できない。

性別を評価対象として捉えると、この問題を受容せねばならないのか[54]。この問題を回避するには、性別を評価対象として捉えるときに差別を意識する必要がある。即ち、女性がある分野で著しく過小代表である場合には、その分野には女性が不向きであるとの偏見を生じさせ、その分野に志願しようとする女性の動機をくじくことにもなる。性別に基づくAAによって女性に地位が与えられれば、この事態の発生を防げるとも考えられ、そうした意味で女性であることが評価の対象たりえると考えれば、女性を排除する危険を回避できる。

しかし、以上の資格の概念の捉え方は、その範囲を広く捉え過ぎている。また、性別を評価対象として捉えてAAが能力主義に反しないとする主張は、既存の基準における評価を絶対視するScalia裁判官と同じ考えを採る者を説得できない。それは、Johnson判決でのBrennan裁判官とScalia裁判官のやり取りを見れば明らかである（本章第4節第1項）。

もっとも、性別を資格として捉えず、性別に基づくAAが最も資格のある者に地位を与えるべきとの考えに反するとしても、性別に基づくAAが能力主義に反するのかどうかということはAAの可否を決定づけない。その場合には、性別に基づくAAは最も資格のある者に地位を与えるという考えの例外として正当化される。

第3項　差別の救済と能力主義との関係

Johnson判決で問題とされた性別に基づくAAは差別の救済により正当化されたが、この種のAAにおいて、能力主義の観点からの批判を回避するた

---

53) *See id.* at 649-50 (O'Connor J., dissenting).
54) 人種や性別を評価対象として捉えて、能力の観点からのAAへの批判を回避しようと試みたFullinwinderは、マイノリティや女性の排除といった問題が生じることを認識しながらも (Robert K. Fullinwinder, The Reverse Discrimination Controversy, Rowman & Allenheld 82-83 (1982))、社会効用論がAAの理論的根拠として優れているとする (*Id.* at 247)。

めに主張された議論が、Johnson 判決では展開されていない。その主張とは、差別がなければ、AA の直接の受益者は、AA により地位の獲得を否定された者よりも、既存の基準で高い評価を獲得していた、という主張である。

この主張が Brennan 裁判官法廷意見で展開されなかったのは、Johnson と Joyce の既存の基準での評価の差がほとんどなかったところにある。そのため、AA の対象者は AA がなければ成功できないという劣等性の烙印を押されるとする議論は展開されていない。Johnson 判決では、「『数による盲目的な昇進ではなく、能力等を考慮する昇進であった』ことから逆差別やスティグマの問題も克服」できたとも解されている[55]。

しかし、上記のように、Scalia 裁判官反対意見は、既存の基準で最も高い評価の者が地位を獲得しない場合には能力主義に反する、と解する。Brennan 裁判官と Scalia 裁判官の議論は能力主義の捉え方が異なるため、平行線を辿った(本章第 4 節第 1 項)。Scalia 裁判官と同じ立場にある者を説得するには、人種に基づく AA で展開された上記の主張をする必要がある。この議論は Johnson 判決では展開されていないが、性別に基づく AA と能力主義との関係を考察する際にも有用だと考える。

人種に基づく AA の事例で展開された主張は、差別がなければ、AA の直接の受益者は AA がなくとも地位を獲得できる水準の評価を既存の基準で獲得しており、そうした意味で潜在能力を有し、AA は能力主義に反しない、というものである[56]。AA により地位を獲得した者が過去の差別によって資質形成に不利な影響を及ぼされている場合には、その状況にありながらも AA の直接の受益者が相当程度の水準の評価を既存の評価基準で獲得したことは、直接の受益者が潜在能力を有しているとも考えられる。この主張は、AA の直接の受益者が差別によって資質形成に不利な状況に置かれたという事実があって、はじめて正当とされる。

しかし、人種に基づく AA において、直接の受益者が差別の影響によって資質形成に不利な環境にあったのかは疑わしい。差別の救済による正当化が裁判で認められるのが難しくなった 1 つの理由は、AA の直接の受益者の多くが社会・経済的に優位な状況にあり、資質形成に不利な環境になかったと

---

55) 辻村みよ子『憲法とジェンダー——男女共同参画と多文化共生への展望』(有斐閣、2009) 159 頁。
56) 差別の救済により正当化された AA と能力主義の関係については、第 3 章第 9 節参照。

ころにある（第3章第3節）。これに対しAAの支持者は黒人であれば誰もが被る不利益があると主張し、その例としてローンや保険契約に関する人種差別、タクシーの乗車拒否などを挙げる。しかし、それらの不利益は、資質形成に悪影響を及ぼさない。マイノリティ全体に及ぼされる差別が資質形成に悪影響を及ぼすという主張は、説得的でない（第3章第9節）。

潜在能力の観点からAAが能力主義に反しない、との主張を説得的に展開するには、資質形成に不利な影響を及ぼす原因を十分に検討する必要がある。この点、社会・経済的に不利な状況は資質形成に悪影響を及ぼす。故に、人種に基づくAAにおいて、AAの対象者を判断する際に社会・経済的状況を考慮することで、AAが狭義の能力主義に抵触しないとの議論を説得的に展開できる（第6章第5節第2項(2)）[57]。

以上の人種に基づくAAの議論は性別に基づくAAでも参考となる。性別に基づくAAが狭義の能力主義に反しないと主張する場合、対象者が不当な理由から資質形成に不利な状況に置かれており、それがなければ既存の基準で高い評価を得ていたことが証明されねばならない。そのためには、すべての女性をAAの対象者とするのでなく、女性であるが故に資質形成に不利な状況に置かれている者を特定する必要がある。これを特定できれば、性別に基づくAAは潜在能力の観点から能力主義に反しない、と主張できる。

第5節　不公正な評価体系にある者への救済

第1項　正当化への慎重な態度

性別に基づくAAも、人種に基づくAAと同じく、差別の救済による正当化が認められている。そして、人種に基づくAAと同じく、合衆国最高裁の

---

[57] もっとも、人種に基づくAAにおいて社会・経済的状況を考慮したとしても、不利な状況にあるマイノリティが不利な状況にある非マイノリティに比べて優先されるのは何故かという問題があり、両者を区別しなければならない。両者を区別するためには、マイノリティであること自体が資質形成に不利な影響を及ぼしていると証明する必要がある（See Deborah C. Malamud, *Affirmative Action, Diversity, and the Black Middle Class*, 68 U. Colo. L. Rev. 939 (1997)）。

多数の裁判官は性別に基づくAAが救済的であるために、AAの実施者自身による過去の差別行為を立証する必要はないと判断した。AAを肯定的に捉えるBrennan裁判官による法廷意見とAAが正当か否かについて事例ごとに判断を変える中間派のO'Connor裁判官による同意意見は、問題とされたAAが救済的であるためには、女性が有資格者と問題とされた地位に占める割合の不均衡が証明されればよいと判断した。人種に基づくAAに関する事例では、肯定派の裁判官は救済の対象となる差別として社会的差別を認め、他方、O'Connor裁判官ら中間派の裁判官は特定された差別だけを認めており、見解が異なる。Scalia裁判官反対意見はBrennan裁判官法廷意見が社会的差別の救済によりAAを正当化していると批判したが、同法廷意見は、問題とされた地位の役割を果たすのには特殊な経験が必要であることを考慮して、問題とされた性別に基づくAAが差別の救済を目的としていると言うためには、AAが有資格者と当該職種に占める女性の割合との不均衡を意識する必要があるとする。同法廷意見は、性別に基づくAAが救済を目的としているのかを判断する際に、慎重な態度をとる。このことから、O'Connor裁判官は同法廷意見に同調したと考えられる。地位の役割を果たすのに特殊な資格が必要とされる場合に、性別に基づくAAが救済的だと判断する際に慎重な態度がとられなければ、AAが救済的であることについて、合衆国最高裁の多数の裁判官の同調は得られないと考えられる。

第2項　Johnson判決における正当化理論と問題点

　Weber判決では、問題とされた地位の選抜に際して一定の実務経験が評価の対象とされており、マイノリティがその評価において非マイノリティに劣っていたのは差別から実務経験が得られなかったからである。故に、O'Connor裁判官は、当該判決で問題とされたAAが、マイノリティが地区の労働力全体と当該地位に占める割合の不均衡を意識していても、救済的だと判断した。これは、O'Connor裁判官が、マイノリティは差別がなければ通常の選抜過程の下で地位を獲得していたのであり、不当な理由から排除されているのが明らかだと考えたからだと思われる。他方、Johnson判決では、O'Connor裁判官は、女性が有資格者と当該職種に占める割合の不均衡を意識していなければ、救済を目的としていないと判断した。これは、O'Connor裁判官が、公正な評価がなされていれば、そのような不均衡は生じないはず

であり、そのような不均衡の存在は女性が自らの資格を公正に評価されていないことを明らかにしている、と考えたからだと思われる。

しかし、Johnson 判決での明白な不均衡の認定では、差別の影響が残存していることを明らかにできても、女性が不当な理由から地位の獲得に不利な状況に置かれていることを明らかにできない。

様々な不備があり多くの批判があるだろうが、問題を分かり易く理解するために、極めて単純化した例を挙げて、この点を考える。例えば、国全体の理系の研究職のポストの数が 10 万であり、毎年、1 万人が退職し、1 万人が新規採用されるとする。研究職に就く有資格者を博士号取得者と想定し、博士号取得者の男女比は 7 対 3 であり、この割合はここ 10 年変化がない。単純に考えれば、研究職の男女比は 7 対 3 になっているはずであるが、この時点での男女比は 9 対 1 であった。この状況下では、女性はその能力を不公正に評価されていると言える。しかし、その後、選考過程における女性の不公正な評価が改善され、ここ 5 年の新規採用の男女比は 7 対 3 である。その結果、現在の研究職の男女比は 8 対 2 となっている。この時点では、女性が地位の獲得に不当に不利な状況にないが、過去の差別の影響は残存している。

Johnson 判決の論理では、有資格者と当該職種に占める女性の割合に不均衡があれば差別が存在するとされ、AA が許容される。そのため、既に不公正な評価体系が改善されていても、差別の影響が残存していれば AA が許容され、研究職の男女比が 7 対 3 になるまで AA が許容され続ける。故に、差別の影響が残存している限り、有資格者に占める女性の比率よりも高い割合での女性の採用も理論上可能であり、これは逆に男性の資格を不公正に評価する可能性もある。よって、不当な理由から地位の獲得に不利な状況にある者を救済するとの視点においては、有資格者と当該職種の採用者に占める女性の割合との間に不均衡があれば、女性は女性であるが故に資格を不公正に評価されており、AA が許容される[58]。

---

58) もっともこの論理では、AA の対象となるグループが有資格者に占める割合が少ない場合、その状況の改善には関心が払われない。

第6節 小 括

　Brennan 裁判官法廷意見は、一定水準の資格が要求される職種では、女性が有資格者と当該職種に占める割合の間に不均衡があれば、AA が救済のためにつくられているとした。同法廷意見は差別の認定に慎重な態度をとっており、それ故、O'Connor 裁判官は法廷意見に同調した。しかし、この論理では、差別の影響が残存していることを明らかにできても、直接の受益者が地位の獲得に不利な状況にあることを明らかにできない。故に、真に救済の必要な者が直接の受益者になっていないとの批判を回避できず、それを回避するには、女性が新規採用者と有資格者に占める割合に不均衡があることを示す必要がある。それが示されれば、女性は資格を公正に評価されていないことが明らかとなり、その批判を回避できる（本章第5節第2項）。

　Johnson 判決では、AA が能力主義に反するか否かが大きな争点となっていた（本章第4節）。性別を評価対象として捉えることで、能力主義の観点からの批判を回避する試みもあるが、そのような試みには、理論上、女性を排除する危険がある（本章第4節第2項）[59]。

---

59) Johnson 判決で触れられていなかったため検討しなかったが、多様性の価値が性別に基づく AA を正当化するのか否かについては議論がある。両者の関連性の検討は、今後の検討課題である。AA と多様性との関係について分析した文献として、巻美矢紀「ポジティブ・アクションの目的と多様性(1)」千葉大学法学論集27巻3号（2013）1頁；高橋正明「アファーマティブ・アクションの正当化根拠に関する憲法学的考察(1)〜(3・完)――『多様性の確保』と『差別の是正』という対立軸」法学論叢173巻1号（2013）96頁、173巻4号（2013）129頁、174巻2号（2013）126頁参照。

第8章 真に救済を必要とする者を対象とする Affirmative Action

第1節　序

第1項　問題の所在

　従来、AAは差別の救済を理由に正当化されてきたが、AAの直接の受益者の多くは社会・経済的に不利な状況にない。そのため、直接の受益者の多くは、地位を獲得する際に、差別の影響をほとんど受けていないと批判され、差別の救済による正当化は難しくなった。これを受けて、AAの正当化理由は多様性の価値へと移行した。多様性に基づくAAは将来における差別の発生の防止を意識することで、直接の受益者が差別の影響を受けていることを立証せずに、正当化できる。しかし、直接の受益者の多くが社会・経済的に不利な状況にないことには変わりない。そのため、不当な理由から地位の獲得に不利な状況にある、真に救済の必要な者が直接の受益者になっていないと批判される。差別の救済による正当化に向けられた、差別の影響をほとんど被っていない者が直接の受益者になっているとの批判は、真に救済の必要な者が直接の受益者になっていないという批判に形を変えて、多様性に基づくAAに向けられた。以上の批判を回避する試みとして、AAの対象者を判断する際に、人種ではなく社会・経済的な階層を考慮する階層に基づくAAが主張された。階層に基づくAAの直接の受益者は社会・経済的に不利な状況にある者であり、文脈は限定されるが、以上の批判を回避するのに有用であった。

第3章〜第6章では、差別の救済により正当化されたAA、多様性に基づくAA、階層に基づくAAにつきそれぞれ個別に考察した。本章では、階層に基づくAAが差別の救済と多様性の価値と如何なる関係にあるのかを考察し、真に救済の必要な者を対象とするAAとは何かを明らかにする。

第2項　構　成

本章では、以下の手順により考察を進める。まず、差別の救済と多様性によるAAの正当化に如何なる問題があるのかを概観する（第2節）。次に、階層に基づくAAがどのようなものかを概観する（第3節）。その上で、階層と人種（第4節）、差別の救済による正当化（第5節）、多様性の価値による正当化（第6節）の関係を考察する。真に救済の必要な者とは、不当な理由から資質形成に不利な状況にある者だけでなく、公正な評価を受けていない者も該当する。これらの者を救済するAAと差別の救済と多様性の価値による正当化がどのような関係にあるのかを考察する（第7節）。最後に、第1節〜第7節の議論をまとめる（第8節）。

第2節　Affirmative Action 正当化の問題点

第1項　差別の救済による正当化の問題点

従来、AAは過去および現在の差別の救済を理由に正当化されてきた。AAの支持者は、アメリカでは人種差別の存在が自明だと理解し[1]、AAの反対者もこれを認めてきた[2]。過去および現在の差別が影響を及ぼす前の状態を回復することには誰も異論はない。

能力主義との関係から、AAにより地位を獲得する者は地位の役割を果たす資格を有していなければならない。資格を測るのに正確な基準はないが、

---

1) Regents of the University of California v. Bakke, 438 U.S. 265, 400 (Blackmun J., dissenting) (1978).
2) City of Richmond v. J. A. Croson, Co., 488 U.S. 469, 527 (Scalia J., concurring) (1989).

通常は試験や成績など客観的基準が重視され、それらの基準でどの程度の評価を獲得できるのかは社会・経済的状況に左右される。AAは主として指導的な地位に関心があるため、その資格があると判断される水準は高く、それに達している者の多くは社会・経済的に不利な状況にない。そのため、反対者は、AAの直接の受益者は差別がなければ通常の選抜で地位を獲得したわけではなく、資質形成に関して差別の影響を受けていないと批判する。

　これに対し、支持者は、マイノリティであれば社会・経済的地位に関係なく、誰もが被る差別があると主張する。例えば、大学教授や医師であってもマイノリティはタクシーに乗車拒否されることがある。こうした差別の1つの原因は、マイノリティの多くが社会・経済的に低い地位にあることにある。支持者は、これをなくすには、指導的な地位に就くマイノリティの数を増やし、マイノリティをグループとして底上げすることが必要であり、そのためにAAを実施すると主張する。この主張はマイノリティ全体に及ぼされる差別の救済に関心があり、AAの直接の受益者が差別によって不利な資質形成環境になく、AAがなければ地位を獲得できなかったとしても問題ではない。

第2項　多様性による正当化の問題点

　多様性に基づくAAは固定観念や偏見の打破、あるいはそれらの発生の防止に関心がある。固定観念や偏見はあるグループが過小代表であるときに生じ、それらを課されたグループは不利益を被る（第1章第4節）。黒人をはじめとするマイノリティは差別されており、彼らが指導的な地位で過小代表となった1つの原因はそこにあり、多様性に基づくAAは過去の差別を救済する側面もある（第4章第5節第2項）。

　しかし、多様性に基づくAAを正当化する際に、必ずしも、固定観念や偏見が差別から生じたと証明する必要はない。多様性に基づくAAは固定観念や偏見の存在自体を問題とし、それが如何なる原因で生じたのかを問わない。多様性に基づくAAの基礎には、固定観念や偏見の生じた原因が差別になかったとしても、それ自体が不利益をもたらし、差別を生じさせる危険があるとの考えがある。この考えに依れば、差別を受けてきたかどうかを問わず、過小代表のグループであれば、それらのグループを対象とするAAは正当化される（第4章第5節第3項）。

　多様性によりAAを正当化しても、AAの直接の受益者のほとんどは社

会・経済的に不利な状況になく、資質形成に不利な環境にないことに変わりない。しかし、多様性によりAAを正当化する者にとっては、人種間での格差が問題であり、直接の受益者が不当な理由から地位の獲得に不利な状況にあるか否かは重要でない。多様性に基づくAAは、固定観念や偏見をなくす、あるいはそれらの発生を防ぐことで、マイノリティ全体の底上げを図るものであり、グループに焦点を当てた議論である。AAの直接の受益者の多くは、不当な理由から地位の獲得に不利な状況になければ、AAがなくとも地位を獲得していたわけではない。故に、反対者からは、不当な理由から地位の獲得に不利な状況にある、真に救済の必要な者を救済していないと批判される。

第3項　グループの地位向上と個人の救済

　AAを支持する議論は、グループに焦点を当てることでAAの正当化に努める。社会的差別の救済は黒人のグループ全体の地位の向上を目指し、多様性による正当化は固定観念や偏見をなくすことで黒人のグループ全体の地位の向上を図る。双方の議論ともグループ間の格差の解消が重視され、直接の受益者が不当な理由から地位の獲得に不利な状況にあるのか否かには着目しなかった。これらの主張は、優位な状況にある黒人を利するAAが「経済階層に関係なく、黒人のすべての問題を適切に解決すると誤解されている」との認識の下[3]、AAは真に救済の必要な者を救済していないと批判された。

　反対者は個人の救済に焦点を当てる。AAの直接の受益者の多くは社会・経済的に不利な状況になく、不当な理由から地位の獲得に不利な状況になければ、AAがなくとも地位を得ていたわけではない。反対者はAAが個人の救済になっていないことを問題にした。差別の救済による正当化に対しては、直接の受益者が資質形成など地位の獲得に関して差別の悪影響をほとんど受けていない者であること、多様性による正当化に対しては真に救済の必要な者が対象となっていないことが批判された。AAの直接の受益者の多くが社会・経済的に不利な状況なければ、個人の救済を重視する者にAAが正当だと説得できない。

　アメリカでAAの正当性をめぐる議論が終結しない1つの大きな理由は、

---

[3] William Julius Wilson, The Truly Disadvantaged: The Inner City, the Underclass, and Public Policy, University of Chicago 110 (1987).

グループの地位の向上を目指す議論と個人の救済に焦点を当てる議論が平行線を辿っていることにある。

第3節　階層に基づく Affirmative Action

　反対者はAAが個人の救済になっていないことを批判しており、AAが正当だと彼らを説得するには、直接の受益者が真に救済の必要な者であることを示す必要がある。その1つの方法は、対象者を判断する際に、人種ではなく社会・経済的階層を考慮することである。

　社会・経済的に低い階層にある者は、資質形成に不利な環境にある。階層の捉え方は様々だが、例えば親の収入や学歴を階層だと捉えると、それらは子どもの学力に影響を及ぼす。収入や学歴の低い親を持ちながらも、試験で一定水準の点数を獲得した者は、資質形成に不利な状況になければAAがなくとも通常の試験で合格する水準に達していた、との主張を説得的に展開できる。才能のある者が社会・経済的に不利な状況によってその才能を伸ばす機会を害されている場合に、その状況になければ得ていたであろう才能を伸ばす機会を与えるのは不当でない。

　階層の考慮に関しては、人種は不変的でありそれにより不利な状況に置かれるのは不当だが、階層は流動的であり、不利な階層にあるのは本人の責任であるから、階層は考慮すべきでないとも考えられる。確かに、どの階層に属するのかは本人の努力によるところも大きい。しかし、少なくとも大学に入学する前の段階で置かれている社会・経済的階層は、本人の努力ではなく親の社会・経済的階層しだいである。人はどの家庭に生まれるのかを選べず、その家庭の社会・経済的階層は子どもの責任ではない。そのため、才能を伸ばす環境を得る前の段階で階層を考慮するのは不当でない。しかし、才能を伸ばす環境を得た者は既に資質形成に不利な状況にはなく、その後の段階で階層を考慮するのは不当である。

第 4 節　人種に基づく Affirmative Action と階層の関係

　階層に基づく AA は、文脈は限定的だが真に救済の必要な者が直接利益を受けているとの主張を説得的に展開できる。マイノリティにも様々なグループがあり、その中でも黒人については、社会・経済的に不利な状況にある者に占める割合が高いことから、階層に基づく AA の直接の受益者の多くは黒人になるとの指摘もある。しかし、AA の対象者を判断する際に階層だけを考慮すると、AA から直接的に利益を得る黒人の数は少なくなる（第 6 章第 4 節）。AA は貧困者ではなく真に才能のある者を救済する施策であり、直接の受益者となるためには既存の基準での一定程度の評価が要求される（第 6 章第 2 節第 1 項）。同じ経済階層の白人と黒人を比較した場合、黒人の学力は低い（第 6 章第 4 節第 2 項）。指導的な地位に就く黒人を一定数維持するには、AA の対象者を判断する際に人種を考慮する必要がある。人種によって区別をする以上、社会経済的に不利な状況にある者の中でも黒人と白人を区別する必要がある。両者を区別し、直接の受益者が不利な状況になければ通常の選抜過程で地位を獲得していたと言うためには、人種自体が資質形成環境など地位の獲得に重要なことに悪影響を及ぼしていると証明する必要がある。これが証明されれば、不利な社会・経済的状況にある者の中でも黒人と白人を区別でき、黒人を対象とした AA が正当化される。

　人種が社会・経済的地位に関係なく資質形成に悪影響を及ぼすことが証明されれば、社会・経済的に不利な状況にある黒人だけでなく、不利な状況にない黒人を対象とした AA も正当化されるとの主張が見られる。

　人種が社会・経済的に不利な状況にない者の資質形成に及ぼす悪影響は以下のように説明される[4]。黒人の中間層は都市中心部から抜け出し郊外に居住するが、住宅市場には黒人への差別があり、黒人の住民がある一定の割合に達すると白人の住民が引っ越してしまう。黒人の中間層が居住する郊外とは黒人住民の割合の高い「黒人の飛び地」である。この「黒人の飛び地」には、都市中心部と同じ劣悪な環境が存在する。例えば、優良企業がなく良い職場がない。また、良質な教育を提供する学校がなく、生徒の学力は貧困家

庭出身の生徒の割合の高い都市中心部の学校と比べてもわずかに高いにすぎない。この背景には、学力は隣人の影響を強く受けるが「黒人の飛び地」には学習意欲の高い者が少ないこと、また黒人は自身が受けた教育よりも低い程度の教育しか要求しない仕事に就くことが多く、学力向上にメリットを見出せないこと等がある。

　人種自体が資質形成に悪影響を及ぼすのであれば、経済階層に関係なくすべての黒人は資質形成に不利な環境にあり、不当な理由から地位の獲得に不利な状況にある。もっとも、AAの直接の受益者は黒人の中間層全体に及ぼされる不利な状況から侵害を受ける程度が低い。しかし、Daborah C. Malamudに依れば、これはAAが擁護できないことを意味せず、それが完全でないことを意味するにすぎない。Malamudは、中間層の個々の黒人が地位の獲得に通常要求される水準に達しないのが能力不足や努力不足からなのか、人種主義の悪影響を被っているからなのかを特定できないが、問題はAAが黒人の中間層全体に及ぶのが適切かどうかであり、それは認められるとする[5]。

第5節　差別の救済による正当化と階層の関係

　差別の救済による正当化に対しては、差別によって地位の獲得に不利な影響を及ぼされていない者が直接の受益者となっているとの批判が展開された。対象者を判断する際に、人種に加えて階層を考慮することで、この批判を回

---

4)　See Daborah C. Malamud, *Affirmative Action, Diversity, and the Black Middle Class*, 68 U. COLO. L. REV. 939, 969-82 (1997); Bruce P. Lapenson, Affirmative Action and The Meaning of Merit, University Press of America 50-52 (2009).　AAに対する主たる批判は社会・経済的に不利な状況にない者が直接の受益者になっているところにある。本文中に示したように、社会・経済的に不利な状況にあるマイノリティをAAの対象とする際も、その状況にあるマイノリティがマイノリティであるが故に資質形成に不利な状況にあることを証明せねばならない。しかし、社会・経済的に不利な状況にあるマイノリティが直接の受益者となることにはさほど批判はないため、その証明を試みる主張はほぼ見られない。ただ、本文中に示した中間層の黒人が受ける資質形成への悪影響については、学習意欲の低い者が多くいる地域に居住すること、学力向上にメリットを見出せないことなど、社会・経済的に不利な状況にあるマイノリティが被る資質形成に不利な影響と重なる部分が多いと考える。

5)　Malamud, *supra* note 4, at 994-95.

避できる。

　合衆国最高裁でAAに肯定的な立場を採る裁判官は、社会・経済的に不利な状況にあるマイノリティは差別によってその状況に置かれたのであり、対象者を判断する際に社会・経済的状況を考慮するのであれば、直接の受益者は差別がなければ通常の選抜過程で地位を獲得していたはずであるとの主張を展開した。そして、合衆国最高裁では、AAの正当性について事例ごとに判断を変える中間派の裁判官、否定的な立場を採る裁判官もこの主張を正当だと認めた（第6章第3節第5項）。

　AAの対象者を判断する際に社会・経済的な状況を考慮すれば、直接の受益者は差別から資質形成に悪影響を及ぼされておりAAは正当である、ということには支持者から反対者まで同意する。しかし、奴隷制や法的な人種分離が廃止されてから相当の年数が経過し、社会・経済的に不利な状況が過去の差別から生じたと証明するのは難しい。また、近年の移民の資質形成に不利な状況はそれが過去の差別により生じたと主張できない（第5章第2節第2項(1)）。

　社会・経済的に不利な状況が過去の差別から生じたと証明するのが難しければ、現在の差別から生じたと主張することが考えられる。この場合、黒人など過去に差別を受けてきたマイノリティと近年の移民を区別する必要もない。しかし、マイノリティの社会・経済的に不利な状況が生じた原因は必ずしも差別ではなく、産業構造の変化等にあるとの指摘が以前からなされており[6]、差別だけではそれらの状況が発生した原因を説明できない。

第6節　多様性に基づく Affirmative Action と階層の関係

　多様性に基づくAAの直接の受益者のほとんどは社会・経済的に不利な状況になく、真に救済の必要な者を救済していないと批判されたが（第4章第5節第4項(3)）、人種自体が資質形成に悪影響を及ぼすことが証明され、対象者を判断する際に社会・経済的状況が考慮されていれば、この批判を回避でき

---

[6]　Wilson, *supra* note 3.

る。

　しかし、真に救済の必要な者を救済することと多様性の達成を両立するのは難しい。多様性に基づくAAは偏見や固定観念をなくす、あるいはそれらの発生の防止に関心があり、マイノリティが過小代表の分野ではマイノリティが常に一定数（相当数）を占めなければならない。社会・経済的に不利な状況は資質形成に悪影響を及ぼすため、その状況にあるマイノリティは既存の基準での評価が低い。社会・経済的に不利な状況にあるマイノリティによって相当数を達成しようとすると、直接の受益者が既存の基準で獲得する評価の水準は社会・経済的状況を考慮しない場合と比べて相当低くなる（第6章第5節第3項）。既存の基準で獲得した評価が低いが、AAにより地位を獲得した者は、社会・経済的に不利な状況になければ、AAがなくとも通常の選抜過程で地位を獲得していたとは言えず、不当な理由から地位の獲得に不利な状況にある真に救済の必要な者が直接の受益者になっていない。

　真に救済の必要な者がAAの直接の受益者だと言うためには、既存の基準で相当程度の水準の評価を獲得した者が直接の受益者となっていなければならない。しかし、社会・経済的に不利な状況にあるマイノリティの中でその水準に達している者はわずかである。これらの者に地位を与えても、相当数に達しない。多様性を確保しながらも、真に救済の必要な者が直接の受益者となっていると主張するには、上記のMalamudのように、中間層のマイノリティを対象とするAAも正当化されるとの主張を展開する必要がある。

第7節　公正な評価を受けていない者への救済

　不当な理由から地位の獲得に不利な状況にあるのは、資質形成に不利な状況にある者だけではない。能力を公正に評価されない者は、公正に評価されていればAAがなくとも地位を獲得できたのであり、真に救済が必要である。

　不公正な評価体系の存在は如何にして証明されるのか。例えば、雇用判断の文脈で、AAの支持者はAAの対象者が「当該地域の労働人口と当該職種の在職者に占める比率とに恒常的に不均衡が認められる場合」には、AAによる救済が正当化される旨を示す[7]。この基礎には、差別がなければ地域内の労働力と当該職種に占めるマイノリティの割合が同じになるはずとの考え

がある[8]。しかし、あるグループのメンバーであることを理由とした抑圧がない場合に、すべてのグループがおおよそ同じ経済状況に達するとの概念は歴史上示されてこなかった[9]。以上の見解は裁判の場で多数の裁判官により明確に否定されている[10]。

そこで、同じく雇用判断の文脈で、AAの支持者はAAの対象者が有資格者と問題とされた職種に占める割合とに不均衡があれば、AAは正当化されるとの考えを示す[11]。

しかし、この考えは不公正な評価体系の残存する影響を明らかにできても、AAの対象者が不当な理由から地位の獲得に不利な状況にあることを明らかにしていない。この論理では、AAの対象者が有資格者と当該地位に占める割合に不均衡があれば、既に不公正な評価が改善されていてもAAが許容される。そのため、不公正な評価の影響が残存している限り、有資格者に占める比率よりも高い比率でAAの対象者に地位を与えることも可能であり、これは逆に非対象者の資格を不公正に評価することにもなる。不当な理由から地位の獲得に不利な状況にある者を救済するという視点では、対象者が有資格者と地位を新たに得る者に占める割合に不均衡があれば、対象者は資格を公正に評価されておらず、AAが許容される（第7章第5節第2項）。

不公正な評価体系にある者を救済するAAは、差別の救済により正当化されるAAと多様性に基づくAAと如何に関係するのか。

AAの対象者が有資格者と地位を新たに得る者に占める割合とに不均衡がある場合、これが過去の差別から生じたと証明するのは難しい。法的な人種分離が存在した時代から相当に時が経過し、現存する不利な状況と過去の差別との関連が不明確になっている。また、過去に差別を受けていないマイノ

---

7) United Steelworkers of America v. Weber, 443 U.S.193, 212 (Blackmun J., concurring) (1979).

8) Note, *The Nonperpetuation of Discrimination in Public Contracting: A Justification for States and Local Minority Business Set-Aside After Wygant*, 101 Harv. L. Rev. 1797, 1809 (1988).

9) Green C. Loury, *Why Should We Care About Group Inequality?* in Equal Opportunity 249 (1987).

10) Croson, 488 U.S. at 507 (O'Connor J jointed by Rehnquist, White, Stevens & Kennedy JJ., majority) (1989).

11) Johnson, 480 U.S. at 631-32 (Brennan J jointed by Marshall, Blackmun, Powell & Stevens JJ., majority) (1987).

リティを対象とする場合、現存する不利な状況は過去の差別から生じたとは言えない。

　不公正な評価体系の発生原因を過去の差別と結びつけるのは難しいが、現存する差別によって生じたとは言えるのではないか。AAの対象者が公正な評価を受けていれば地位を獲得できたのに不公正な評価により地位を獲得できないというのは、AAの対象者に偏見が存在しているのは明らかだからである。

　多様性に基づくAAは偏見や固定観念の打破、あるいはそれらの発生の防止に関心があり、そのために相当数のマイノリティに地位を与えねばならない。マイノリティが有資格者に占める割合が少ない状況にあっては、公正な評価を受けていない者を救済するだけでは多様性は達成できない。真に救済の必要な者を救済することと多様性の達成は両立できない。

第8節　小　括

　差別の救済により正当化されたAAと多様性に基づくAAは、真に救済の必要な者が直接の受益者になっていないと批判される。誰もがAAを正当だと認めるためには、真に救済の必要な者が対象となっていることを示さねばならないが、この種のAAには問題もある。

　真に救済の必要な者とは、資質形成に不利な状況にある者と不公正な評価体系にある者である。人種に基づくAAを策定する際に、前者を特定するには、社会・経済的な状況を考慮する必要がある。AAの直接の受益者となるのは既存の基準で相当程度の水準に達しており、マイノリティの中でこの水準に達している者の多くは社会・経済的に不利な状況になく、この状況にありながらも、この水準に達する者は著しく少なく、地位を獲得するマイノリティの数も著しく少なくなる。

　また、真に救済の必要な者を対象とするAAは、マイノリティの多くが既存の基準で評価が低いのは何故か、その原因には関心がない。例えば、AAの対象者が有資格者に占める割合が新規採用者に占める割合と比べて少なければ、不公正な評価体系の存在が証明され、AAは真に救済の必要な者を対象としていると認められるが、有資格者の数が著しく少なかったとしても、そ

れの改善には関心がない。

　この種のAAは真に救済の必要な者に地位を与えるが、マイノリティの多くが社会・経済的に不利な状況に置かれ続ける社会構造を変えるものではない。また、この種のAAにより地位を獲得するマイノリティの数は少ないため、グループの地位の総体的な向上は期待できず、さらには偏見や固定観念が生じる。不当な理由から地位の獲得に不利な状況にある個人への救済と、偏見や固定観念をなくすあるいはそれらの発生を防ぐことでグループ全体の地位を向上させることは相いれない。

結 章

第1節　序

第1項　問題の所在

　本書の目的は、AAの正当性について多くの議論の蓄積のあるアメリカの判例と学説を参考にして、日本国憲法上、AAが如何なる理由から正当化されるのかを考えることにある。この目的を達成するために、第1章〜第8章で、AAの正当性をめぐるアメリカの判例と学説を検討した。各章での考察は、日本で如何なる理由からAAが正当とされるのかを考えるために必要であるとの認識に基づいている（序章第1節）。アメリカと日本の文脈は大きく異なり、そのすべてが日本のAAの正当性をめぐる議論に示唆を与えるわけではない。本章では、アメリカと日本の文脈の違いに注意して、アメリカの議論の中で参考となる部分を考えながら、日本国憲法上、如何なる理由からAAが正当化されるのかを考える。

第2項　構　成

　本章では、以下の手順で考察をする。まず、日本国憲法上、AAにどの司法審査基準が適用されるのか、またそれが如何なる理由から判断されるのかを考察する（第2節）。次に、差別の救済によるAAの正当化（第3節）と将来志向のAA（第4節）が日本国憲法上許容されるのかを考察する。近年、多

様性による正当化が日本でも主張されるが、多様性の価値によりAAを正当化することで生じる日本国憲法上の問題を考察する（第5節）。差別の救済と多様性、どちらの理由により正当化しても、個人の救済に焦点当てる立場から批判が提起されるが、この批判を回避するために、アメリカの階層に基づくAAに関する議論が日本に示唆を与える点を指摘する（第6節）。最後に、本書の議論をまとめ、本書を終える（第7節）。

第 2 節　司法審査基準

第 1 項　合理性の基準の適用の否定

　日本国憲法上、特に問題とされるAAは、列挙事由に基づくものである。AAは差別の救済やその発生の防止といった理由から正当化される。学説では、列挙事由を用いる分類には厳格度の高い司法審査基準を適用すべきとの主張が展開されている。その1つの理由は、それらの事由が差別の対象とされた典型的な分類であり、将来的に特に差別をするために用いられる危険があるところにある[1]。そのため、これらの事由はAAの対象となる可能性が高い。日本の学説は、AAにどの司法審査基準を適用するのか。

　横田耕一は、平等原則の領域の「審査基準については、米国の判例の発展に学ぶべき点が多い」として、「疑わしい分類」による差別に適用するのは「『厳格な審査基準』が適切」だとする[2]。「疑わしい分類」の判定につき、横

---

[1]　野中俊彦は、列挙事由「による差別（区別）については『不合理な差別（区別）』の推定を認めるべきであり、その推定は列挙事由以外による差別（区別）についても拡げる余地がある（どのような場合にまで拡げるかについては、さらに検討が必要である）」と述べる（野中俊彦「『合理性の基準』の再検討」Law School 28号（1981）4頁、12頁）。これに対し、厳格度の高い司法審査基準を列挙事由に基づく異なる取扱に限定しようとする見解があるが（伊藤正己『憲法〔第3版〕』（弘文堂、1995）250頁）、列挙事由は「あくまでも歴史的な経験からみて差別の原因となりやすい事由を列挙したという意味を持つにとどまり、個人の人間としての平等および法的取扱いの平等を保障する上では、これらの列挙事由だけが本質的な意義を有しているわけではない」（藤井俊夫『司法権と憲法訴訟』（成文堂、2007）191頁）のであり、差別の原因となり易い他の事由による異なる取扱も、厳格度の高い司法審査基準を適用する対象となる。

田は列挙事由を「ただちに『疑わしい分類』と見なすことには疑問が多い」が、「これらについては、その分類に入らないものについても、少なくとも中間審査基準である『厳格な合理性の基準』がふさわしい」とする[3]。そして、AAに適用する司法審査基準につき、「『疑わしい分類』による差別についても、社会的弱者に実質的平等を保障するための『疑わしい分類』を用いた差別（アファーマティヴ・アクション）については、合憲性を推定した上で、『合理性の基準』ないし『厳格な合理性の基準』をとるべきであろう」とする[4]。

　横田は、列挙事由に基づく異なる取扱とAAを区別する。そして、AAに、列挙事由による区分に従来適用される司法審査基準よりも厳格度の低い基準を適用する。これに異論はない。しかし、「例えば、人種とか性別などによる実質的平等保障立法は、かえって例えば過去の事実上の不平等を固定化したり、あるいは、保護される者（分類）を劣等視せしめたり」するため[5]、AAへの合理性の基準の適用は妥当でない。さらに、横田はAAへの中間審査の適用を示唆するが、その際、AAについては「合憲性を推定した上で」とする。横田は、中間審査につき「『合理性の基準』よりは厳しく、『厳格な審査基準』よりは緩やかに、立法目的や、目的と目的達成手段との関連性を審査する手法であ」り、「この場合、立証責任は原則的に立法府の側に置かれている」と説明する[6]。とすると、AAは例外となるが、AAにはそれにより影響を被る者に差別的な影響を生じさせる危険があり、合憲性を推定するのは妥当でない[7]。

　他の学説には、AAに合理性の基準を適用する見解はない。他の学説は、AAに適用する司法審査基準を判断する際に、列挙事由に基づく異なる取扱とAAとを区別し、AAには中間審査を下回らない程度で列挙事由に基づく異なる取扱に本来適用される基準よりも厳格度の低い司法審査基準を適用する、とする[8]。しかし、学説の多くは中間審査の内容を明確にせず、違憲性を推定するか否かを曖昧にしている[9]。列挙事由に基づくAAは、その意図

---

2) 横田耕一「合理性の基準」芦部信喜編『講座 憲法訴訟 2』（有斐閣、1987）161頁、195頁（註省略）。
3) 横田・前掲注 2) 196頁（注省略）。
4) 横田・前掲注 2) 195-96頁（注省略）。
5) 藤井俊夫『憲法訴訟と違憲審査基準』（成文堂、1985）219頁（註省略）。
6) 横田・前掲注 2) 164頁。
7) 野中・前掲注 1) 13頁。

に反して、差別的に用いられ、差別的な効果をもたらす危険があることを考えると、AAには違憲性を推定すべきである。

第2項 2段階か3段階か

ところで、日本の学説は司法審査基準を3段階として捉えている[10]。これに対し、君塚正臣は、中間審査について、その基準の曖昧さ、人権抑圧の程度の少ない施策を違憲とし抑圧の程度のより高い施策を合憲にするという可能性があるという矛盾、立証責任が合憲を主張する側と違憲を主張する側のどちらにあるのかが曖昧にされている点を指摘して、司法審査基準として妥

---

8) 中村睦男「法の下の平等と『合理的差別』」公法研究45号（1983）27頁、40-41頁；有澤知子「合衆国最高裁判所の積極的平等施策に対する2つのアプローチ——メトロ対連邦通信委員会判決を中心にして」大阪学院大学法学研究19巻1・2号（1993）1頁、41頁；渋谷秀樹『憲法〔第2版〕』（有斐閣、2013）209頁；長谷部恭男『憲法〔第5版〕』（新世社、2011）169頁；松井茂記『日本国憲法〔第3版〕』（有斐閣、2007）376頁。

9) 中間審査について、違憲性の推定をする基準だと説明する学説もある（藤井・前掲注5）231頁；芦部信喜『憲法学Ⅲ 人権各論(1)〔増補版〕』（有斐閣、2000）30頁；渋谷・前掲注8）208頁）。これに対し、違憲性を推定するか否かが事例により変化する学説もある（横田・前掲注2）164頁、195-96頁）。

10) アメリカの司法審査基準論を早い段階から日本の平等審査への導入を試みたのは伊藤正己であり、伊藤は厳格審査と合理性の審査の2段階として司法審査基準を捉えた（伊藤正己「法の下の平等——その解釈をめぐる若干の問題」公法研究18号（1958）17頁）。しかし、伊藤が参照した時代より後のアメリカでは、2段階の司法審査基準はどちらの基準を適用するのかによって合憲か違憲かの結論が決まるという硬直的な状況に陥り、双方の基準の中間に位置する基準が登場する。この流れを受けて、芦部信喜は日本でも「新しい『厳格な合理性』基準によって修正された二重の基準説の考え方を憲法14条の法の下の平等に関する憲法訴訟に取り入れ、我が国の通説がいう『合理的な差別』の論証を、広汎な立法裁量論を前提とする『明白性の原則』と結びついて説かれるきわめて重要な課題であることを指摘したい」と主張した（芦部信喜「憲法訴訟と『二重の基準』の理論」『憲法訴訟の現代的展開』（有斐閣、1981）65頁、112-13頁）。芦部は、厳格な合理性の基準は「2段階審査方式の硬直性を是正し、差別事由ないし権利の性質の相違に応ずる実質的な司法審査を可能にする」と評価し（芦部・前掲注9）30頁（強調省略））、合理性の基準と厳格審査に厳格な合理性の基準を加えて司法審査基準を3段階として捉える。芦部によって展開された3段階の司法審査基準は学説上広く受け入れられていく（司法審査基準を3段階として捉える学説は、君塚正臣「二重の基準論の応用と展望」横浜国際経済法学17巻2号（2008）1頁、2-5頁に整理されている）。

当でないと批判し[11]、司法審査基準を3段階ではなく、厳格審査と合理性の審査の2段階で捉える[12]。先述のように、中間審査を違憲性の推定をする基準だと説明する見解がある一方で、違憲性を推定するのか否かが不明瞭な見解もあり、中間審査は基準として分かりにくい。中間審査が非常に広く捉えられているならば、AAに中間審査を適用すべきとの主張は、具体的にどの基準をAAに適用すると言っているのかが分からない。君塚の指摘するように、「もし、事案に違憲の疑いをかける審査方法として中間審査を捉えれば、その基準は厳格審査ではないがそれに準ずる『緩やかな厳格審査』のようなものであり、逆のものがあれば『厳格な合理性の基準』とでも名付ければよく、この間に明快な一線があると言うべき」である[13]。

　AAに適用する司法審査基準を判断する際には、違憲性を推定すべきである（本章第2節第1項）。君塚は、AAは「マイノリティを優遇するかのように見える措置が差別を恒常化するもの、その意図は善意であっても逆効果であるもの、是正策の存在を恒久化してしまうと思われることもままあり、審査を始めなければそれが積極的差別是正か否かは不明」であり、「厳格審査を適用し、必要最小限度の手段として認められる手法のみが憲法上許容されると考えるべきであるように思われる」と示し、AAへの厳格審査の適用を主張する[14]。そして、君塚は「このような『二重の基準論』への回帰の議論に対しては、旧来のアメリカ最高裁が陥った硬直的な二分法の二の舞だとの批判もあろうが、そこまで硬直的に考えなければよい」のであり、「文字通り、やむにやまれぬ、非常に重要な目的と、必要最小限の手段という要件をクリアしたものは合憲と考えれば、アファーマティブ・アクション（積極的差別是正）や名誉棄損的言論規制を尽く違憲にするのかという批判にも耐えうる」とする[15]。君塚に依れば、「結局、厳格審査と合理性の基準を極度に硬直的にではなく使い分けることが妥当」である[16]。

　AAには違憲性を推定すべきだが、君塚の見解には異論がある。君塚は「審

---

11) 君塚正臣「司法審査と平等権——性差別事例を中心として」自由人権協会編『憲法の現在』（信山社、2005）23頁、55-60頁；君塚・前掲注10）5-6頁。
12) 君塚正臣『性差別司法審査基準論』（信山社、1996）294頁以下。
13) 君塚・前掲注10）6頁。
14) 君塚・前掲注10）22頁注7；君塚正臣「司法審査基準——二重の基準論の重要性」公法研究71号（2009）88頁、93頁。
15) 君塚・前掲注10）7頁（註省略）。

査を始めなければそれが積極的差別是正か否かは不明」とするが、アメリカの判例で明らかにされたように、AAと差別的な施策は区別できる。確かに、AAはその意図に反して、AAにより地位を獲得できない者に対しては勿論のこと、その対象者に対しても差別的な効果をもたらす危険がある。しかし、AAは過小代表のグループの者に一定数の地位を与える施策である。ある分野であるグループの者が過小代表である場合、そのグループの者はその分野に不向きであるとの偏見や固定観念を生じさせる。AAにより過小代表のグループの者に地位が与えられると、そのような偏見や固定観念が減じられ、またそれらの発生を防ぐ可能性がある。異なる取扱が過小代表のグループの者に差別的な効果をもたらす場合には、その可能性はない。この点で、AAと差別的施策は区別できる。

　また、AAはマジョリティが自らに課した不利益であり、民主的政治過程を通じて是正できるとの見解も、差別的施策とAAを区別する理由の1つである[17]。Stevens裁判官はAAと差別的な施策を区別する際に同じ理由を用いた（第2章第8節第1項(1)）。その際、Stevens裁判官は、人種中立的な施策は、マイノリティに不利な影響を及ぼすことでマジョリティの支配の維持のために使用される可能性があるが、AAはマジョリティの支配の維持に用いられないとの前提に立つ。そして、立法者が、AAがその対象者に利益よりも害悪をもたらすことに納得した場合には、立法者に問題の是正を期待できるとしていた。AAはマイノリティに一定数の地位しか与えないことで、マジョリティの支配を強化しているとの批判もある。しかし、社会的評価の高い地位では、そもそも、既存の基準の下ではマイノリティはほとんど地位を獲得できないためにその種のAAを行う。故に、マジョリティが自らの支配を強化するには差別的効果をもたらす中立的施策を行えばよく、AAにより一定数の地位をマイノリティに与えることがマジョリティの支配を強化しているとは考えにくい。AAの主たる意図はマイノリティへの利益の付与にあり、政策判断者が、AAがマイノリティに利益よりも害悪をもたらすと判断

---

16)　君塚・前掲注10) 7頁。君塚は、芦部が「私の言う『実質的な合理的関連性』基準は、具体的適用の場では」厳格審査「とほとんど異なるところはない」と述べている部分（芦部・前掲注9) 46頁注15）を注に示し（君塚・前掲注10) 25頁注49)、本文中で「高められた中間審査と緩和された厳格審査とを日本では一体化させても、大きな問題は生じない」と示す（君塚・前掲注10) 7頁）。

17)　長谷部・前掲注8) 169頁；松井・前掲注8) 376頁。

すれば、その是正を政策決定過程に期待できる[18]。施策が誰に積極的に機会を与えるのかは、如何なる司法審査基準を適用するのかを決定する判断で考慮されるべきである。

第3項　典型的な厳格審査とは何か

　上記のように、君塚はAAに厳格審査を適用し、「文字通り、やむにやまれぬ、非常に重要な目的と、必要最小限の手段という要件をクリアしたものは合憲と考えれば、アファーマティブ・アクション……を尽く違憲にするのかとの批判にも耐えうる」としている。目的について「やむにやまれぬ」と述べており、手段については「必要最小限」という要件を課していることから、所謂、典型的な厳格審査のAAへの適用を主張している。君塚は典型的な厳格審査を適用してもAAは合憲となる場合があるとしているが、果たしてそうか。

　日本ではAAが裁判で問題とされておらず、裁判所が司法審査基準を明確に意識していないため、アメリカの最高裁の判例からこの点を考察する。典型的な厳格審査をAAに適用してもAAが合憲と判断される例として挙げられるのが、Grutter判決O'Connor裁判官法廷意見である[19]。しかし、この判決でO'Connor裁判官が採用する典型的な厳格審査は厳格度が低い。Stevens, Souter, Ginsburg, Breyer裁判官は、AAへの典型的な厳格審査の適用には反対し、Grutter判決では法廷意見の結果に同調した（第2章第4節）。Grutter判決で反対意見を述べた裁判官達は同法廷意見の典型的な厳格審査が従来の典型的な厳格審査と異なり厳格度が低いと批判し、従来の意味での典型的な厳格審査を適用すべきと主張する（第2章第5節第1項）。また、O'Connor裁判官の理解する典型的な厳格審査は、合憲性の判断の際に、目的達成のため

---

[18] もっとも、アメリカでは、人種的マイノリティが地域によっては政治の場においてマジョリティであることもあり、彼らは自身のグループをAAの対象とすることもある（Richard D. Kahlenberg, The Remedy: Class, Race, and Affirmative Action, Basic Books 217 n.19 (1996)）。例えば、Croson判決（488 U.S. 466）では、人種的マイノリティの所有する業者を公共事業契約において優遇するRichmond市の条例の合憲性が問題となったが、市議会の定数9のうち5人が黒人であった。しかし、AAの対象者が政治の場でマジョリティであるという状況は、アメリカにおける人種構成の複雑さから生じる問題である。

[19] 君塚・前掲注14) 93頁。

に採られた手段が必要最小限であるのかを審査していない[20]。

　他方、Gratz判決では、O'Connor裁判官とGrutter判決で反対意見を述べた裁判官（Rehnquist, Scalia, Kennedy, Thomas裁判官）により法廷意見が形成された。Gratz判決の法廷意見はGrutter判決よりも厳しい審査をし、問題とされたAAを違憲とした[21]。Stevens裁判官はAdarand判決で、O'Connor裁判官の採用する典型的な厳格審査の厳格度が低いことを認識するが、典型的な厳格審査というラベルがAAを不必要な危険にさらすことを懸念している[22]。AAを積極的に容認する裁判官にとって、Gratz判決は、まさにこの懸念を具体化する判決であったのかもしれない[23]。また、典型的な厳格審査をO'Connor裁判官のように緩やかに用いることには、マイノリティの保護という典型的な厳格審査の本来の意味を不明確にし、マイノリティを排除する施策を容易に合憲にする危険を招くため、AAに典型的な厳格審査を適用すべきでない、との批判が学説上もなされている[24]。

　Fisher判決Kennedy裁判官法廷意見は、O'Connor裁判官による典型的な厳格審査の理解が最高裁の見解でないことを明らかにした。同法廷意見は、目的審査では大学の判断を尊重するが、手段審査では尊重せず、O'Connor裁判官が示す典型的な厳格審査よりも手段審査を厳密に行った（第2章第6節第3項）。Kennedy裁判官はAAが合憲となるための指針を示し[25]、AAの実施者が「使用できる人種中立的な代替策の真剣で誠実な考慮」をすることを要求し、必要最小限の手段であることまでは要求しない[26]。それでも、同法

---

20) Grutter判決O'Connor裁判官法廷意見の採る典型的な厳格審査は、密接に仕立てられている要件を、手段が必要最小限であることから各人が個別に評価されていることへと変えた、との指摘がなされている（Ian Ayres & Sydney Foster, *Don't Tell Don't Ask: Narrow Tailoring After Grutter and Gratz*, 85 TEX. L. REV. 517 (2007)）。

21) *See* Ayres & Foster, *supra* note 20.

22) 515 U.S. at 246 n.1.

23) 学説上、典型的な厳格審査はAAの文脈では「理論上厳格だが事実上致命的」であるとの指摘がなされている（Libby Huskey, *Constitutional Law-Affirmative Action-Strict in Theory, Intermediate in Fact? Grutter v. Bollinger 123 S.Ct. 2325 (2003)*, 4 WYO. L. REV. 439, 470 (2004)）。

24) *Id.* at 472-75. O'Connor裁判官はAAへの典型的な厳格審査の適用を主張するが、AAを実施・策定する側に立証責任を課していない場合があり（第2章第4節参照）、O'Connor裁判官の採用する典型的な厳格審査が厳格審査の枠組の中にあるのかについてもそもそも疑問がある。

25) Grutter, 539 U.S. at 392.

廷意見の厳密な手段審査はAAを合憲とするハードルを高くしているとの指摘もある[27]。また、目的審査について大学の判断への尊重を認めない裁判官もおり（第2章第6節第2項(2)・(3)）、Kennedy裁判官による典型的な厳格審査の理解が最高裁の多数の同調を得ているのかも判然としない。

　AAに典型的な厳格審査を一律に適用することは、AAを不必要な危険にさらす。また、典型的な厳格審査の柔軟な運用は、差別的な施策を容易に合憲する危険を含むのであり[28]、それを柔軟に理解すべきでない。厳格審査には合憲性の実態的判断を厳しく行う典型的な厳格審査とそれよりも緩やかに行う緩やかな厳格審査があり、基本的には、後者を適用すべきである。ただし、一律に緩やかな厳格審査を適用することにはならず、AAにより影響を及ぼされる権利の性質によっては典型的な厳格審査を適用する場合もある。

第3節　差別の救済による正当化

　以上のように、日本では、AAに違憲性を推定し、緩やかな厳格審査が適用されるべきである。日本ではAAが憲法上全面的に禁止されていると考える論者はおらず（序章第4節第1項）、問題は、AAが具体的に如何なる理由から許容されるのかにある。日本では差別の救済による正当化が主張されるが（序章第4節第3項）、それは如何なる場合に日本国憲法上許されるのか。

　日本国憲法の保障する平等の1つの意味は、形骸化した「機会の平等」を実質的に保障して実質的平等を達成することにある。差別が資質形成や選抜者の選好に悪影響を及ぼしている場合、差別によって機会の平等は形ばかり

---

26) Fisher v. University of Texas at Austin, 133 S. Ct. 2411, 2420 (2013).
27) *The Supreme Court Term 212, Leading Case: I. Constitutional Law: F. Fourteenth Amendment - Equal Protection Clause - Public-University Affirmative Action - Fisher v. University of Texas at Austin*, 127 HARV. L. REV. 258 (2013).
28) Adarand判決O'Connor裁判官法廷意見が典型的な厳格審査を従来の典型的な厳格審査よりも緩やかにしていることに対して、君塚は「これが〔典型的な〕厳格審査そのものの修正であるなら、いわゆる人種差別の事例や思想に基づく表現規制の事例でも合憲判断を導く結果にならないか警戒されよう」と述べており、典型的な厳格審査の厳格度を低くすることの危険を認識している（君塚正臣「人種のアファーマティヴ・アクションと審査基準」東海大学文明研究所紀要17号（1997）27頁、34頁）。

第3節　差別の救済による正当化　271

のものになる危険がある。この場合、差別の救済による正当化は、日本国憲法上、当然に認められる。しかし、差別の救済を理由にAAを正当化した場合、部分的には補償的正義論に理論的根拠が置かれるため、AAに伴う負担を直接負う者が差別と直接関係するのか、直接の受益者が差別の影響を受けているのかといった問題を考えねばならない。

　アメリカの議論で見たように、差別の救済によりAAを正当化する際に、直接の受益者を差別の事実上の犠牲者に、負担者を差別の直接的な実施者に限定すると、AAの実施は事実上不可能となる。合衆国最高裁は差別を社会に浸透した構造的なものと捉え、補償的正義論に伴う問題を解決した（第3章第4節～第6節）。日本でも、差別の救済を理由にAAを正当化するには、差別を社会に浸透した構造的なものだと捉えねばならない。

　現在の日本でAAの実施・導入の議論が盛んに行われているのは男女共同参画の分野である。そして、様々な分野の指導的な地位に占める女性の割合が低いことから、日本のAAの関心は主として指導的な地位を対象とする性別に基づくAAに向けられている。現在のところ、強いAAは実施されていないが、これが導入された場合に、差別の救済を理由に正当化できるのか。

　指導的な地位は、地位の遂行に高い資格を要求する。直接の受益者のほとんどは経済的および教育的に不利な状況になく、資質形成に不利な環境にあったわけではない。故に、直接の受益者は、差別がなければ不利な資質形成環境になく、通常の選抜で地位を獲得する水準の評価を得ていたとは言えない。だが、女性は、指導的な地位に占める女性の割合が少ないことから、女性がそうした地位に向かないといった偏見や社会的圧力が働き、指導的な地位に就く意思を阻害されてきたとも考えられる。しかし、直接の受益者は地位の獲得に志願しており、動機づけの点でも差別の影響を克服している。AAを個人の救済と捉えると、直接の受益者は不当な理由から地位の獲得に不利な状況にある者でなければならない。AAの直接の受益者は資質形成や動機のづけの点で差別の影響を受けておらず、差別がなければ地位を獲得していたとは言えず、この種のAAは正当化できない。

　しかし、AAをグループ全体の底上げと捉えると、正当化の余地が出てくる。AAにより指導的な地位に就く女性の割合が増えると、女性がその地位に向かないといった偏見や固定観念はなくなる。また、女性が意思決定に係る地位に就くことで、女性の参入を阻んできた障害が取り除かれ、潜在的に指導的な地位に就くことを選択しなかった者がその道を選択肢に含めるよう

になる。AAにより救済されるのは、女性に対する偏見や固定観念による抑圧を克服できていない者である。ただ、この正当化理由によって、個人の救済に焦点を当てる者を説得するのは難しい。個人の救済に焦点を当てると、直接の利益を受けるのは差別がなければ地位を獲得していた者でなければならないからである。

　能力主義に抵触しない弱いAAは、個人の救済に焦点を当てた場合でも、差別の救済を理由に正当化されることがある。直接の受益者は、差別の影響により地位の獲得に不利な状況に置かれている場合があるからである。

　AAの対象が社会的評価の高い地位である場合、アメリカでこの種のAAの直接の受益者となる多くの者は、社会・経済的に不利な状況にない。Fullinwinderは、これらの者も雇用の分野で差別の影響を被っていると以下のように主張する[29]。採用や昇進に際して、人々の資格を判断する会社の費用は、個人ごとに判断するよりも応募者の属するグループを一般化して判断するほうが安価である。黒人労働者が十分に訓練されておらず、意欲がなく、無断欠勤をするという平均的なデータがある場合、使用者が黒人全体を資格がないとし、そのような一般化の使用に努めるならば、すべての黒人は各人の労働者としての資格に関係なく、不利な立場に置かれる。故に、高い資格と意欲のある黒人の志願者は、自身の資格を証明できない。

　Fullinwinderの見解は、基本的に、指導的な地位に就こうとする女性にも当てはまる。差別の影響から指導的な地位にある女性の数が少ないために、その分野には女性は不向きだとの偏見や固定観念が採用者にかかり、資格と意欲のある女性が自身の資格を十分に示せない場合がある。有資格者に占める女性の割合が新規採用者に占める女性の割合を上回る場合には、女性に対する偏見や固定観念といった差別が存在し、直接の受益者の地位の獲得を阻害している。偏見や固定観念がなければ、有資格者と新規採用者に占める女性の割合は同程度になっているはずである。この不均衡が証明された場合には、直接の受益者が不公正な評価体系にあるのが明らかであり、AAは個人の救済に焦点を当てている（第7章第5節）。しかし、有資格者に占める女性の割合がそもそも少ない場合には、AAにより増える女性の割合は限定的であり、グループ全体の底上げにはならない（第8章第7節）。

---

29) Robert K. Fullinwinder, The Reverse Discrimination Controversy, Rowman & Littlefield Pub. Inc. 106-07 (1982).

第 4 節　将来志向の Affirmative Action の許容性

　将来志向の AA は、差別によって生じた不公正な利益・負担の分配を是正し、機会の平等を実質的に保障する、あるいは、将来において発生しうる差別によって機会の平等が形ばかりのものになるのを防ぐものである。故に、将来志向の AA は過去および現在の差別を忘れたわけではないが、この意味で将来を見ている。

　差別の救済による AA の正当化は、日本国憲法上、直接の受益者が差別によって地位の獲得にほとんど悪影響を及ぼされていないことから、許容される場合が限られる。そのため、AA を日本国憲法上正当化するにあたっては、将来の利益の達成という視点が重要となる。アメリカの議論で明らかになったように、将来の利益の達成により AA を正当化する際、その理論的根拠を社会効用論に置くと、利益が負担を上回れば AA は正当化され、直接の受益者が地位の獲得に関して差別の影響をほとんど受けていないことは問題とならない。しかし、過小代表のグループの排除が利益をもたらす場合には、それが正当化される可能性がある。この問題を避けるには、分配的正義論に依拠し、差別を意識して AA を正当化する必要がある（第 4 章第 3 節）。合衆国最高裁では、AA を正当化する将来の利益とは、偏見や固定観念をなくす、あるいはそれらの発生を防ぐものだとされた。この考えは、合衆国憲法修正 14 条は差別や偏見から生じる害悪を禁止するとの解釈から導き出された。差別や偏見の害悪を禁止するとの考えは、日本国憲法における平等権の法理の一側面だと考える。学説では以前からアメリカの議論を参考にこの見解が主張され[30]、近年、最高裁も認めている[31]。

　日本国憲法 14 条の 1 つの意味は形骸化した「機会の平等」を実質的に保障することにあり、差別や偏見はそれを阻害する危険がある[32]。故に、将来的な「機会の平等」の形骸化を防ぐために、AA を実施することは、強い手段

---

[30]　戸松秀典『平等原則と司法審査』（有斐閣、1990）337 頁；安西文雄「法の下の平等について(4・完)」国家学会雑誌 112 巻 3・4 号（1999）69 頁、138 頁；木村草太『平等なき平等条項論——equal protection 条項と憲法 14 条 1 項』（東京大学出版会、2008）195-97 頁など。

を用いるにしても弱い手段を用いるにしても、日本国憲法上も許容される[33]。

しかし、差別の防止による AA の正当化は、日本国憲法上、違憲となる可能性がある。日本国憲法 14 条の 1 つの意味は形式的平等の保障であり、AA は形式的平等を犠牲にする。また、AA は、それがなければ、その対象者は自身の望む地位を手に入れることができないという想定に基づく[34]。その原因として、過去および現在の不公正な状態が考えられるが、AA が長期にわたり実施されると、グループ間に生来の差異が存在し、それが結果の不平等を生じさせていると想起される。AA には、対象者は AA がなければ地位を獲得できない、との考えが含まれている[35]。つまり、「期間を限定せずにこのような集団概念の使用を認めることは集団概念に基づく差別の存続を他方で認める」[36]可能性がある。そのため、AA の実施は、形骸化した「機会の平等」が実質的に保障されるまでの一時的なものでなければならない[37]。

---

31) 判例でも、嫡出子の法定相続分よりも婚外子のそれが少ないことを規定する民法旧 900 条 4 号但書の合憲性が問題とされた事例で、憲法 14 条の趣旨が偏見によって生じる害悪から各人を保護することにあると認識する見解が見られる。1995 年 7 月 5 日大法廷決定（民集 49 巻 7 号 1789 頁）の反対意見は、当該規定が婚外子を嫡出子に比べて劣る者としてみなす原因となっていることを理由に、当該規定を違憲と判断している。この見解は、2013 年 9 月 4 日大法廷決定（民集 67 巻 6 号 1320 頁）の法廷意見で採られ、当該規定は違憲とされた。

32) 人には他者よりも優位に立ちたいという感情がある。成長が望めない閉塞した社会では、自身の境遇の改善を見込めない者が多く、自身の優位性を保つために差別の対象を作り出す危険が高い。この社会にあっては、新たな差別が発生しないように注視していく必要性が高い。

33) この点、辻村みよ子が、AA が日本国憲法上許容される場合について、「厳密には、社会経済的条件等によって特定者の権利実現が著しく制約されている場合、あるいは（将来にわたって）実質的平等を実現する要請が強い場合など、根拠や目的・手段が合理的な範囲に限って、14 条のもとで特別の措置が認められると解することが妥当だと思われる」（辻村みよ子『憲法〔第 4 版〕』（日本評論社、2012）173 頁〔強調は茂木による〕）としているのは、将来において発生する差別の防止を意識してのことではないだろうか。

34) AA の対象となるグループの中にも、AA がなくとも地位を獲得できる者は存在する。しかし、地位を獲得した者が AA により地位を獲得したのか、AA なしに地位を獲得したのか判別するのは難しい（*See* Grutter, 539 U.S. at 373）。故に、AA の対象となるグループに属する全ての者が、AA がなければ地位を獲得できなかったと想定されることになる。

35) *See* John Kekes, *The Injustice of Strong Affirmative Action* in Affirmative Action and the University: A Philosophical Inquiry, Temple University Press 144, 146 (1993).

36) 佐藤幸治編著『憲法 II』（成文堂、1988）128 頁〔釜田泰介〕。

機会の平等の実質的保障が阻害されないためには、差別の発生を防がねばならない。アメリカの議論に依よれば、差別や偏見はある分野であるグループが過小代表となっている状況が蓄積することで生じる。そのため、差別や偏見の発生を防ぐには、過小代表のグループがその分野で常に一定数確保されていなければならない。これはAAを永続させる危険があり、将来における差別の発生の防止によるAAの正当化には、日本国憲法における平等に反する可能性があることを認識せねばならない38)。

また、将来の利益の達成によりAAを正当化する場合、差別の救済による正当化に向けられた中核的な批判を払拭できない。将来志向のAAでは、差別の発生の防止を意識することで、過小代表のグループのさらなる排除という危険を伴わずに、差別の影響をほとんど受けていない者が直接の受益者になっている、という差別の救済による正当化に向けられた批判を回避できる。アメリカで差別の救済による正当化にこの批判が向けられたのは、直接の受益者のほとんどが社会・経済的に不利な状況にないところにあった。日本のAAの関心は指導的な地位にあり、直接の受益者のほとんどは動機づけや資質形成の面で不当な理由から不利な状況には置かれていない。

差別や偏見は、あるグループが過小代表であることで生じる。差別や偏見をなくす、あるいはそれらの発生を防ぐには、グループ間の結果の不平等を是正する必要がある。将来志向のAAでは、直接の受益者が不当な理由から地位の獲得に不利な状況にあるか否かは重要でなく、グループの全体の地位

---

37) 伊藤正己は、かつて、女性が高等教育の機会を著しく制限されていたことを理由に、国立女子大学を一種のAAとして正当化した（伊藤正己『憲法』（弘文堂、1982）245頁）。しかし、伊藤は『憲法』の第3版では、「学部についてはまだそのような論拠が有効であるかもしれないが、全国的にみても特殊な大学院を設置して、女子のみを入学させることになると、その合理性は疑わしいであろう」と述べる（伊藤・前掲注1）251頁）。女性に対して高等教育の機会が事実上開かれている現在では、女性だけを入学させる国公立大学を認める根拠は乏しいと考えられている（辻村・前掲注33）179頁等参照）。このように、「形式的平等」に反する施策は形骸化した「機会の平等」が実質的に保障されるまでの暫定的なものでなければならないことが認識されている。

38) アメリカでは、スティグマの発生を防ぐために多様性のもたらす利益が主張されており、西村裕三は、その利点として「いささかでも不均衡が存在しているならば、永久に妥当する」（西村裕三「多様性の価値と"Affirmative Action"」畑博行先生古希記念『立憲主義──過去と未来の間』（有信堂、2000）315頁、341頁）とする議論を紹介するが、これこそが多様性の価値によりAAを正当化することの難点である（第4章第5節第4項(1)）。

向上に焦点が当てられている。しかし、個人の救済に焦点を当てる立場からは、不当な理由から地位の獲得に不利な状況にある、真に救済の必要な者が救済されていないと批判される。

第5節　多様性に基づく Affirmative Action の問題点

第1項　差別を意識しない正当化

　第6章では、アメリカで、多様性の価値により AA を正当化することの問題を考察した。この考察から、日本で多様性の価値により AA を正当化する場合に注意せねばならない点がいくつか明らかになったと考える。日本とアメリカでは文脈が大きく異なるが、一定の示唆は得られると考える。

　日本で多様性に基づく AA を主張する場合には、差別を意識したものとそうでないものがある。差別を意識しない場合、多様性の価値による正当化には3つの問題がある。

　第1に、過小代表のグループを排除する危険である。差別を意識しない場合、多様性の達成が利益をもたらすことから AA は正当化される。しかし、過小代表のグループを排除した方が利益が発生すると主張される可能性がある。

　第2に、人々の自由な意見表明や行動を制限する危険である。グループごとに特有の観点があると理解した場合、AA の対象者は特有の観点に基づく行動を期待され、その期待に反する行動した場合に、批判される危険がある。逆に、AA の非対象者は、AA の対象者の問題に意見を述べると、そのグループに属さないためその問題を理解できない、と批判される危険がある。日本国憲法14条の1つの意味が、人々は自身の生来の特性に囚われずに自由に意見を表明し行動できるところにあれば、人々の特性によって考え方を推定することは違憲の疑いがある。

　第3に、AA を永続させる危険である。ある特性を有する者が特有の視点や観点を持つという想定は、差別の救済と異なり、永続的な理由となる。AA が形式的平等を犠牲にする以上、AA は一時的な施策でなければならない。

第2項　差別を意識する正当化

　以上の問題を避けるには、多様性の価値は差別を意識せねばならない。ただ、差別を意識すると言っても、AAの対象には、被差別グループだけでなく差別を受けていないグループも含まれる場合もある。どちらのグループを対象とするのかにより、多様性の価値の意味は異なる。

　被差別グループを対象とする場合、多様性の価値には2つの理解の仕方がある。第1に、AAの対象者が、被差別の経験から生じる特有の観点を有し、それが利益をもたらすところに価値がある、とする理解である。この場合、多様性は被差別の経験に伴う視点や観点に優先を正当化する価値を求めており、差別を受けていないグループが持つ視点や観点に優先を正当化する価値を置かない。故に、多様性の価値という理由から、差別を受けていないグループに属する者に優先を与え、被差別グループに属する者に不利益を課すことは正当化されず、マイノリティが排除される危険はない。

　しかし、この理解は、AAの対象者が特有の観点に基づく行動を期待され、それに反する場合に批判される危険がある。逆に、AAの非対象者は被差別者の立場から意見を述べると、被差別者でないことを理由に批判される危険がある。これは、被差別者のことは被差別者でなければ理解できないという前提に基づく。憲法の趣旨を人々の行動が生来の特性に囚われないことを保障することにあると理解すると、差別を意識しても、多様性に基づくAAは憲法上疑わしいように見える。だが、被差別者が特有の観点を有するとの推定は差別という不当な原因により生じている。差別が解消されれば、被差別グループは特有の観点を有さなくなる。その意味で、被差別者は特有の観点を有するとの想定に基づくAAは理論的に終わりがあり、憲法の趣旨に反しないとも考えられる。

　第2に、AAの対象者が被差別に伴う特有の経験や観点を有しない、と多様性の価値を理解する仕方である。この場合、多様性の価値は偏見をなくすところに求められる。AAの対象者は差別の影響から過小代表であるため、グループ内での意見の多様性が理解されず、グループに特有の観点があるとの偏見がかけられる。そこで、AAにより過小代表のグループの者を増やし、グループ内での意見の多様性を他者に理解させ、偏見をなくすことができる。過小代表でないグループには偏見が生じていないため、多様性の価値は過小

代表でないグループを優先する理由とはならない。また、この理解は、人々が生来の特性により行動を囚われる事態を生じさせない。さらに、AA の対象者が特有の観点を持つという偏見がなくなった場合には AA は廃止され、理論的に終わりがある。

　多様性に基づく AA が差別を受けていないグループの者を対象とする場合、被差別の経験に伴う特有の観点を持つと想定できない。このグループが特有の観点を持つと想定する場合、その観点は差別と関係なく、社会効用論に依拠しており、被差別グループを排除する危険がある。また、差別を受けていないグループが特有の観点を有するとの想定は、差別が是正されれば無くなるものではなく、理論的に終わりがない。そのため、生来の性質によって意見表明や行動が制限される危険がある。

　多様性に基づく AA が差別を受けていない者を対象とする場合、特有の観点がないと想定すべきである。しかし、そのように想定すると、多様性の価値は何処に求められるのか。それを考える際には、偏見が発生する原因を確認することが重要である。差別や偏見はあるグループが過小代表であることで生じる。差別を受けていないグループに偏見がなくても、過小代表であれば、将来的に差別や偏見が生じる。故に、それを防ぐには、過小代表のグループが一定存在しなければならない。多様性の価値は、差別や偏見を防ぐことに求められる。AA の対象となるのは差別を受けていないグループの中でも、過剰代表ではなく過小代表のグループに限られるため、過小代表のグループを排除する危険はない。しかし、差別や偏見を防ぐには、各グループに常に一定数の地位が与えられていなければならない。そのため、理論的に終わりがなく、AA が永続する危険がある。

　以上のように、多様性に基づく AA が被差別グループを対象とした場合には、差別を意識しないことで生じる 3 つの問題を解決できたが、差別を受けていないグループを対象とした場合には、AA が永続する危険を回避できない。被差別グループを対象とした場合には、多様性に基づく AA には差別が是正されたときには理論に終わりがあるとした。しかし、差別や偏見は過小代表によって生じる。その発生を防ぐには、被差別グループが常に一定数の割合を占めねばならず、AA を永続させる危険がある。

第3項　多様性の価値の適用可能性

　日本で多様性の価値により AA を正当化できるのかは検討が必要である。アメリカでは、多様性に基づく AA は人種の文脈で論じられたが、現在の日本では、人種に基づく AA は問題とされていない。日本で多様性による正当化が問題となるのは、主として、性別に基づく分野である。しかし、多様性の価値は「性別の違いから生まれる多様性よりも人種や民族の違いから生じる多様性の方が大きいので、人種によるアファーマティヴ・アクションにより適合的」であるとされている、との指摘がなされる[39]。そして、「生物学的に男女しか存在しない性別について、『多様性』を語ることには少なからず違和感がある」との指摘もなされる[40]。しかし、「性別よりも人種別の創意・異質性の方が大きいという点も、一概には言えないだろう」とも指摘される[41]。性別に基づく AA の正当化理由として多様性の価値が妥当するのかについては、別途検討を要する課題である。だが、仮に多様性の価値が性別に基づく AA の正当化理由として妥当する場合には、以上に指摘したいくつかの問題を意識する必要がある。

第6節　真に救済を必要とする者を対象とする Affirmative Action

　アメリカで AA を積極的に肯定する議論は、差別の救済を理由としても、多様性の価値を用いるとしても、グループ間での格差を問題とし、それを解消してグループ全体を底上げすることに主眼がある。グループ全体の地位向上を目指すのであれば、AA の直接の受益者の多くが社会・経済的に不利な

---

[39]　中里見博「アメリカにおけるアファーマティヴ・アクションの展開」辻村みよ子編『世界のポジティヴ・アクションと男女共同参画』（東北大学出版会、2004）289 頁、311 頁。

[40]　平地秀哉「平等理論――『審査基準論』の行方」法律時報 81 巻 12 号（2009）80 頁、83 頁。

[41]　中里見・前掲注39）311 頁。

状況になく、不当な理由から地位の獲得に不利な状況に置かれていなくとも問題でない。しかし、AA を個人の救済と捉える立場からは、直接の受益者が、地位の獲得に関して差別の影響をほとんど受けていないこと、あるいは真に救済の必要な者でないとの批判を受けた（第 8 章第 2 節）。日本でも、差別の救済や多様性による正当化が主張されるが、グループの地位向上と個人の救済に焦点を当てる議論が対立する構図は基本的に当てはまると考える。

　アメリカでは、個人の救済に焦点を当てる者を説得するために、AA の対象者を判断する際に社会・経済的状況を考慮する、階層に基づく AA に関する議論が展開された。階層に基づく AA の直接の受益者は社会・経済的に不利な環境にあり、資質形成などの面で不利な状況にあり、不当な理由から地位の獲得に不利な状況にある。いくつかの問題はあるが、真に救済の必要な者が直接の受益者になっているとの主張を説得的に展開できた。アメリカで階層に基づく AA が展開された背景には、マイノリティは社会・経済的に低い階層に占める割合が高く、人種と階層が相当程度の相関関係を有していたところにある。階層に基づく AA は、ある程度の割合でマイノリティに利益を与える。

　日本で階層に基づく AA を実施した場合、直接の受益者は真に救済の必要な者となる。不当な理由から自身の才能を伸ばせない者が救済され、これは日本国憲法の趣旨に沿う。しかし、日本では AA の対象となるグループと階層とにアメリカのような相関関係があるのかは疑わしい。例えば、AA の対象者を階層だけで判断した場合には、日本で主として問題にされている男女間の格差は解消しない。

　アメリカの階層に基づく AA の議論は、日本では参考にならないとも考えられる。しかし、この議論は日本にも重要な示唆を与える。アメリカでは、人種に基づく AA の対象者を判断するに際し、人種に加えて社会・経済的状況を考慮する場合には、AA を個人の救済と捉える者もその正当性を認めた（第 6 章第 3 節第 5 項(3)）。この場合には、直接の受益者が真に救済の必要な者であることが特定されるからである。日本でも、この視点は重要である。例えば、男女共同参画の分野で強い AA が実施された場合、その対象者が性別だけで判断された場合には、直接の受益者の多くが資質形成や動機づけの点で不利な状況にないことから、個人の救済に焦点を当てる者からの真に救済の必要な者が救済されていないと批判されるのは免れられない。この批判を回避するには、対象者を判断する際に、真に救済の必要な者を特定する必要がある。

これを特定するには、女性であるが故に被る資質形成に不利な状況を明らかにせねばならない。そして、対象者を判断する際に、その不利な状況にあることを考慮すると、直接の受益者は真に救済の必要な者となり、個人の救済に焦点を当てる者もその正当性に納得する。

他方、タイ・ブレーカーなど弱いAAを実施した場合には、対象者の判断の際に性別だけに基づいても、個人の救済になる場合もある。有資格者に占める女性の割合が新たに地位を得る者に占める女性の割合を上回っている場合、女性は不当な理由から地位の獲得に不利な状況にある。通常であれば、有資格者と新たに地位を得る者に占める割合は同じになると考えられ、前者が後者を下回っている場合には、選抜者に女性はその地位に向かないといった偏見や固定観念がかかっている。この場合、すべての女性はその性別から地位の獲得に不利な状況に置かれている。

第7節　結びにかえて

本章では日本でのAAの正当性を検討した。最後に、本章での議論を簡単にまとめる。

差別の救済による正当化、および多様性に代表される将来の利益の達成による正当化は、多くの場合、グループ全体の地位向上を目指していた。どちらの理由により正当化されたとしても、直接の受益者の多くが資質形成や動機づけの点で不利な状況になく、不当な理由から地位の獲得に不利な状況にはない。個人の救済に焦点を当てる立場からは、前者は直接の受益者が差別により地位の獲得に不利な影響を及ぼされていないと批判される。後者は、真に救済の必要な者が救済されていないと批判される。個人の救済に焦点を当てる立場では、直接の受益者は不当な理由から地位の獲得に不利な状況にある者でなければならず、AAはその不利な状況を取り除くために実施される。

個人の救済に焦点を当てる者にAAが正当だと説得するには、対象者を判断する際に、真に救済の必要な者を特定する必要がある。強いAAを実施する場合には、不当な理由から資質形成に不利な状況にあり、その状況になければ通常の選抜で地位を獲得する水準の評価を得ていた者を特定する必要が

ある。その特定に際しては、ある特性に由来する資質形成への悪影響を明らかにし、AA の対象となるグループ全員ではなく、そのグループの中でもその影響を受けている者が AA の受益者たる資格を持つとする必要がある。タイ・ブレーカーなど弱い AA を実施する場合には、あるグループが有資格者と新たに地位を得る者に占める割合に不均衡があることを明らかにし、不当な理由から資格を公正に評価されていないことを明らかにする必要がある。

以上の結論は、採用する手段の強弱にかかわらず、AA が正当化される範囲を限定する。「日本においても早く事実上の平等が実現されるよう何らかの積極的平等施策が採られることを祈ってやまない」[42] との主張に代表されるように、日本では、多くの場合、AA が平等推進のために実施されるべき良き手段であることが前提として議論されている。この立場からすれば、本書の結論は批判される。

この結論は、グループ間の格差の是正ではなく、個人の救済を重視する。AA の直接の受益者は、不当な理由から地位の獲得に不利な状況にある者でなければならない。この場合、グループ間の格差は埋まらず、事実的な不平等という問題が解決されないと批判されるだろう[43]。しかし、個人の努力が相当に必要とされる社会的評価の高い地位では、解決すべき問題は各グループの格差の是正ではなく、個人の救済である。

グループの地位向上に焦点を当てる場合でも、グループ間の格差の是正によって、AA が対象となるグループに属する個人の権利と利益の保護に資する可能性もある[44]。例えば、指導的な地位に関する AA の直接の受益者の多くは不当な理由から地位の獲得に不利な状況にないが、そのグループには偏見や固定観念がかけられている。これらの偏見等により抑圧されている者は AA から直接的に利益を受けないが、グループ間の格差の是正による偏見等

---

42) 有澤・前掲注 8) 43 頁。
43) 吉田仁美『平等権のパラドクス』(ナカニシヤ出版、2015)。吉田仁美は、合衆国最高裁の判例が AA の許容範囲を狭めたことが一因となり、グループ間に事実的な格差が残存していることを問題視する。吉田の見解は、個人の救済に焦点を当て AA の許容範囲を狭める本書の見解とは対立する。社会的評価の高い地位の配分が問題となる場合、真に救済の必要な者が特定できていなければ、AA の正当性をめぐる論争は終結しないだろう。AA の許容範囲を狭めることはグループ間の格差を放置すると批判されるだろうが、AA は格差を解消する 1 つの方法にすぎない。地位を獲得するために相当程度の努力や才能を必要とする社会的評価の高い地位では、重視されるべきはグループ間の格差の解消ではなく、個人の救済である。

の打破や発生の防止によって利益を受ける。この場合、AA は不当な理由から地位の獲得に不利な状況にない者に直接的に利益を与え、真に救済の必要な者には間接的に利益を与える。だが、AA による負担を直接的に負う者からすれば、真に救済の必要な者を間接的に救済するとの理由はあまりにも漠然としており、AA が正当だと納得しない。実際に、アメリカで AA を積極的に肯定する議論はグループの地位向上に焦点を当てており、個人の救済に焦点を当てる立場から批判され続けた。日本でも、AA を実施する際に、真に救済の必要な者を特定できていなければ、個人の救済に焦点を当てる立場から常に批判され続け、AA の正当性に関する議論が終わることはないだろう。

　アメリカの AA の正当性をめぐる一連の議論は、対象者を判断する際に、真に救済の必要な者をより明確に特定すべきことを示唆している。過小代表のグループが指導的な地位に占める割合を単純に増やすことではなく、真に救済の必要な者を直接的に救済することが重要である[45]。

---

44)　辻村は「アファーマティヴ・アクションの問題は、女性やマイノリティというグループの救済というよりもむしろ、その属性・カテゴリーを有する者の集団に帰属する個人の権利・利益を保護するために、いかに実質的平等を機能させることができるかという観点から検討することが重要」だと述べる（辻村みよ子『憲法とジェンダー——男女共同参画と多文化共生への展望』（有斐閣、2009）64 頁）。

45)　本書では政治分野の AA は考察の対象外としたが（序章第 2 節第 3 項）、日本では政治分野の AA の実施が学説などで議論されており、今後検討する必要がある。政治分野の AA の実施の例としてもっとも日本で紹介され、日本の政治分野における AA の導入のために参照されている主たるものの 1 つは、フランスの政治分野におけるパリテである。

　政治分野におけるパリテに関して、それが普遍主義に反しないか否かが議論された（パリテの正当化に関する議論については、糠塚康江『パリテの論理——男女共同参画の技法』（信山社、2005）219-29 頁参照）。日本でも、政治分野の AA を導入する場合には普遍主義との関係が問題となる（政治分野の AA を日本で導入した場合に生じる問題については、辻村・前掲注 44）176-200 頁で検討されている）。フランスの政治分野におけるパリテの正当化理由を考察することは、日本で政治分野の AA の導入を検討する際には、大きな示唆を与える。また、日本で政治分野の AA を導入する際には、多様性の価値がその正当化理由として用いられるとも考えられる。第 5 章で検討した多様性に基づく AA の論点も、日本の議論にいくらかでも参考になると考える。

あとがき

　本書は東北大学大学院法学研究科の博士学位論文（「Affirmative Action の正当化法理——アメリカの判例と学説を中心に」（2010 年 9 月））とその後に発表した一連の業績を 1 つにまとめたものである。本書は、学術的に重要な意義のある貢献をする程のものではないことは自覚している。それでも、AA に関連する論点を多数取扱い、体系立てて論じていることから、日本の AA 研究に微力ながら少しでも役立つのではないかと思い、公刊することにした。

　本書の結論は、個人の救済を重視して、社会的評価の高い地位に関わる AA の正当化の範囲を狭める。この結論は、グループの地位向上を重視して AA の正当化を広く認める立場とは対極にある。AA が良い施策であることを前提に、その実施と導入を促進しようとする見解からは批判されるだろう。しかし、筆者はグループ間での格差を放置してよいとは考えておらず、不利な状況にある人々を救済する施策は積極的に行われるべきである。グループの地位を向上させるには多くの方法があり、AA はその 1 つにすぎない。

　筆者が AA の研究をはじめたのは学問的関心だけではなく、育った環境が大きく影響している。父が人権に係る仕事をしていたため、幼い頃から差別の問題を身近に感じ、関心を持ってきたからである。様々な面で本当に救済が必要な人がいる一方で、弱者であることを主張して得られる利益はときに特権や利権になると感じてきた。AA の正当化の範囲を狭める結論は、自分自身が育った背景と大きく関係していると思う。AA の研究は非常に奥深く、本書は AA に関連する議論のごく一部をまとめたにすぎない。今後、研究を進めていく中で、現時点での見解も大きく変わっていくのかもしれない。

　AA の研究をはじめて、10 年以上になる。振り返ると、研究職を目指すこと自体が無謀な挑戦であり、途方もない道のりであった。研究者としての能力が著しく劣っている筆者が本書を出版することができたのは、多くの方々の助けがあったからである。

　辻村みよ子先生（明治大学教授）には、東北大学大学院法学研究科後期博士課程在籍時にご指導頂いた。紀要に掲載する原稿を見て頂くたびに、筆者が気にかかっていた点をすべて的確に指摘された。一流の研究者の力量を感じることができ、ご指導を頂くたびに、1 つ殻を破って成長できた。大津浩先生（成城大学教授）には、東海大学法学部在籍時にご指導頂き、現在も研究会

でご一緒させて頂いている。先生にお会いするたびに、探究心を持ち研究に打ち込む真摯な姿勢を学ばせて頂いている。高田映先生（東海大学教授）には、原書講読につき懇切丁寧にご指導頂いた。本書は外国法の研究を主たる内容としているが、先生のご指導がなければ大量の外国文献を読む能力は身につかず、本書も完成しなかった。伊藤吉洋さん（近畿大学准教授）と服部寛さん（松山大学准教授）には、博士課程在籍時から現在に至るまで様々な叱咤激励を頂き、学位取得という大きな山を越えることができた。佐々木弘通先生（東北大学教授）と中林暁生先生（東北大学准教授）には、副査として博士論文を審査して頂いた。貴重な時間を割いて、長大な論文（50万字）にもかかわらず、細かい箇所まで読み込んで頂いた。

お名前を挙げさせて頂いた以外の先生や諸先輩方からも、多くのご指導を頂いた。これらの方々に直接何かを返すことは難しいが、自身の研究をきちんとすることや受け持った学生と向き合っていかなければならないと思っている。

本書の出版に際しては、商事法務の中條信義氏と木村太紀氏に多くのご尽力を頂き、大変お世話になった。本書は東北大学法政実務教育センターの査読委員会の審査を経て出版された。貴重な時間を割いて、本書を読み込んで頂いた査読委員の先生方に感謝したい。本書の出版に際して、末延財団から出版助成を頂いた。助成の審査の際に、労力をかけて査読をして頂いた先生方にも感謝したい。

最後に、何も言わずに好きな道に進ませてくれた、父・昇と母・万紀子に感謝したい。

2015年9月

川崎市幸区鹿島田の新居にて

茂木洋平

●事項索引●

あ 行

芦部信喜 265
伊藤正己 149, 265
植木淳 147
疑わしい分類 12, 37, 50-52, 81, 82, 89,
　　　　　　92, 207, 231, 263, 264

か 行

カースト 37, 39
懐疑主義 48, 49, 51, 61, 83
外的選好 132, 134
解放同盟 6
カラー・ブラインド
　――な社会 13, 14, 24, 159-161, 187
　――の原則 183
　――の理論 13, 14, 24, 25, 30-33,
　　　　　　　　　　　46-48, 89
機会の平等 ... 1, 14, 46, 94-96, 98, 123, 135,
　　　　　153, 205, 213, 222, 270, 273-275
既存の基準 ... 9, 98, 121, 129, 130, 150, 151,
　　　161, 163, 188, 189, 193, 194, 214, 215,
　　　218, 220-223, 225, 226, 241, 242,
　　　244-246, 255, 258, 260, 267
君塚正臣 265, 266, 268, 270
矯正的正義 101, 102
「切り離され、孤立した」マイノリティ 51
クォータ制 51, 71, 74, 77-79, 186, 187
グループの地位向上 204
形式的平等 1, 6, 42, 274
結果の平等 135
ゲットー 208
言論の理論的枠組 142-144, 146
公共の安全 168
公衆の利益 130
公的機関の雇用判断 169
功利主義的論証 131-133
合理性の基準 49
個人的選好 132-134
個人の救済 204

さ 行

阪本昌成 102, 134
差別の事実上の犠牲者 101
サンセット条項 78
自己投資 162
資質形成 123, 162, 221, 230-232, 245,
　　　246, 252-258, 260, 270, 271, 275,
　　　280-282
実質的平等 123, 270
指導者の正統性 159, 161, 190
シニオリティ 53, 106, 112, 113, 236
市民権運動 99
社会権 14, 15, 229
社会効用論 100, 125, 126, 129-132, 134,
　　　136, 141, 149, 152, 158, 161, 174, 183,
　　　187, 243, 244, 273, 278
社会国家 15
社会的圧力 271
社会的差別 54, 107, 109, 115, 117-119,
　　　123, 155, 156, 203, 238, 239, 247, 253
社会的評価の高い地位 241-243, 267, 272
社会的流動性 228
就業能力 97
修正14条 13, 24, 25, 28, 34, 36, 40, 43,
　　　44, 50, 56, 61, 88, 109, 149, 204, 205,
　　　222, 229
十分な機会の保障 103, 135
昇進者 231
女子差別撤廃条約 7
新規採用者 231, 272
人権の共有主体 115
人種主義 97
　――の克服 126, 127, 129
人種相互の理解 140, 159, 168, 175, 182
人種的偏見 145
人種統合 64
人種別学制 28, 31, 88
真に救済の必要な者 21, 99, 153, 183,
　　　188, 189, 191, 192, 203, 207, 249-251,
　　　253, 254, 258, 260, 261, 276, 280, 281,

288　事項索引

心理的害悪......44-46, 95
スティグマによる害悪...25, 35, 44, 46, 58, 85, 92, 128, 149
性別を限定した公募......9
相当数......66, 67, 79, 183, 184, 186, 188, 190, 258, 260, 283

た 行

大学の判断への尊重......67
タイ・ブレーカー......8, 85, 242, 281, 282
高橋一修......131
男女共同参画計画......7
男女共同参画社会基本法......4, 7
男女雇用機会均等法......7
超党派の合意形成......206
辻村みよ子......18, 283
典型的な厳格審査......17, 20, 49-52, 54-58, 60-69, 71-77, 82, 83, 85, 87, 89, 90, 92, 93, 120, 123, 124, 138-140, 154, 156, 202, 203, 205, 207, 210, 231, 268-270
同窓生の子弟......196, 208
同和対策事業......6, 7, 18
同和対策事業特別措置法......6
特定された差別......54, 58, 61, 109, 118, 120, 123, 138, 156, 203, 239
奴隷制......97

な 行

中林暁生......242, 243
野中俊彦......263

は 行

反差別原理...25, 34, 35, 44, 46, 86, 87, 149
反従属原理......25, 34, 36-44, 46, 86, 149
悲惨な差別の歴史......82
平等の理論的枠組......141, 142, 144
不可触賤民......198
不変の特性......81
分配的正義論......94, 100, 102, 103, 123, 125, 134-136, 141, 149, 152, 174, 273
「分離すれども平等」の理論....25-27, 29, 30
保守派......201, 208
補償的正義論......94, 100, 102, 103, 105, 118, 123, 126, 130, 136, 271
本質主義......176

ま 行

宮原均......65
民間企業の雇用判断......169
無資格者......129

や 行

安西文雄......44, 91, 92
有形的害悪......35, 44, 46, 86, 87, 95
有資格者......105, 114, 121, 129, 162, 193, 224, 231, 237-241, 247-249, 259, 260, 272, 281, 282
緩やかな厳格審査......49, 52, 54, 65, 83, 90, 92, 93, 124, 138, 139, 143, 202, 270
横田耕一......263, 264
吉田仁美......282

ら 行

リベラル派......201, 208, 225
レイオフ......53, 112-114, 167
列挙事由......11, 12, 15, 263, 264
劣等性の感情......44
劣等性の烙印......46, 87, 89, 148, 245
連邦公共事業法......119
連邦平等雇用委員会......200
労働能率......130
ロール・モデル......187, 205

アルファベット

AAの対象者......2
AAの直接の受益者...19, 21, 122, 123, 151, 153, 162, 175, 183, 191, 192, 207, 209, 214, 220-224, 226, 245, 250, 252, 253, 255-257, 260, 271, 272, 279, 280, 282
Alito, Samel......71
Balkin, Jack M.......37, 39
Blackmun, Harry A.......17, 51, 53-56, 59, 106-111, 113, 116, 138, 139, 143, 145, 155, 156, 177, 235, 236
Brennan, William J.....17, 51-56, 59, 83, 90, 106, 108-111, 113, 114, 116, 138, 139, 143, 145-147, 155, 156, 177, 178, 235, 236, 239-241, 244, 247, 249
Brest, Paul......34, 35, 86, 88

事項索引　289

Breyer, Stephen G. ……… 32, 62-64, 71, 128, 140, 156, 164, 165, 182, 268
Burger, Warren Earl …… 51-53, 55, 107, 110, 112, 115
Califano, Joseph ……………………………… 201
Carter, Stephen L. ……………… 179-181, 225
Coleman, Jules L. ……………………… 101, 102
Colker, Ruth ……………… 42, 43, 86, 89, 90
Delgado, Richard ………………………………… 170
Douglass, Frederick ……… 40, 41, 208, 209, 225
Dworkin, Ronald ………………………… 131-134
Ely, John Hart ……………………………………… 45
Fallon Jr., Richard H. … 220, 221, 229, 242, 243
Foster, Shelia ………… 141-145, 175-177, 185
Fullinwinder, Robert K. … 125-127, 136, 137, 272
Ginsburg, Ruth Bader … 32, 62-64, 74, 128, 139, 140, 156, 164, 165, 182, 268
Goodwin, Richard ……………………………… 197
Harlan, John M. ……………………………… 25, 33
Harvard プラン …………………………………… 74
Hughes, Charles E. ……………………………… 27
Huskey, Libby ……………………………………… 68
Jencks, Christopher …………………………… 218
Johnson, Lyndon B. ………… 5, 197, 198, 200
Kahlenberg, Richard D. ……… 96, 184, 185, 195-197, 199, 201, 203, 207, 212-215, 218, 220, 222-224, 226-228, 230
Karst, Kenneth L. …… 36-38, 42, 43, 86, 88, 89
Kennedy, Anthony M. …… 17, 59, 60, 66, 71, 74-76, 80, 93, 139, 144, 163, 179, 203, 209, 210, 269, 270
Kennedy, John F. ………………………………… 5
Kennedy, Randell ……… 42, 170, 172, 173, 220
King Jr., Martin Luther ……………… 198, 199
Lawrence, Douglass C. ……………………… 173
Lempert, Richard ……………………………… 182
Malamud, Daborah C. ………………… 256, 258
Marshall, Thurgood ……… 17, 51, 53-56, 59, 106, 108, 109, 111, 113, 116, 117, 138, 139, 143, 145, 155, 156, 177, 235, 236
Matsuda, Mari …………………………… 170-173

Morton Jr., Frederick A. ……………… 209, 225
Moynihan, Daniel P. …………………… 197, 198
Nickel, James W. ……………………… 103, 104
Nixon, Richard …………………………… 199-201
O'Connor, Sandra Day …… 17, 32, 50, 53, 57, 59, 60, 62, 64, 65, 67, 73-77, 80, 91, 93, 107, 108, 110, 112, 119, 120, 128, 139, 140, 144, 146, 147, 149, 156, 163-165, 179-182, 203, 209-211, 238-240, 247, 249, 268-270
Philadelphia プラン ………………… 200, 201
Pojman, Louis P. ……………………………… 241
Powell Jr., Lewis F. …… 17, 51-53, 56, 71, 74, 90, 107, 110-112, 115-118, 124, 137, 139-142, 144, 145, 155, 180, 211, 235
Rawls, John ……………………………………… 135
Rehnquist, William H. …… 17, 51, 53, 57, 59, 60, 66, 82, 107, 110, 112, 115, 139, 144, 163, 165, 179, 184, 209, 210, 225, 269
Roberts, John ……………………………………… 71
Rosenfeld, Michel ……… 127, 128, 133, 134
Rubenfeld, Jed ………………………………… 41
Scalia, Antonin …… 17, 32, 57, 59, 60, 66, 71, 73, 75, 139, 144, 163, 179, 209-211, 225, 226, 241, 242, 244, 245, 247, 269
Schultz, George ………………………… 200, 202
Simon, Robert L. ……………………………… 133
Sotomayor, Sonia ……………………………… 71
Souter, David H. …… 32, 62, 63, 128, 140, 164, 165, 182, 268
Stevens, John Paul …… 32, 51, 55, 59, 62-64, 67, 68, 83, 85, 109, 111, 113, 128, 138, 140, 143, 156, 164, 165, 177, 182, 209, 235, 243, 267-269
Stewart, Potter ……………… 51, 82, 106, 236
Sunstein, Cass R. ………………………… 37-39
Syverud, Kent ………………………………… 182
Taylor, Paul W. ………………………………… 104
Thomas, Clarence …… 17, 40, 41, 60, 66, 71, 73, 139, 163, 165, 206, 209-211, 223, 269
Top10％プラン ……………………………… 78, 80
Top10％法 ……………………………………… 70
Tribe, Laurence H. ………………… 33, 36, 42
Vison, Fred M. ………………………………… 29

Warren, Earl ··· 33
White, Byron ········ 51, 52, 59, 106, 112, 114,
　　　115, 138, 143, 145, 155, 156, 177, 209,
　　　236
Wirtz, Willard ··· 198
Yin, Tung ········ 215, 218, 219, 222-224, 227

判例索引（アメリカ）

Adarand Constructor, Inc. v. Pena, 515 U.S. 200 (1995) ····· 17, 32, 49, 60, 64, 82-84, 138, 202, 205
Brown v. Board of Education, 347 U.S. 483 (1954) ···············30
City of Richmond v. J. A. Croson, Co., 488 U.S. 469 (1989) ········· 32, 57, 83, 95, 109, 117, 119, 120, 139, 202, 209, 251, 259
Comfort v. Lynn School Committee, 418 F. 3d 1 (2005) ···············166
Cong Lum v. Rice, 275 U.S. 78 (1927) ···············31
Cumming v. Richmond County Bd. of Edu. 175 U.S. 528 (1899) ···············31
DeFunis v. Odegaard, 416 U.S. 312 (1974) ···············12, 40, 162, 208, 209
Firefighter Local Union v. Stotts, 467 U.S. 561 (1984) ···············112, 150
Fisher v. University of Texas at Austin, 133 S. Ct. 2411 (2013) ···············69, 158, 203, 223, 270
Fisher v. University of Texas at Austin, 631 F.3d 213 (5th Cir. 2011) ···············75, 78-80, 187
Fisher v. University of Texas at Austin, 645 F. Supp. 2d 587 (2009) ···············187
Fisher v. University of Texas at Austin, 758 F.3d 633 (5th Cir. 2014) ···············77
Fullilove v. Klutzunick, 448 U.S. 448 (1980) ···············49, 52, 82, 83, 99, 115, 119, 204
Gayle v. Browder, 352 U.S. 903 (1956) ···············31
Gratz v. Bollinger, 539 U.S. 244 (2003) ···············62, 165, 166
Grutter v. Bollinger, 539 U.S. 306 (2003) ······· 20, 32, 41, 49, 62, 65, 68, 76, 77, 121, 124, 128, 140, 143, 155, 156, 159, 164, 165, 182, 184, 203, 210, 211, 269, 274
Homes v. Atlanta, 350 U.S. 879 (1955) ···············31
Hopwood v. Texas, 78 F.3d 932 (5th Cir. 1996) ···············70, 140
Johnson v. Trans. Ag., Santa Clara County, Calif., 748 F.2d 1308 (9th Cir., 1984) ···············235
Johnson v. Transportation Agency, 41 FEP Cases 476 (N.D.Ca., 1982) ···············235
Johnson v. Transportation Agency of Santa Clara County, 480 U.S. 616 (1987) ······· 12, 110, 111, 120, 121, 169, 226, 233-249, 259
Korematsu v. United States, 323 U.S. 214 (1944) ···············173, 202
Lomack v. City of Newark, 463 F.3d 303 (3d Cir. 2006) ···············168
Loving v. Commonwealth of Virginia, 388 U.S. 1 (1967) ···············203
Mayor of Baltimore v. Dawson, 350 U.S. 877 (1955) ···············31
McCabe v. Atchison, T & S. F. R. Co., 186 Fed Rep 966 (1911) ···············26
McCabe v. Atchison, T & S. F. R. Co., 235 U.S. 151 (1914) ···············26
McLaurin v. Oklahoma States Regents for Higher Education, 339 U.S. 637 (1950) ···············28
Metro Broadcasting Inc. v. FCC, 497 U.S. 547 (1990) ······· 59, 124, 138, 143-146, 156, 178-182, 204
Mississippi University for Women v. Hogan, 458 U.S. 718 (1982) ···············3
Missouri exrel. Gaines v. Canada, 305 U.S. 337 (1938) ···············27
Morton v. Mancari, 417 U.S. 535 (1974) ···············243
New Orleans City Park Improvement Association v. Detiege, 358 U.S. 54 (1958) ···············31
Parents Involved Community Schools v. Seattle School District, 377 F.3d 949 (9th Cir. 2004) ···············166
Parents Involved Community Schools v. Seattle School District, 551 U.S. 701 (2007) ···············166

Petit v. City of Chicago, 352 F.3d. 1111 (7th Cir. 2003) ··· 167
Plessy v. Ferguson, 163 U.S. 537 (1896) ·· 25
Regents of the University of California v. Bakke, 438 U.S. 265 (1978) ··· 12, 49, 51, 83, 95, 124, 137, 138, 142, 146, 150, 155, 204, 251
Reynolds v. City of Chicago, 296 F.3d 524 (7th Cir. 2002) ·· 167
Sheet Metal Workers v. EEOC, 478 U.S. 421 (1986) ·· 55, 109, 113, 150
Sipuel v. University of Oklahoma, 332 U.S. 631 (1948) ··· 28
Smith v. University of Washington, 233 F.3d 1188 (9th Cir. 2000) ··································· 140
Smith v. University of Washington, 392 F.3d 367, 392 (9th Cir. 2004) ······························ 75
Sweatt v. Painter, 339 U.S. 629 (1950) ·· 28
Taxman v. Broad of Education of Piscataway, 91 F.3d 1547 (3d Cir. 1996) ····················· 167
Tuttle v. Arlington County School Board, 195 F.3d 698 (4th Cir. 1999) ···························· 138
UJO v. Carey, 430 U.S. 144 (1977) ·· 52
United States v. Paradise, 480 U.S. 149 (1987) ·· 17, 56, 139, 160
United Steelworkers of America v. Weber, 443 U.S. 193 (1979) ·············· 106, 107, 169, 236, 259
University and Community College System of Nevada v. Yvette Farmer, 113 Nev. 90 (1997)
··· 167
Wessman v. Gittens, 160 F.3d 790 (1998) ·· 138
Witmer v. Howard, 87 F.3d 916 (7th Cir. 1997) ··· 167
Wygant v. Jackson Board of Education, 476 U.S. 267 (1986) ····· 49, 53, 95, 107, 108, 114, 138, 182, 238
Wygant v. Jackson Board of Education, 746 F.2d 1152 (1984) ······································· 205

●著者紹介

茂木洋平（もぎ・ようへい）

神奈川県山北町生まれ（1981年10月）。東海大学法学部卒業（2004年3月）。東北大学大学院法学研究科後期博士課程において博士号取得（2010年9月）。熊本学園大学経済学部助教（2011年4月～2012年3月）を経て、桐蔭横浜大学法学部専任講師（2012年4月～）（憲法担当）。

東北大学法政実務叢書3
Affirmative Action 正当化の法理論
——アメリカ合衆国の判例と学説の検討を中心に

2015年11月30日　初版第1刷発行

著　　者　茂　木　洋　平

発 行 者　塚　原　秀　夫

発 行 所　株式会社　商 事 法 務
〒103-0025 東京都中央区日本橋茅場町 3-9-10
TEL 03-5614-5643・FAX 03-3664-8844〔営業部〕
TEL 03-5614-5649〔書籍出版部〕
http://www.shojihomu.co.jp/

落丁・乱丁本はお取り替えいたします。　印刷／㈲シンカイシャ
© 2015 Yohei Mogi　　　　　　　　　　Printed in Japan
Shojihomu Co., Ltd.
ISBN978-4-7857-2355-2
＊定価はカバーに表示してあります。